Michael Reimer / Volkmar Kubitzki

Eisenbahn in Polen 1939–1945

Michael Reimer / Volkmar Kubitzki

Eisenbahn in Polen 1939–1945

Die Geschichte der Generaldirektion der Ostbahn

transpress

Einbandgestaltung: Katja Draenert
Titelbild: Im Bw Reichshof der OBD Krakau war die 16 042 (PKP Pn 12-15, Florisdorf 2528/1918) beheimatet. Kurz darauf kam sie nach Wien, um Züge im Korridorverkehr durch das Protektorat zu bespannen.
Foto: Sammlung Töpelmann, Archiv transpress

ISBN: 3-613-71213-X

1. Auflage 2004

Sie finden uns im Internet unter:
www.transpress.de

Lektorat: Hartmut Lange
Innengestaltung: Marit Wolff
Gesamtherstellung: Rung-Druck, 73033 Göppingen
Printed in Germany

Vorwort

Bereits der Titel zu diesem Buch drückt die politische Brisanz dieses Themas aus: Eigentlich gab es nach dem Einmarsch der Deutschen Wehrmacht im September 1939 und der folgenden Kapitulation den Staat Polen nicht mehr. Das Land war aufgeteilt – einige Landstriche wurden deutsch, andere sowjetisch und der Rest erhielt im Oktober 1939 den Namen »Generalgouvernement«. Letzteres galt als ein autonomes Gebiet, das unter eine besondere Regierung zu stellen war. Dort fuhren natürlich auch Züge, deren Aufsicht im Generalgouvernement aber nicht der Deutschen Reichsbahn, sondern der »Generaldirektion der Ostbahn« (Gedob) oblag.

Neben vielen Unterlagen, Schriftverkehr und Weisungen der Reichsbahn, Berichten aus der Zeit der Besetzung Polens, stützt sich die hier vorliegende Arbeit auch auf eine Ausarbeitung, die Dr. jur. Werner Pischel im Jahr 1964 für die Deutsche Bundesbahn anfertigte[1]. Sie dokumentiert am umfassendsten diesen Zeitabschnitt und das Wirken der Eisenbahner in der Gedob. Doch seine Zeilen wurden von uns keineswegs wörtlich übernommen, vielmehr bedurften sie einzelner Kommentare. Denn Pischel sowie andere spätere Bundesbahner gehörten offenbar mit zu jenen Deutschen, die im Krieg weder Leid noch Not oder gar die Judentransporte erlebten, ja diese sogar abstritten. So schwor er beispielsweise auf die »erhaltene Gemeinschaft der Ostbahner«. Muss sich die Deutsche Bundesbahn oder gar die DB AG von ihnen distanzieren? Können wir aus heutiger Sicht dazu noch eine Antwort finden? Die DB Konzerngeschichte half dankenswerterweise mit. Doch als Fragen nach einstigen nationalsozialistischen Mitarbeitern gestellt wurden, die auch bei der DB noch jahrelang hohe Funktionen inne gehabt hatten, blieben weitere Anfragen unbeantwortet. Warum?

Die Gedob war in vielen Veröffentlichungen oft nur ein Randthema, gehörte mit zur Geschichte der Deutschen Reichsbahn während des Ostfeldzuges im Zweiten Weltkrieg. Etwas ausführlicher beschäftigten sich die Autoren Hans-Wolfgang Scharf[2] sowie Hansjürgen Wenzel und Johann Stockklausner[3] mit diesem Thema. Doch diese Bücher erschienen bereits in den Jahren 1980 und 1981. In der Zwischenzeit forschte man weiter und gewann neue Erkenntnisse über die Arbeit der Gedob in Polen.

Besondere Situationen für Mensch und Maschine zeigen ein umfassendes Bild auf. Lebensläufe, Betriebsbücher, Berichte und vieles anderes beschreiben nur annähernd die komplizierte Situation. Zeit genug, sich mit diesem Thema etwas ausführlicher zu befassen. Doch allein aus Platzgründen galt es, sich auf Schwerpunkte festzulegen. Neben dem Betriebsdienst wird natürlich über den Einsatz der Lokomotiven und ihrem Verbleib berichtet.

Der aufmerksame Leser wird in diesem Werk verschiedene Arten der Rechtschreibung wiederfinden. Diese sind den Zeitepochen geschuldet, die Zitate wurden in der originalen Rechtschreibung übernommen. Die damalige Schreibweise trifft natürlich auch auf die Ortsbezeichnungen zu. Schreibfehler in diesen Dokumenten wurden stillschweigend verbessert. So findet sich z. B. in manchen Schriftstücken ein Ort mit dem Namen Chelm, doch richtig heißt er Cholm.

Auf der Suche nach Fotos waren unsere Erfolgen sehr unterschiedlich. Im Gegensatz zum Krieg in der UdSSR, von dem zahlreiche Fotos vorliegen, war die Auswahl bei der Gedob teilweise auf einzelne Zufallsaufnahmen beschränkt. Die Erklärung dafür findet sich in der Bahnpolizeiordnung der Gedob, die ausdrücklich die »Herstellung von Lichtbildern auf den dem öffentlichen Verkehr nicht

[1] Pischel, Werner: Die Generaldirektion der Ostbahn in Krakau 1939–1945. Ein Beitrag zur Geschichte der deutschen Eisenbahnen im zweiten Weltkrieg. Archiv für Eisenbahnwesen, Berlin, Göttingen, Heidelberg 1964.

[2] Scharf, Hans-Wolfgang: Eisenbahnen zwischen Oder und Weichsel, Die Reichsbahn im Osten bis 1945, Freiburg 1981.

[3] Wenzel, Hansjürgen; Stockklausner, Johann: Lokomotiven ziehen in den Krieg, Band 3, Wien 1980.

zugänglichen Teilen des Bahngebiets, insbesondere von Verlade-, Öltank- und Lokbehandlungsanlagen« untersagte. Dieses Verbot wurde durch die Polizeiverordnung über das Fotografieren wichtiger Anlagen im Generalgouvernement vom 7. Juni 1944 wesentlich verschärft und auf alle Gleisanlagen, Eisenbahnfahrzeuge, Bauwerke, Anlagen und Einrichtungen sonstiger Art sowie unvollendeter Neubaustrecken ausgedehnt. Glücklicherweise hielten sich nicht alle Fotografen an dieses Verbot.

Berlin im März 2004 Die Autoren

Inhalt

Der Krieg beginnt

Die Rolle der Reichsbahn nach 1933

»Die nationalsozialistische ‚Gleichschaltung', die das Deutsche Reich in das ‚Dritte Reich' verwandelte, ergriff abrupt und allmählich zugleich, vom 30. Januar 1933 an auch die Deutsche Reichsbahn« schreibt Klaus Hildebrand in seinem Kapitel über die Eisenbahn in Deutschland [1]. Nahezu entschuldigend erklärt Hildebrand, warum die Reichsbahner scheinbar nicht bemerkten, sondern einfach nur Gefolgsleute in der großen Gesellschaft waren. *»Wie eh und je verlief der Dienst des mächtigen Unternehmens in den scheinbar gewohnten Bahnen, [...]. Erst mit voranschreitender Zeit trat nach und nach hervor, daß sich Tradition und Normalität mit der Ideologie und dem Verbrechen des Regimes mischten. Dabei tarnte sich das Kriminelle fast immer mit dem Gewand des Herkömmlichen und blieb daher für lange Zeit, im Grunde bis zum bitteren Ende des Reiches und der Reichsbahn, unerkannt oder wurde akzeptiert: Das erklärt zum einen die unbestreitbaren Leistungen der Eisenbahn im Krieg und Frieden; das verweist zum anderen auf ihre unleugbare Verstrickung in dem Waffen- und Rassenkrieg der Hitler-Diktatur.«* [2]

Der 10. Januar 1937 brachte mit dem »Gesetz zur Neuregelung der Verhältnisse der Reichsbank und der Deutschen Reichsbahn« das Ende »Weimarer Verhältnisse« und der einstigen Reichsbahn-Gesellschaft. Und schließlich ersetzte fortan der Hakenkreuzadler den alten Adler an den Fahrzeugen.

Am 4. Juli 1937 erschien das neue Reichsbahngesetz. Es regelte die Entwicklung der Bahn zu einem Teil der Reichsverwaltung mit gemeinschaftlichem Zweck. Es sollte also

Gern nutzten die deutschen Soldaten die Lokomotiven der Polnischen Staatsbahnen PKP, um sich in Siegerpose ablichten zu lassen.
Foto: Slg. Gottwaldt

---

1 Hildebrand, Klaus: Die Deutsche Reichsbahn in der nationalsozialistischen Diktatur 1933–1945, in: Gall, Lothar; Pohl, Manfred (Hrsg.): Die Eisenbahn in Deutschland – Von den Anfängen bis zur Gegenwart, München 1999, Seite 165–243, Zitat Seite 165.
Klaus Hildebrand ist Professor für Neuere Geschichte an der Universität Bonn.

2 Ebd.

Zeittafel 1939

1.	September	Deutscher Angriff auf Polen
2.	September	Errichtung des Lagers Stutthof bei Danzig
3.	September	Großbritannien und Frankreich erklären Deutschland den Krieg
1.–21.	September	Einsatzkommandos der SIPO und des SD organisieren Massenverhaftungen und Geiselerschießungen unter der polnischen und jüdischen Bevölkerung sowie zahlreiche Pogrome
17.	September	Sowjetische Besetzung Ostpolens
21.	September	Befehl Heydrichs an die Sicherheitspolizei, die jüdische Bevölkerung in den größeren Städten zu konzentrieren, jüdische Ältestenräte zu bilden, eine Zählung der Juden zu veranlassen und eine Übersicht aller wirtschaftlich wichtigen jüdischen Betriebe zusammenzustellen
27.	September	Warschau kapituliert
7.	Oktober	Die vier polnischen Westprovinzen werden dem Deutschen Reich eingegliedert. Zentralpolen wird deutsches Besatzungsgebiet (»Generalgouvernement«)
8.	Oktober	Beginn der Umsiedlung der Deutschen aus den baltischen Staaten in die annektierten polnischen Westprovinzen.
		Ernennung von Hans Frank zum Generalgouverneur
12.–27.	Oktober	Erste Deportationen von Juden aus Österreich und Mähren nach Polen
16.	Oktober	Krakau wird zur Hauptstadt des Generalgouvernements erklärt
26.	Oktober	Einführung der Zwangsarbeit im Generalgouvernement für alle Juden zwischen 14 und 60 Jahren
28.	Oktober	Erste Einführung des gelben Flecks in Wloclawek
8.	November	Attentat auf Hitler in München
12.	November	Beginn der Deportationen von Juden und Polen aus den Westprovinzen in das Generalgouvernement
14.	November	Kennzeichnungspflicht für Juden im »Warthegau«
28.	November	Befehl zur Bildung von Judenräten im Generalgouvernement
1.	Dezember	Einführung des Judensterns im Generalgouvernement
5.	Dezember	Beschlagnahme des jüdischen Vermögens in Polen
	Dezember	Auflösung aller jüdischen Gemeinden unter 500 Einwohnern. Beginn der Umsiedlung der jüdischen Bevölkerung in besondere »Wohnbezirke«, die späteren Ghettos.

dem Deutschen Reich dienen. Geld erwirtschaften war zur Nebensache geworden. Hildebrand dazu: *»Was die Reichsbahn zu tun hatte, ‚zum Nutzen des deutschen Volkes und der deutschen Wirtschaft' und im Dienste der »Belange der Landesverteidigung« wie es hieß, war ‚öffentlicher Dienst': ‚Die Deutsche Reichsbahn ist kein Gewerbebetrieb.'«*

Der Einmarsch in Polen 1939

Die nicht immer erkennbaren Zusammenhänge im historischen Ablauf mögen die folgenden Zeilen verdeutlichen: Nach 1918 entstand die Republik Polen im Norden und Westen neu aus Teilen Preußens, im Osten durch Gebietsteile des zaristischen Russlands und im Süden aus dem von Österreich abgetrennten Galizien und Lodomerien mit Teilen der Bukowina. Bis 1923 kam auch das Gebiet um Wilna dazu, das ursprünglich Litauen beansprucht hatte. Entsprechend der unterschiedlichen Herkunft war die Struktur des Netzes uneinheitlich. Erste Ergänzungen brachten bereits die Eisenbahntruppen zwischen 1915 und 1918 in Verkehr. Vor allem bemühten sich die k.u.k. Heeresfeldbahnen, mit dem Bau der Linien Belzec–Cholm, Zamosc-Wladimir Wolynsk, Sokal–Kowel u. a., die galizischen Strekken mit den ehemals russischen Breitspurlinien, die gleichzeitig umgespurt wurden, weiträumig zu verbinden. Der neue polnische Staat errichtete viele Neubaustrecken, von

Während des Feldzuges in Polen wurden die Eisenbahnanlagen an vielen Orten schwer zerstört.
Foto: Slg. Gottwaldt

Aufruf von Julius Dorpmüller

Polen war noch nicht einmal genommen, da richtete der Reichsverkehrsminister und Generaldirektor der Deutschen Reichsbahn, Julius Dorpmüller, am 6. September 1939 einen Aufruf an die »Deutschen Eisenbahner«:

»In schicksalsschwerer Stunde hat uns der Führer zum Einsatz für die Sicherheit und den Frieden unseres Großdeutschen Vaterlandes aufgerufen. Ich bin gewiß, daß Euer immerbereiter Opfermut und Euer stets bewährtes Pflichtbewußtsein sich auch in den kommenden Tagen bewähren werden, und daß Ihr, gleich ob auf dem gewohnten Arbeitsplatz in der Heimat oder mit der Waffe in der Hand, Euch bis zum letzten hingeben werdet! Wir grüßen in dieser geschichtlichen Stunde in herzlichster Verbundenheit unsere Berufskameraden in Danzig, die nach der Rückkehr Danzigs zum Reich durch den Willen des Führers nunmehr auch nach äußerem Recht wieder geworden sind, was sie innerlich immer geblieben waren: deutsche Eisenbahner!

Deutsche Männer des Flügelrades! Wir alle stehen entschlossen in unverbrüchlicher Treue hinter dem Führer im Kampf für die Zukunft unseres herrlichen Reiches!«

denen die Kohlenbahn von Herby Nowe nach Gdynia die bekannteste ist, und vollendete noch kurz vor Kriegsbeginn im Jahr 1939 die Strecke Tschenstochau–Siemkowice.

Der am 1. September 1939 begonnene Zweite Weltkrieg war in Polen kurz und von unterschiedlicher Auswirkung auf die Eisenbahn. Ehe noch administrative Richtlinien erlassen wurden, nahmen benachbarte Reichsbahndirektionen (Königsberg, Breslau, Osten, Oppeln, Stettin) die Linien in Besitz und richteten umgehend den Verkehr ein. Nach Danzig gab es nun auch die Reichsbahndirektionen (RBD) Posen und Lodz. Wobei Lodz nach kurzer Zeit wieder aufgelöst wurde.

Die Generaldirektion der Ostbahn mit Sitz in Krakau entstand jedoch unter starker Mitwirkung der RBD Wien und sollte künftig für jenen Teil Polens zuständig sein, der als Generalgouvernement unter deutscher Verwaltung blieb.

Dies geschah zunächst ohne Rechtsgrundlage, denn die österreichischen (damals »ostmärkischen«) Beamten, mit dem südpolnischen Raum, dem ehemaligen Galizien der österreichisch-ungarischen Monarchie, bestens vertraut, hatten Betrieb, Werkstätten und Zugförderungsanlagen längst in Gang gebracht, ehe die Verordnung über die »Eisenbahnen in den Ostgebieten« endlich am 27. November 1939 veröffentlicht wurde. Dieses Papier besiegelte mit trockenen 21 Zeilen die Übernahme aller Bahnen. Herausgegeben hatte es das Reichsinnenministerium – lediglich von einem Abteilungsleiter unterzeichnet –, während für das Reichsverkehrsministerium Staatssekretär Kleinmann gegenzeichnete und auch ein Vertreter des Reichsministers für Finanzen unterschrieben hatte.

Die Übergangsphase

Als die Reichsbahner in das besetzte Polen nachrückten, fanden sie viele Anlagen und Bauwerke bei der Eisenbahn zerstört vor. Dazu zählten die Sicherungs- und Fernmeldeanlagen, Bahnbetriebswerke, Fabriken und Ausbesserungswerke sowie Tunnel und Brücken. Der Krieg hatte seine Spur hinterlassen. Werner Pischel schreibt dazu, dass die Polen in allen Bezirken, »*die sie noch planmäßig räumen konnten, die Eisenbahnen gründlich zerstört*« *hatten.* »*Die Strecken waren mit Reißvorrichtungen auf viele Kilometer Länge aufgerissen.*«[3] Bahngebäude, vor allem Güterabfer-

[3] Vgl. Pischel, Werner: Die Generaldirektion der Ostbahn in Krakau 1939–1945. Ein Beitrag zur Geschichte der deutschen Eisenbahnen im zweiten Weltkrieg. Archiv für Eisenbahnwesen, Berlin, Göttingen, Heidelberg 1964, S. 6.

Die Wagen der polnischen Staatsbahn dienten von nun an auch der Deutschen Wehrmacht für die Fahrten von und zur Front. ***Foto: Slg. Gottwaldt***

Schwer zerstört waren die Eisenbahnbrücken bei Warschau. ***Foto: Slg. Reimer***

Seit 1940 amtierte Adolf Gerteis als Präsident der Ostbahn. *Foto: Ostbahn-Amtsblatt 1940, Slg. Gottwaldt*

tigungen mit den dazugehörigen Anlagen waren jedoch zum größten Teil unbeschädigt. Dagegen waren zahlreiche Brücken gesprengt worden. Dazu zählten die Bauwerke über die Weichsel bei Deblin und bei Sandomircz, die Brücke über den San bei Rozwadow oder die Rawa-Brücke bei Bochnia. Ferner waren auch der 600 Meter lange Tunnel bei Muszyna, der in die Slowakei führte, sowie der Jablankapasstunnel bei Mosty zerstört. »Dagegen waren die beiden zweigleisigen Eisenbahnbrücken über die Weichsel bei Warschau durch die deutschen Fliegerangriffe nur beschädigt«, erinnert sich wiederum Pischel. Er berichtet außerdem über die Zusammenarbeit von Reichsbahn und Wehrmacht, wobei er sich des militärischen Sprachgebrauchs bedient: *»Engstes Zusammenwirken von Wehrmacht (Eisenbahnpioniere usw.) und Reichsbahn ermöglichten es, die Strecken bis in den Bereich der kämpfenden Truppe für alle Arten von Transporten in ausreichendem Maße zu betreiben.«*

Die RBD Oppeln nahm im süd-östlichen Raum Polens zahlreiche Strecken auf einer Länge von etwa 1.900 Kilometern behelfsmäßig wieder in Betrieb. Dieser RBD war fortan eine Betriebsabteilung in Krakau unterstellt. Dazu gehörten zwei Betriebsämter in Krakau sowie jeweils ein Betriebs- und ein Maschinenamt in Rzeszow, Tschenstochau und Skarzysko. In Krakau befand sich ferner auch ein Verkehrsamt.

Zu den wichtigsten Zügen gehörten die Wehrmachts- und Nachschubtransporte. Der zivile Personenverkehr kam nahezu zum erliegen, auch wenn Pischel niederschreibt,

Dr. Ganzenmüller, der Staatssekretär im Reichsverkehrsministerium hält am 26. Juni 1942 bei der Ostbahn in Krakau einen Vortrag. Unter den aufmerksamen Zuhörern ist auch der Präsident der Ostbahn, Adolf Gerteis (links). *Foto: Ostbahn-Amtsblatt 1942, Slg. Gottwaldt*

dass »*sehr bald auch Transporte des zivilen Verkehres gefahren*« wurden, »*insbesondere Kohle und Lebensmittel*«.

Das wichtigste Ziel der Reichsbahn war, den Eisenbahnknoten Warschau zu übernehmen und ihn (wieder) zu betreiben. Bereits vor der Einnahme und der Kapitulation der Stadt Warschau waren die ersten deutschen Eisenbahner am Stadtrand anzutreffen. Euphorisch hieß es: »*Bis in die Artilleriestellungen vor Warschau vorgeschoben.*«

Eine Eisenbahndirektion für Polen

Die neue Eisenbahndirektion, die künftig im besetzten Polen wirken sollte, wurde am 20. September 1939 in Berlin einberufen. Als Präsident bestellte das Reichsverkehrsministerium (RVM) Emil Beck und als Vizepräsident Adolf Gerteis. Die weiteren Beamten der neuen Direktion wurden durch das RVM aus verschiedenen anderen Reichsbahndirektionen abgeordnet. Zuvor gab das Kleiderlager der RBD Berlin die entsprechende Ausrüstung aus: blaue Uniform sowie auch Waffen, in der Regel Pistolen. Der Befehlszug startete bereits am 25. September. Er nahm den Fahrtverlauf Breslau–Oppeln–Tschenstochau. »*Ein bereits vorher nach Lodz in Marsch gesetztes Vorkommando von 30 Köpfen hatte für Unterbringung des Verwaltungsapparates und des Personals gesorgt, so dass die jetzt ‚Eisenbahndirektion Lodz' benannte Behörde mit weiteren 121 Beamten und Bediensteten am 27.9.1939 nach Lodz übersiedeln und den Dienst aufnehmen konnte*«, schreibt Pischel weiter. Als Dienstgebäude fungierte ein ausgeräumtes Kaufhaus in der zehn Kilometer langen Petrikauerstraße. »*Erste Aufgabe der Direktion war, um Betrieb und Verkehr in Gang zu bringen, die Verteilung des laufend eintreffenden deutschen Personals auf die Dienststellen und die Einstellung volksdeutscher Eisenbahner. Der Verkehr stellte das auf den unversehrt gebliebenen Güterböden und auf den Ladegleisen in großen Mengen vorgefundene Transportgut sicher. Beraubungen und Plünderungen wurden unterbunden. Mit Hilfe sofort eingerichteter Ämter und der ausschließlich mit Deutschen besetzten Dienststellen wurde trotz der schlechten Fernsprechverbindungen auf Grund der OKW-Weisungen Nr. 3 und 4 vom 9. bzw. 25.9.1939 die Überführung der im Osten nicht mehr benötigten Wehrmachtsteile nach dem Westen eingeleitet, die unter Leitung und Verantwortung des Vizepräsidenten Gerteis in kürzester Zeit durchgeführt wurde. Die Zusammenarbeit von Betrieb, Betriebsmaschinendienst, Güterwagendienst, Bbv und Transportkommandantur war reibungslos*«, heißt es weiter in dem Bericht.

Auch Reichsverkehrsminister Julius Dorpmüller besuchte die Ostbahn. Diese Aufnahme, die im Ostbahn Amtsblatt veröffentlicht wurde, zeigt ihn zusammen mit Ostbahn-Präsident Gerteis auf dem Bahnhof Krakau Hbf am 30. Juli 1942. *Foto: Ostbahn-Amtsblatt 1942, Slg. Gottwaldt*

Die Tkp 1-1 erhielt, wie angeordnet, die Anschrift »Deutsch«. Sie wurde später als 92 951 eingenummert.
Foto: H. Maey, Slg. Winkler

Oki 27-24 bekam später die Reichsbahnnummer 75 1224.
Foto: H. Maey, Slg. Winkler

Zunächst fuhren die Deutschen die Beutegüter ab. Schließlich rühmte sich die Reichsbahn »*bald einen beschränkten Reiseverkehr und einen Güterverkehr zur Versorgung der Bevölkerung mit Lebensmitteln einzuführen. Als Tarifgrundlagen dienten die Tarife der PKP.*« Schließlich verzeichnete der Fahrplan für »Reisezüge der Eisenbahndirektion Lodz« vom 1. November 1939 bereits auf 14 Strecken Reisezugverkehr. Dazu zählten u.a. die Verbindungen Warschau–Lodz–Ostrowo–Breslau, Warschau –Koluszki–Tschenstochau–Kattowitz–Krakau, Kielce –Tschenstochau, Lublin–Krasnik, Zawada–Zamosc–Hrubieszow, Kielce –Tunel–Kattowitz. »*Der in kleinstem Umfang aufgenommene Reiseverkehr konnte laufend verstärkt werden. [...] Im Fernverkehr mit dem Reich lief bereits ab 12.10.1939 ein Schnellzug Ostpreußen–Warschau–Oberschlesien und ab 13.10.1939 ein Schnellzug Krakau–Berlin und zurück. Die stark einsetzenden Zuckerrüben- und Kartoffeltransporte wurden reibungslos abgewickelt.*«

Der erste Fahrplan der Ostbahn vom Dezember 1939 erfüllte lediglich wichtige Anforderungen der deutschen Verwaltung sowie des Berufsverkehrs und nahm keine Rücksicht auf Erfordernisse der polnischen Bevölkerung.[4] Die Verhältnisse änderten sich jedoch rasch und mit dem

4 Ausführlich ist dies bei Wenzel/Stockklausner »Lokomotiven ziehen in den Krieg«, Band 3, Seiten 16 ff. erläutert.

Sommerfahrplan 1940 gab es etliche Verbesserungen sowie eine Umstrukturierung und Ausrichtung der Fernverbindungen auf die Verkehrszentren Berlin und Wien im Reichsgebiet bzw. Warschau und Krakau im Generalgouvernement. Die Bevorzugung der Strecken Berlin–Posen –Warschau, Berlin–Breslau–Kattowitz–Krakau, Wien–Breslau–Posen (mit Anschluss Warschau)–Königsberg und Wien–Oderberg–Krakau beweisen das. Der 22. Juni 1941 mit dem Einfall in die Sowjetunion verstärkte diese Tendenz noch, denn die schon vorbestimmten Linien gewannen weiter an Bedeutung: Berlin–Warschau–Brest–Smolensk und Wien–Krakau–Lemberg–Charkow bzw. Kiew.

Fundsache PKP

Bereits am 22. September 1939, zwei Wochen vor Einrichtung des Generalgouvernements, unterrichtete die Deutsche Reichsbahn die Eisenbahnabteilungen des Reichsverkehrsministerium in Berlin W 8, die jeweiligen Reichsbahndirektionen und die Eisenbahndirektionen Posen und Lodz mit der Verfügung 38 Fu 474 über die Kennzeichnung der polnischen Fahrzeuge:

»Sämtliche auf Reichsgebiet befindlichen und auf den Strecken und in den Werkstätten des besetzten Gebiets gefundenen polnischen Fahrzeuge sind umgehend wie folgt zu kennzeichnen:

Mit einer Schablone ist auf der rechten und linken Seite jedes Fahrzeuges (auch Lokomotiven) mit weißer Farbe das Wort ‚Deutsch' anzuschreiben. Buchstaben-Form und -Größe sind entsprechend der Anschrift ‚Deutsche Reichsbahn' an den Längsseiten der Güterwagen zu wählen.

Die Anschrift ‚PKP' und der weiße Adler sind nicht durchzustreichen. Jeder umgezeichnete Güterwagen ist mit seiner Nummer und Gattung täglich dem Hauptwagenamt zu melden. Die Lokomotiven, Personenwagen und andere Fahrzeuge sind gleichfalls unter Angabe von Nummer und Gattung dem maschinentechnischen Büro des Reichsverkehrsministeriums zu melden.«

Nicht gemäß der Verfügung 38 Fu 474 sollten jene Fahrzeuge mit »Deutsch« beschriftet werden, die die PKP von den ČSD einbehalten hatten. Sie gehörten nicht zum polnischen Bestand und sollten den Böhmisch-Mährischen Bahnen zurückgegeben werden. Das betraf nach den Ereignissen vom Herbst 1938 zurückgehaltene Fahrzeuge aus dem Olsa-Gebiet. Dazu existiert ein Vermerk der Reichsbahn vom 2. Oktober 1938 (Zeichen 31 Fa 174), der festgestellt, dass »am 30. August d J die Polen 1 Lok der Protektoratsbahnen und einige Güterwagen beschlagnahmt« hätten. *»Nach der Aufteilung der früheren Tschecho-Slowakei im März d J ist mit den Polen nicht mehr verhandelt worden.«* Am 12. Juni 1939 konnte das Verkehrsministerium in Prag der DRB noch ungefähr mitteilen, wie viele Fahrzeuge *»aus dem ČSD-Eigentum auf dem besetzten Gebiet […] zurückgeblieben« seien. Man schrieb weiter: »Nur ein Motorenwagen der Reihe 222.0 und einige Güterwagen sind dort zurückgeblieben. Über Güterwagen fehlt jedwede Aufschreibung […].«*

Im Februar und im März 1940 entschied schließlich der Staatssekretär im RVM, dass die Wagen und Lokomotiven der Ostbahn nicht umgezeichnet werden sollten. Sie erhielten nur die Anschrift »Deutsch«. Die Buchstaben PKP und der weiße polnische Adler waren zu entfernen. Im Vermerk des RVM vom 6. März (30 Fkwg 557) heißt es dazu: *»An den zur Zeit der Ostbahn zugeteilten Personen-, Bahndienst- und Dienstgüterwagen ist unter ‚Deutsch' das Wort ‚Ostbahn' anzuschreiben. Das Wort ‚Ostbahn' ist in eine eckige Klammer zu setzen, wenn es sich um Wagen handelt, die die Ostbahn von der Deutschen Reichsbahn angemietet hat.«*

Die Strecken erkunden!

Sowie die Deutschen in Polen einmarschierten, waren innerhalb kürzester Zeit auch die Eisenbahnstrecken in deutscher Hand. Am 16. Oktober 1939 hieß es: »Strecke Siedlce –Warschau von Betriebskolonne Karch besetzt!« 255 Eisenbahner verrichteten in zwölf Stationen ihren Dienst. In Minsk waren es 71, in Siedlce 72 Eisenbahner. Hinzu kamen drei Mann im Verpflegungskommando sowie eine geringere Anzahl in den übrigen Betriebsstellen. Von den 72 Eisenbahnern in Siedlce waren zehn Zug- und 20 Lokpersonale. Etwa sechs Lokpersonale hätte man von der Betriebskolonne Karch zur Kolonne Mindemann zurückgeben können. Karch forderte, dass er zwischen Siedlce und Warschau einen Regelfahrplan einlegen könne: *»Dies ist umso notwendiger, als bei den vielen z. T. immer noch wild fahrenden Wehrmachtskolonnen oft das Durchbringen anderer wichtiger Züge nicht bezw. nur mit großen Verspätungen möglich ist. Es müssen deshalb stabile Verhältnisse geschaffen werden.«*

Die Erkundungen zeigten wiederholt zerstörte Gleisanlagen, beschädigte Bahnhofsgebäude und umgestürzte Fahrzeuge. Für den Bahnhof von Tluszcz hieß es: *»Stell-*

Während sich einige Soldaten um heißes Wasser an der Ty 23-156 bemühen, werden einem anderen die Haare geschnitten. Ein kurzer Augenblick des Vergessens an den Krieg. *Foto: Bundesarchiv 101/540/410/42*

werke zerstört, Block- und Hebelwerk noch vorhanden aber nicht benutzbar, Fernsprecher fehlen. In Gleis 7 und 8 viele schwer beschädigte z. T. ausgebrannte Wagen, auch Gleisanlagen beschädigt. Wasserturm in Ordnung. Keine Kohlenvorräte.« Für die Strecke Tluszcz–Warschau: »*Nach Angabe des Führers der Baukolonne 12 nunmehr zweigleisig befahrbar. Eigene Erkundung in den nächsten Tagen.«* Von Siedlce nach Fronolow: »*Erkundet durch einen den Gefangenenzügen als Begleiter mitgebenden RI: Zweigleisig mit 40 km/Std befahrbar, zerstörte Stellen von Russen ausgebessert, Schlüsselabhängigkeit auf den Bfen betriebsfähig. Poln. Personal z. T. vorhanden.«*

Gleichzeitig wurde vermeldet, dass bereits aus Tluszcz drei Beutezügen abgefahren waren.

Weitere Strecken waren zu erkunden und wieder in Betrieb zu nehmen. Das traf auch auf den späteren Ostbahnbezirk um Lublin zu. Der Bahnbevollmächtigte der RBD Oppeln schrieb am 5. Oktober 1939 an die Direktion Lodz: »*Zur Versorgung der vorrueckenden Truppe bittet die Transportkommandantur Oppeln die Strecken a) Rowadow–Lublin–Cholm, b) Rejowiec–Zawada–Lubycza, c) Zawada–Hrubieszow in Betrieb zu nehmen. Die Erkundung kann mit Vormarsch der Truppen einsetzen.«*

Gerteis, zu diesem Zeitpunkt noch Präsident in Lodz, wies sofort an, die Befahrbarkeit sowie den Bedarf des Personals für die Aufnahme des Betriebes festzustellen. Dazu sollte der Kraftwagen aus Radom genutzt werden.

Der Bahnhof Lublin wies starke Zerstörungen durch Bombentreffer auf. 16 Weicheneinheiten und über vier Kilometer Gleis mussten ausgewechselt werden. Hinzu kamen Schäden am Lokomotivschuppen, an weiteren Gebäuden, außer dem Empfangsgebäude. Auf der Strecke von Lublin nach Cholm fielen die durch abrückende Polen ausgelösten Laschensprengungen an den Schienen sowie zahlreiche Bombentrichter auf. Bei Kilometer 128,7 war ein Munitionszug explodiert. Dieser Abschnitt musste sogar mit einer Gleisverschwenkung umfahren werden. Auch auf der Strecke nach Deblin gab es viele Bombentrichter, die, wie auch die zuvor genannten, durch polnische Gleisbauarbeiter wieder verfüllt wurden. Die Strecke von Lublin nach Rozwadow war bis Krasnik erneut befahrbar. Einige Blindgänger, die neben dem Gleis lagen, bedingten Lang-

Zahlreiche polnische Lokomotiven standen defekt abgestellt, zählten mit zur Beute. Dazu gehörten auch die Ty 23-698 (58 2738), drei ehemalige pr. S 6 sowie eine weitere Ty 23.
Foto: Bundesarchiv 101/13/55/13

Der im Jahre 1919 an Polen gefallene preußische Akkumulationstriebwagen (PKP 90 032, Heimat-Bw Torun) fiel 1939 den Deutschen in die Hände.
Foto: Bundesarchiv 101/13/55/14

samfahrstellen. Bei den Kilometern 47,0 und 48,0, hinter Krasnik, fand man eine größere Unfallstelle. Dort war im September ein Reisezug auf einen vor dem Einfahrsignal haltenden Zug aufgefahren. Umgestürzte Lokomotiven und Wagen lagen noch dort. Eine mit unzureichenden Halbmessern und Neigungsverhältnissen gebaute Gleisverschwenkung gestattete das Umfahren der Unfallstelle. Im weiteren Verlauf steckten weitere Blindgänger in den Gleisen. Bei der Sanbrücke unweit von Rozwadow war die Mittelöffnung mit einer Spannweite von fast 100 Metern gesprengt worden. Am 9. Oktober begannen Eisenbahnpioniere mit den Reparaturarbeiten. Sie rechneten mit einer Bauzeit von fünf Wochen. Durch den Bahnhof Rozwadow fuhren bereits wieder Züge, die von der Betriebsleitung Krakau, Betriebsamt Rzeszow geleitet wurden.

Das Personal der Ty 23-156 (Ostbahn-Bw Siedlce) lässt mittels der Dampfstrahlpumpen heißes Wasser in die Kochgeschirre der Landser »fallen«. Später erhielt die Ty 23 die DRB-Nummer 58 2403.
Foto: Bundesarchiv 101/540/4100/39

Der Inbetriebnahme der Strecke Rejoies–Zawada–Hrubieszow/Belzec stand nichts im Wege, da dort nur unbedeutende Schäden waren. Der Abschnitt von Lublin nach Lukow wurde aufgrund seiner geringeren Bedeutung erst später erkundet. Bis zum Bahnhof Lubartow war die Strecke in Ordnung. Im Bahnhof selbst stand ein durch Fliegerbomben getroffener Zug, der nicht abgezogen werden konnte. Nördlich von Lubartow waren die drei Felder von je 55 Meter der Wieprzbrücke angesprengt.

Die Strecke Cholm–Bug Wlodaska, deren Erkundung zunächst nicht angeordnet war, wurde bereits im Oktober zum Abtransport von Truppen benötigt. Im Kilometer 109 war ein Brückendurchlass gesprengt. Über eine Notbrücke der Armee-Pioniere konnte die Stelle umfahren werden. Ferner waren 14 gesprengte Laschensprengungen sowie das gesprengte Herzstück der Einfahrweiche von Bug Wlodaska zu reparieren.

Die Arbeiten am Oberbau wurden zumeist von (ehemaligen) polnischen Bahnmeistereien übernommen. In den Bahnhöfen von Deblin und Lubartow sowie zwischen Cholm und Rejowiec waren Eisenbahnkompanien eingesetzt. Zahlreiche Drahtzugleitungen für die Signale waren zu erneuen, Streckenblockapparate zu reparieren und fehlende Weichenschlüssel zu ersetzen. Da die einst polnischen Fernsprechverbindungen überaltert, die Morsegeräte entfernt oder unbrauchbar gemacht waren, mussten die Fernsprechkompanien viel ersetzen.

Der Eisenbahnbetrieb begann wieder. Beispielsweise fuhr von Lublin nach Krasnik täglich ein Zugpaar. Auf Anordnung des Armeekorps IV leitete der Bahnhofskommandant von Lublin, Oberleutnant Jung, den Betrieb. Er stellte auch wieder das polnische Personal für die Bahnhöfe und Ämter ein. In der Folge kamen weitere Strecken, so nach Cholm, Deblin, Hrubieszow und Lelzec hinzu. Die polnischen Eisenbahner wurden aus den Einnahmen der Fahrkartenausgaben entlohnt. Dieser Zustand änderte sich nach dem 15. Oktober 1939, da für das in Lublin eingerichtete Betriebsamt sowie für die Besetzung der Bahnhöfe Reichsbahner eintrafen. Bereits am 16. Oktober nahm das BA Lublin seinen Dienst auf und die Betriebsführung ging auf die deutsche Eisenbahnverwaltung über. Nur wenige Polen durften weiterhin ihren Dienst in den Bahnhöfen verrichten.

Da die Weichselbrücke bei Deblin noch nicht wieder befahrbar und somit die Strecke Deblin–Warschau unterbrochen war, blieb der Betrieb im BA Lublin zunächst noch ein Inselbetrieb. Die Verbindung zur (noch) übergeordneten RBD Lodz fehlte.

Die Bedeutung der Eisenbahn wuchs wieder, vermehrt nutzte die Wehrmacht den Schienenstrang statt schlechter Straßen. Außer, dass »in Polen« dieses Bild entstand, ist weiter nichts bekannt. *Foto: Bundesarchiv 101/245/23/25*

Die Beuteräumung

Eine weitere Betriebskolonne zur Erkundung und nachfolgender Beuteräumung übernahm am 23. September 1939 den Bahnhof Siedlce. Im Tätigkeitsbericht heißt es, dass der Bahnhof in einem »unbeschreiblichen Zustand vorgefunden« wurde: »*Brennendes Kohlenlager, sämtliche Hochbauten zerstört und geplündert, nur ein einziges Gleis zur Not durchgehend befahrbar, durch schwere Bombeneinschläge 17 Weichen und die Gleise an 41 Stellen zerstört, Bahnhof mit Zügen aller Art, darunter explodierten Munitionszügen, vollgefahren, zahlreiche Loks und Wagen entgleist und umgeworfen, mehrere Kohlenzüge völlig ausgebrannt, drei Viehzüge mit halbverwesten Tierkadavern im Bf, Sicherungsanlagen demoliert und unbrauchbar, Bahnhofs und Streckenfernsprecher zerstört, Wasserstation und Kohlenkräne nicht benutzbar […]. Unterkunft zunächst in polnischen G-Wagen, dann in größeren Wohnblock. Ständige Gefährdung durch Heckenschützen im Bahnhof und Ort Siedlce. Kolonne mit Beutegewehren bewaffnet.*«

Auf der einzigen Strecke von Malkinia–Ostroleke–Ostpreußen begann bereits am 24. September die Abfuhr mit den Beutezügen. Die Bugbrücke zwischen Malkinia und Treblinka war noch nicht wieder repariert, dadurch verzögerte sich die Abfahrt um 48 Stunden. So blieben »*praktisch für die Abfuhr der Beutezüge nur drei Tage zur Verfügung und hierdurch mussten mindestens 12 Beutezugfahrten ausfallen, da Beuteloks nur in sehr beschränktem Umfang in der zur Verfügung stehenden Zeit instand gesetzt werden könnten […].*

[…]

Am 23. und 24.9. mit Ingangsetzen der Loks und dem Zusammenstellen der Beutezüge begonnen […]. Geräumt wurden der Bahnhof Siedlce, ferner die Strecken nach Platerow, Lukow und Warschau. Insbesondere letztere Strecke

Nach der Erkundung und Übernahme neuer Strecken bereisten auch höhere Offiziere diese Abschnitte.
Foto: Bundesarchiv 101/245/23/38

Zug auf Zug zweigleisig vollgefahren (darunter Salonzug Ridz–Smighli, Lazarettzug mit polnischen Verwundeten, Munitionszüge, Bergungszüge usw.). Die auf den Gleisen von und nach Warschau stehenden Wagenschlangen immer wieder unterbrochen von tiefen Bombentrichtern, aufeinandergefahrenen Loks, entgleisten und umgeworfenen Wagen […]. Am 26.9. musste auf den Strecken nach Lukow und Platerow wegen mehrfachem Beschuß die Räumung eingestellt werden.«

Die Abfuhr, die bis zum Monatsende beendet sein musste, wurde vor allem vom Lokomotivmangel behindert. Brennende Kohlenlager sorgten nachts für Licht, mit langen Wasserschläuchen gab es das Wasser für die Lokomotiven, die Bekohlung übernahmen zwangsverpflichtete Juden mit der Hand. Auf zurückkehrende Lokomotiven aus Ostroleka wurde lange gewartet, hinzu erschwerten Entgleisungen auf notdürftig reparierten Gleisen auch den Betrieb. Ferner waren die Eisenbahner übermüdet und man beschwerte sich über »Eingriffe militärischer Instanzen«:

»Trotzdem 48 Beutezüge abgefahren, mit:

a) 2.240 Wagen, davon 780 z. T. mit wertvollstem Material beladen (Heeresausrüstung, Munition, Geschütze, Wolle, Häute, Felle, Maschinen, Kohlen, Oberbaustoffe, Werkzeuge usw.) darunter 23 Salonwagen des Ridz-Smighli-Zuges, rund 100 Kesselwagen, 38 Lazarettwagen, 10 Werkstättenwagen, 2 Kranwagen, 1 Panzermaschinenwagen.

b) 66 Lokomotiven, davon 37 bereits in Siedlce unter Dampf gesetzt. Zum größten Teil neuere, wertvolle Maschinen.

Am 29. Sept. 5 Uhr morgens mit Beutezug Nr. 48 (D-Zug-Park) als Bergungszug von Siedlce nach Ortelsburg. Übergabe des Bahnhofs Siedlce und der Strecke bis Malkinia an russisches Militär.«

Die Betriebskolonne zog weiter in Richtung Westen und blieb in Minsk. Dazu gehörten die Strecken Warschau–Minsk–Siedlce, Minsk–Tluscz sowie über Siedlce hinaus nach Platerow und Lukow. Die Strecke Ostroleka–Malkinia–Siedlce wurde nach Abzug der russischen Armee, von der Kolonne Mündemann wieder besetzt. An der Strecke Siedlce–Warschau sowie an den abgehenden Linien verrichteten über 620 Mann ihren Dienst. Hinzu kamen eine große Anzahl wieder eingestellter polnischer Eisenbahner, in erster Linie Rottenarbeiter, Schrankenwärter, Bahnwärter usw. Die Verpflegung wurde mit Kurier-

Bei der Bombardierung Warschaus durch die Deutsche Luftwaffe wurde auch das Bw Warschau Ost schwer beschädigt. Reichsbahnrat Kronawitter gelang 1939 diese eindrucksvolle Aufnahme.
Foto: Kronawitter; Slg. Töpelmann, Archiv transpress

»Endgültige Fertigstellung einer zerstörten Eisenbahnbrücke der Ostbahn – Rechts der erste Behelfsbau«, lautete die Bildunterschrift dieser Aufnahme im Reichsbahn-Kalender für das Jahr 1941.
Foto: Reichsbahn-Kalender 1941; Slg. Töpelmann, Archiv transpress

Ein Bild, das wie in Friedenzeiten wirkt, zierte den Reichsbahn-Kalender im Juli 1942. Lakonisch vermeldete die Unterschrift: »Ostbahnstrecke in den Karpaten«. *Foto: Reichsbahn-Kalender 1942; Slg. Töpelmann, Archiv transpress*

Besonders hart war der Winterdienst bei der Ostbahn, davon zeugt diese Aufnahme aus dem Reichsbahnkalender für das Jahr 1942. Darunter war zu lesen: »Freimachen schneeverwehter Strecken auf der Ostbahn«. *Foto: Reichsbahn-Kalender 1942; Slg. Töpelmann, Archiv transpress*

zuglinien vom Heeresverpflegungssamt Sokolov organisiert. Unterkünfte gab es zwangsweise bei polnischen Eisenbahnern oder in wieder hergerichteten Wohnungen. Die Möbel holte man sich aus geräumten Wohnungen der jüdisch-polnischen Bevölkerung.

Der Zugbetrieb war aufgrund fehlender bzw. zerstörter Fernsprech- und Signaleinrichtungen zunächst nur am Tage möglich. Gefahren wurde auf Sicht. Nach Baukolonnen, Flüchtlingszügen, Gefangenentransporte, Heeresverpflegung und Sonderfahrten begannen sofort die Fahrten der Beutezüge. Von den Bahnhöfen Minsk, Tluscz und Mrozy betraf es 24 Züge mit insgesamt 1.325 Wagen und 22 Lokomotiven, davon 10 aus Tluscz und 12 aus Mrozy. Ferner fand man in einer Schule in Siedlce die Akten der Eisenbahndirektion Thorn.

Am 22. Oktober wurde die Betriebskolonne der ED Lodz unterstellt. Vom Folgetag an begann ein planmäßiger Zugverkehr zwischen Warschau–Siedlce und Lukow.

Abschließend heißt es im Bericht: *»Nach nunmehriger Behebung des groeßten Lok-Mangels koennen mind. ebensoviel Wagen und Loks abgefahren werden.«*

Beuteabfuhr vom 24.10.–10.11.1939			
Strecke	Züge	insgesamt Achsen	sowie kalte Lok
Tluscz–Minsk	6	572	2
Tluscz–Malkinia	1	94	1
Siedlce–Malkinia	10	1.460	24
Summe	17	2.116	27

Güterverkehr mit der UdSSR

Inzwischen begann zwischen dem Deutschen Reich und der Sowjetunion ein lebhafter Güterverkehr. Bereits am 29. Dezember 1939 schlossen das Reichsverkehrsministerium und das Volkskommissariat für Verkehrswesen der UdSSR ein vorläufiges Eisenbahngrenzabkommen. Die Berliner Börsen-Zeitung veröffentlichte im Januar 1940 unter der Überschrift »Die Russenlieferungen rollen«, dass *»das Deutsch-Sowjetische Eisenbahn-Grenzabkommen in seiner Form und in dem Geist seiner Anwendung ein besonderer Erfolg für die gegenseitige Verbindung ist und für den gegenseitigen Warenaustausch beider Völker, der sich in seiner wirklichen Grösse erst nach der Neuordnung Europas und der Welt richtig erkennen lassen wird.«*

Aber nicht nur Güter wurden gefahren, auch Reisende. Bereits *»am 25. Januar 1940 überschritt der 100 000. der ins Reich Umgesiedelten […] die deutsch-russische Interessengrenze«*, verkündet eine Pressemeldung (DNB) vom 27. April 1940. Aus der Sowjetunion kamen Züge mit Erdöl, Getreide, Hülsenfrüchten, Baumwolle und Erzen. In der Gegenrichtung rollten Frachtenzüge beladen mit Oberschlesischer Steinkohle, Eisen und Stahl. Kompliziert und aufwendig war der Güterumschlag in Grenzbahnhöfen beim Umladen von Regel- in Breitspur bzw. zurück. Insgesamt gab es sieben Grenzübergangsbahnhöfe zwischen der Gedob und der UdSSR. Es waren Malkinia/Zaremby, Platerow/Siemiatycze, Terespol/Brest-Litowsk, Dorohusk/Jagodzin, Belzec/Rawa Russka, Zurawica/Przemysl und Nowy Zagorz/Zaluz. Weiterhin bestanden drei Übergänge zur Slowakei. Weitere folgten, so nach Ungarn und Rumänien.

Aus dem einst polnischen Lokomotivpark wurden auch 16 Breitspurlokomotiven der Reihe 55, Gattung preußisch G 7.1 bzw. G 44.13, übernommen. Sie erhielten die neue Bezeichnung GB 44.13. Den Umbau veranlasste im Jahr 1940 die Deutsche Reichsbahn, um den Grenzverkehr zur Sowjetunion zu bewältigen: *»Der Gesamtbedarf beträgt 14 Lokomotiven, die sich auf die 5 Grenzbahnhöfe wie folgt verteilen: Zurawica: 4, Terespol: 1, Malaczewice: 4, Malkinia: 3, Platerow: 1, Ersatzlok: 1 Lok.«*

Ein Baedeker für das Generalgouvernement

Reichsminister Dr. Hans Frank, Generalgouverneur des seit 1939 vom Deutschen Reich verwalteten Weichselraumes, beauftragte den Herausgeber Karl Baedeker in Leipzig, ein Reisehandbuch über das Generalgouvernement zu veröffentlichen. Auf über 250 Seiten wurde der Leser animiert, die im Raum Krakau–Warschau–Lemberg gelegenen Orte zu besuchen. *»Für die aus dem Osten nach dem Reich Reisenden ist das Generalgouvernement bereits ein stark heimatlich anmutendes Gebilde, für die aus dem Reich nach dem Osten Reisenden aber ist es bereits der erste Gruß einer östlichen Welt«*, schrieb der Generalgouverneur in seinem Grußwort für dieses Buch vom 23. Oktober 1942.

Und an andere Stelle las man über die Ostbahn: *»Die Betriebsführung der Ostbahn wird in leitenden Stellen von Deutschen wahrgenommen […]. Für deutsche Fahrgäste sind besondere Fahrkartenschalter, Wartesäle, Sperren und Eisenbahnwagen vorhanden.«*

Krieg gegen die UdSSR

Doch sehr bald, im Juni 1941, endete der freundschaftliche Reise- und Güterverkehr mit der Sowjetunion. Deutschland hatte nun auch die UdSSR überfallen. Wie bereits in verschiedenen Büchern zu diesem Thema beschrieben, glaubte die Heeresleitung, auch diesen Feldzug als Blitzkrieg und mit dem Auto zu gewinnen. Erst als das »Unternehmen Barbarossa« in Schnee und Schlamm ins Stocken kam, erinnerte man sich an die Eisenbahn. Doch aufgrund der breiteren russischen Spur musste unterschieden werden: Fahrten mit Breitspurfahrzeugen oder »umnageln« der Schienen auf Normalspur.

Zahlreiche Breitspurlokomotiven wurden erbeutet. Oberreichsbahnrat Gramsch von der Gedob vermerkte am 2. November 1942 dazu: *»Bei den hier vorgefundenen Breitspurlok ist zu unterscheiden nach Breitspurlok russischer Bauart und Lok ehemaliger Regelspur, die von den Russen auf Breitspur umgespurt wurden. Die betriebsfähigen Breitspurlok russischer Bauart werden z. Zt., d. h. vor Beendigung der Umspurung der Gleise des galizischen Raumes, nach dem Osten abgegeben. Von den hier verbliebenen 35 Lok werden auf Grund der Vfg. Osteis vom 4.2.42 30Wfu 22 Lok an Finnland abgegeben. Drei Lok werden noch als Werklok gebraucht. Die restlichen 10 Lok sind in einem schlechten Zustand und lassen sich nur noch als Auswasch und Heizlok verwenden. Von den auf Breitspur umgespurten 80 Lok sind 14 Lok nicht mehr herrichtungsfähig.«*

Anzahl der herrichtungsfähigen Lok, getrennt nach Gattungen	
Ol 12	17
Ok 22	3
Ok 1	9
Ti 12	4
Tki 1	1
Tkp 101	1
Tp 4	16
Tr 11	1
Tw 12	7
Ty 23	7
Zus.:	66 Lok.

Weitere Schreiben, mit ähnlichem Inhalt, folgten. Nach dem Bericht der GVD Osten vom 24. Januar 1943 mussten innerhalb kürzester Zeit 39 Breitspurlokomotiven den RAW zur Umspurung zugeführt werden. 12 Lokomotiven hatten ihr Ziel in den Werken der Gedob. Zumeist waren es Lokomotiven polnischen Ursprungs, wie Exemplare der Reihen Os 24, Ok 22 und Ty 23 sowie die 50 281, deren Ursprungsland nicht feststellbar war; offensichtlich ein deutsches Stück. Im Bericht des RVM, Abteilung 38 W Russland 34 vom 3. Februar 1943 heißt es weiter: *»Zur Entlastung der OAW der Gedob Krakau sind 14 Lok polnischer Bauart des Raumes Minsk an die GDW'en Berlin und Königsberg abzufahren […]. Die Gedob in Krakau teilt der GVD Osten baldigst die OAW mit, denen die Lok zugeführt werden sollen.«*

Verkehrs- u. Baumuseum No. 347

Zum Dienstgebrauch

AMTLICHER
TASCHENFAHRPLAN
FÜR DAS GENERALGOUVERNEMENT

nebst Anschlußstrecken, Kraftomnibuslinien
und den wichtigsten Fernverbindungen

URZĘDOWY KIESZONKOWY
ROZKŁAD JAZDY
DLA
GENERALNEGO GUBERNATORSTWA

Gültig vom 2. November 1942 an
bis auf weiteres

Preis 1.— Zloty

Bank der Deutschen Arbeit A.G.
Niederlassung Krakau · Adolf-Hitler-Platz 7 · Ruf 12451, 12453
DEVISENBANK
Ausführung sämtlicher Bankgeschäfte
Beratung in Finanzierungs- und Aussenhandelsfragen

GENERALDIREKTION DER OSTBAHN IN KRAKAU

Titelseite des Taschenfahplans von 1942.

Die Bahnen im Generalgouvernement

Der von der Generaldirektion der Ostbahn mit Datum vom 2. November 1942 für das Generalgouvernement – d.h. Rest-Polen unter deutscher Verwaltung – herausgegebene »Amtliche Taschenfahrplan« stellt in mehrfacher Hinsicht ein bemerkenswertes Dokument dar.

Der Fahrplan vom 2. November 1942 fällt in eine Periode, in der sich der Verkehr konsolidiert hatte und das Gebiet von Lemberg, also Ost-Galizien, und auch die Nord-Bukowina dem Generalgouvernement zugeschlagen wurden und auch die dortigen Eisenbahnen der Ostbahn einverleibt worden sind. Die Ostbahn erreichte damit ihre größte Ausdehnung mit 6513 km Normalspurlinien (davon 1746 zwei- oder mehrgleisig) und 627 km Schmalspurlinien. Der verhältnismäßig geringe Anteil zweigleisiger Strecken lässt aber auch die betrieblichen Schwierigkeiten erahnen, die ein Kriegsbetrieb mit fallweisem Stoßverkehr dem Personenverkehr gegenüberstellt.

Dass dieser Taschenfahrplan 1 Zloty kostete, war wohl begründet, denn Taschenfahrpläne kosteten bei der Reichsbahn zumeist 30 Pfennig und der Umrechnungskurs war damals 2 Zloty = 1 Mark (zur Erinnerung: 3 Rubel bzw. 20 französische Francs waren ebenfalls 1 Mark).

Schließlich hatte die Ostbahn 16 Übergänge zum Netz der DR, drei zu den Slowakischen Eisenbahnen, drei nach Ungarn, einen nach Rumänien (wenn man von dem Übergang nach Kuty in der Bukowina absieht, der nur kurzfristig für einen Korridorverkehr bestand) und 10 zu den Reichsverkehrsdirektionen des Ostens.

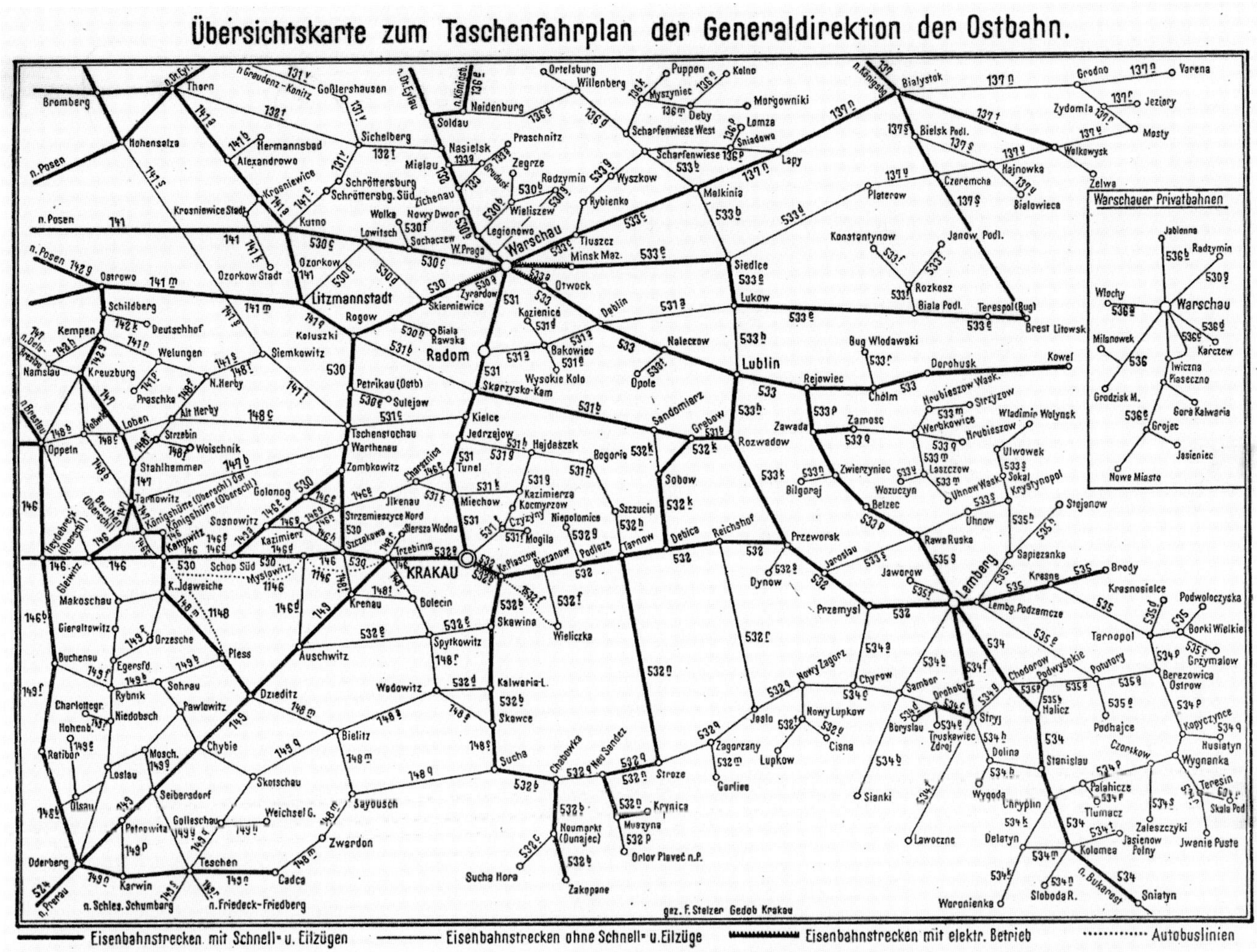

Übersichtskarte zum Taschenfahrplan von 1942: Dieser Fahrplan zeigt das Netz der Ostbahn, das damit seine größte Ausdehnung erreicht hatte.

Der Ausgabe von 1942 folgte noch eine von 1943 und schließlich jene vom 3. Juli 1944, die bereits das nahe Ende ahnen ließ. Von einigen Linien, wie Stanislau–Woronienka, Krasne–Brody, Kolomea–Delatyn, Stanislau–Sniatyn u. a. fehlen Verkehrszeiten und die Fahrplanspalten enthalten lediglich den Hinweis »Zur Zeit keine Personenbeförderung«. Diese Linien befanden sich damals entweder bereits in Verfügung der Feldeisenbahner oder waren, bedingt durch die Kriegsereignisse, überhaupt nicht mehr im deutschen Machtbereich, womit ein Stück Eisenbahngeschichte ihr Ende gefunden hat.[5]

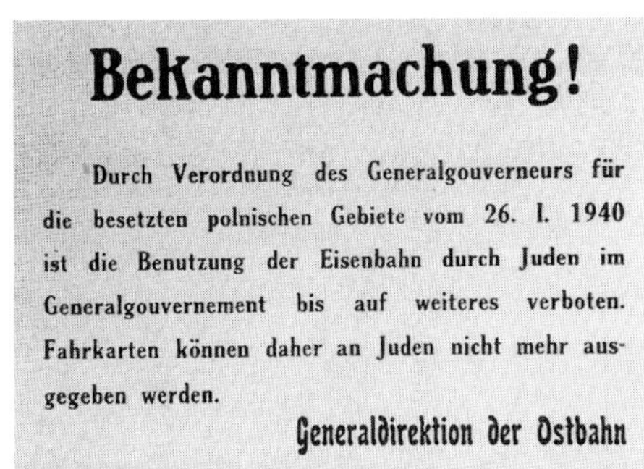

Bekanntmachung!

Durch Verordnung des Generalgouverneurs für die besetzten polnischen Gebiete vom 26. I. 1940 ist die Benutzung der Eisenbahn durch Juden im Generalgouvernement bis auf weiteres verboten. Fahrkarten können daher an Juden nicht mehr ausgegeben werden.

Generaldirektion der Ostbahn

Kraft dieser Bekanntmachung schloss die Generaldirektion die jüdische Bevölkerung von der Beförderung durch die Ostbahn aus.
Foto: Slg. Gottwaldt

5 Nachwort »Historische Bemerkungen« von Johann Stockklausner, Nachdruck »Kursbuch Polen 1942 (Generalgouvernement)« im Internet.

km	OBD Warschau Wagenklassen				1052 2.3.	600 3.bG		D mW 226 1.2.3.		610 3.bG		614 3.bG	1056 2.3.		618 3.bG		D 118 1.2.3.	622 3.bG	1062 2.3.		626 3.bG		630 2.3.bG			SFR 2082 1.2.3.		1066 2.3.		D 204 1.2.3.
0,0	**Warschau** Ost	Ab	...	...	4 28	4 35	...	6 27	...	7 55	...	9 52	10 10	...	12 6	...	13 34	14 59	15 8	...	16 42	...	18 15	...	...	20 0	...	21 20	...	23 20
4,3	» Hbf (s.a. 23.24)	Ab	...	...	4 48	4 42	...	6 40	...	8 3	...	10 0	10 22	...	12 14	...	13 52	15 7	15 24	...	16 50	...	18 23	...	...	20 14	...	21 37	...	23 38
7,4	» West	Ab	...	...	5 6	4 48	...	7 0	...	8 9	...	10 6	10 40	...	12 20	...	14 18	15 13	15 42	...	16 56	...	18 34	...	...	20 38	...	22 18	...	23 56
11,1	Wlochy 24 (s.a. Zu 580)		...	...	»	4 54	...		...	8 15	...	10 12	»	...	12 26	...		15 19	»	...	17 2	...	18 40	...	...		...	»	...	
13,6	Ursus		...	...	»	4 58	...	⊡	...	8 19	...	10 16	»	...	12 30	...	Ⓐ	15 23	»	...	17 6	...	18 44	...	...	Ⓣ	...	»	...	(1-2)
16,9	Piastow		...	...	»	5 2	...	»	...	8 23	...	10 20	»	...	12 34	...	✕	15 27	»	...	17 10	...	18 48	...	...	»	...	»	...	»
20,2	Pruszkow 580 d		...	...	»	5 7	...	»	...	8 28	...	10 25	»	...	12 39	...	»	15 32	»	...	17 15	...	18 53	...	...	»	...	»	...	Warschau Ost–
26,5	Brwinow		...	...	»	5 14	...	»	...	8 35	...	10 32	»	...	12 46	...	»	15 39	»	...	17 22	...	19 0	...	...	»	...	»	...	
30,4	Milanowek 580 d		...	...	»	5 19	...	»	...	8 40	...	10 37	»	...	12 51	...	»	15 44	»	...	17 27	...	19 5	...	...	»	...	»	...	
33,8	Grodzisk Mazow 580 d		...	...	»	5 24	...	»	...	8 45	...	10 42	»	...	12 56	...	»	15 49	»	...	17 32	...	19 10	...	...	»	...	»	...	
39,3	Jaktorow		...	...	»	5 30	...	»	...	8 51	1070	10 48	»	...	13 2	1072	»	15 55	»	...	17 38	1074	19 16	...	...	»	...	»	...	
44,7	Miedzyborow		...	...	»	5 36	...	»	...	8 57	2.3.	10 54	»	...	13 8	2.3.	»	16 1	»	...	17 44	2.3.	19 22	...	...	»	...	»	...	
47,4	Zyrardow		...	...	5 48	5 39	...	»	...	9 0	9 8	10 57	11 22	...	13 11	13 20	»	16 4	16 24	...	17 47	18 2	19 25	...	...	»	...	23 0	...	
59,5	Radziwillow Maz.		...	...	6 2	...	...	»	...	...	9 23	...	11 36	...	...	13 34	»	...	16 38	...	...	18 16	...	...	...	»	...	23 14	...	
65,1	Rawka		...	...	6 10	...	...	»	...	...	9 33	...	11 44	...	...	13 42	»	...	16 46	...	...	18 24	...	...	...	»	...	23 22	...	»
70,2	Skierniewice 24 a. 32 e	An	...	...	6 18	...	...	8 3	...	...	9 40	...	11 52	...	...	13 49	15 21	...	16 54	...	...	18 31	...	...	...	21 41	...	23 30	...	0 58
		Ab	...	...	6 20	...	...	8 5	...	...	...	...	11 54	...	...	...	15 23	...	16 56	...	...	18 33	...	...	...	21 44	...	23 32	...	1 0
84,4	Plycwia		...	...	6 38	...	...	»	...	...	...	...	12 12	...	...	...	»	...	17 14	...	...	18 50	...	...	...	»	...	23 50	...	»
100,0	Rogow 580 c		...	...	6 57	...	...	»	...	...	...	...	12 31	...	...	...	»	...	17 33	...	...	19 8	...	...	...	»	...	0 9	...	»
109,5	**Koluszki**	An	...	1050	7 8	...	...	8 52	...	...	...	...	12 42	...	...	...	16 5	...	17 44	...	...	19 19	...	1064	...	22 31	...	0 20	...	1 42
	Litzmannstadt 32 e	An	...	2.3.	...	...	...	9 45	...	...	...	...	14 0	...	...	...	...	...	18 40	...	...	...	...	2.3.	...	23 20	...	...	...	6 45
109,5	**Koluszki**	Ab	...	4 26	7 16	...	...	8 57	...	...	...	...	12 55	...	...	...	16 10	...	17 48	...	...	...	...	21 12	...	22 36	...	...	...	1 45
118,5	Rokiciny		...	4 38	7 28	...	...	...	...	...	...	...	13 7	...	...	...	»	...	18 0	...	...	...	...	21 24	...	...	...	...	...	
127,8	Czarnocin		...	4 50	7 40	...	...	...	...	...	...	...	13 19	...	...	...	»	...	18 12	...	...	...	...	21 36	...	...	...	...	...	
134,2	Baby		...	5 0	7 50	...	...	...	...	...	...	...	13 29	...	...	...	»	...	18 22	...	...	...	...	21 46	...	...	...	...	...	
138,2	Moszczenica		...	5 7	7 57	...	...	...	...	...	...	...	13 36	...	...	...	»	...	18 29	...	...	...	...	21 53	...	...	...	...	...	Krakau
148,5	Petrikau (Ostbahn) 586.	An	...	5 20	8 10	...	...	...	...	...	...	...	13 49	...	...	...	16 50	...	18 52	...	...	...	...	22 6	...	...	...	...	...	22 9
		Ab	...	5 30	8 19	...	...	...	...	...	...	...	13 59	...	...	...	17 0	...	18 52	...	...	...	...	22 16	...	...	...	...	...	2 39
160,8	Rozprza		...	5 45	8 34	...	...	...	...	...	...	...	14 14	...	...	...	»	...	19 7	...	...	...	...	22 31	...	...	...	...	...	s. 41 i. 41
171,0	Gorzkowice		...	5 58	8 47	...	...	...	...	...	...	...	14 27	...	...	...	»	...	19 20	...	...	...	...	22 43	...	...	...	...	...	
179,4	Nowy Kaminsk		...	6 9	8 58	...	...	...	...	...	...	...	14 38	...	...	...	»	...	19 31	...	...	...	...	22 54	...	...	...	...	...	
181,7	Kaminsk		...	6 14	9 3	...	...	...	...	...	...	...	14 43	...	...	...	»	...	19 36	...	...	...	...	22 59	...	...	...	...	...	
193,4	Radomsko		...	6 30	9 19	...	...	...	...	...	...	...	14 58	...	...	...	17 50	...	19 51	...	...	...	...	23 16	...	...	...	...	...	3 36
204,8	Teklinow		...	6 44	9 33	...	...	...	...	...	...	...	15 12	...	...	...	✕	...	20 5	...	...	...	...	23 30	...	...	...	...	...	
212,5	Klomnice		...	6 54	9 43	...	...	...	...	...	...	...	15 22	...	...	...	Ⓐ	...	20 15	...	...	...	...	23 40	...	...	...	...	...	(1-2)
222,1	Rudniki (b Tschenstochau)		...	7 7	9 56	...	...	...	...	...	...	...	15 35	...	...	...		...	20 28	...	...	...	...	23 53	...	...	...	...	...	
234,0	**Tschenstochau** ♁	An	...	7 21	10 10	...	...	...	...	...	...	...	15 49	...	...	...	18 32	...	20 42	...	...	...	...	0 7	...	...	...	...	...	4 26
	Oppeln 32 f	An	...	...	14 55	...	...	...	...	...	...	...	...	...	...	...	...	...	...	...	...	...	...	...	...	...	...	...	...	9 23
	Krakau 41 i. 41	An	...	...	18 39	...	...	...	...	...	...	...	...	...	...	...	23 15	...	...	...	...	...	...	...	...	...	...	...	...	6 57

580 (530. 530 a) Warschau–Koluszki–Tschenstochau

▮ verkehrt nur auf besondere Anordnung
Ⓣ Warschau – Litzmannstadt–Ostrowo – Breslau s. 32 e. 32. 35
⊡ Warschau–Litzmannstadt–Krotoschin–Breslau s. 32 e. 32. 35
Ⓐ Warschau – Kattowitz–Oderberg – Wien (Warschau–Krakau) s. 41 i. 41. 41 s. 42
♁ 30 b. 41 i. 580 b

Zu 580 (530 a) Nahverkehr Warschau Ost–Zyrardow

Alle Züge nur 3. Kl. und bG

km	OBD Warschau					604			606		608		612			616			620		624			628			632		634		636	
0,0	**Warschau** Ost	Ab	...	...	...	5 55	...	...	6 12	...	7 6	...	8 52	...	...	11 3	...	...	13 26	...	16 10	...	...	17 30	...	...	19 38	...	21 16	...	22 50	...
4,3	» Hbf		...	...	...	6 3	...	...	6 21	...	7 13	...	9 0	...	...	11 11	...	...	13 34	...	16 18	...	...	17 38	...	...	19 46	...	21 24	...	22 57	...
7,4	» West		...	...	...	6 9	...	...	6 26	...	7 19	...	9 6	...	...	11 17	...	...	13 40	...	16 24	...	...	17 44	...	...	19 52	...	21 30	...	23 3	...
11,1	Wlochy		...	...	...	6 15	...	...	6 34	...	7 25	...	9 12	...	...	11 23	...	...	13 46	...	16 30	...	...	17 50	...	...	19 58	...	21 36	...	23 9	...
13,6	Ursus		...	...	...	6 19	...	...	6 38	...	7 29	...	9 16	...	...	11 27	...	...	13 50	...	16 34	...	...	17 54	...	...	20 2	...	21 40	...	23 13	...
16,9	Piastow		...	...	...	6 23	...	...	6 42	...	7 33	...	9 20	...	...	11 31	...	...	13 54	...	16 38	...	...	17 58	...	...	20 6	...	21 44	...	23 17	...
20,2	Pruszkow 580 d (s. a. 580)		...	...	...	6 28	...	...	6 47	...	7 38	...	9 25	...	...	11 36	...	...	13 59	...	16 43	...	...	18 3	...	...	20 11	...	21 49	...	23 22	...
26,5	Brwinow		...	...	...	6 35	...	...	6 54	...	7 45	...	9 32	...	...	11 43	...	...	14 6	...	16 50	...	...	18 10	...	...	20 18	...	21 56	...	23 29	...
30,4	Milanowek 580 d		...	...	...	6 40	...	...	6 59	...	7 50	...	9 37	...	...	11 48	...	...	14 11	...	16 55	...	...	18 15	...	...	20 23	...	22 1	...	23 34	...
33,8	Grodzisk Maz. 580 d		...	...	...	6 45	...	...	7 4	...	7 55	...	9 42	...	...	11 53	...	...	14 16	...	17 0	...	...	18 20	...	...	20 28	...	22 6	...	23 39	...
39,3	Jaktorow		...	...	...	6 51	...	...	...	...	8 1	...	9 48	...	...	11 59	...	...	14 22	...	17 6	...	...	...	...	...	20 34	...	22 12	...	23 45	...
44,7	Miedzyborow		...	...	...	6 57	...	...	...	...	8 7	...	9 54	...	...	12 5	...	...	14 28	...	17 12	...	...	...	...	...	20 40	...	22 18	...	23 51	...
47,4	**Zyrardow**	An	...	...	...	7 0	...	...	...	...	8 10	...	9 57	...	...	12 8	...	...	14 31	...	17 15	...	...	...	...	...	20 43	...	22 21	...	23 54	...

580. Zu 580

Der Fahrplan von 1942 verzeichnete für die Verbindung Warschau –Tschenstochau fünf durchgehende Verbindungen.

Generaldirektion der Ostbahn

Postanschrift:	Fernruf:	Bankverbindungen:
Generaldirektion der Ostbahn Krakau, Matejkiplatz 12	Krakau Nr 136 20-25	Girokonto der Hauptkasse der Generaldirektion der Ostbahn bei der Emissionsbank in Polen, Krakau

An die
Deutsche Reichsbahn
Eisenbahnabteilungen des
Reichsverkehrsministeriums
Berlin
Voßstr. 35

Eingangsvermerk:
Reichsverkehrsministerium Eisenbahnabteilungen
Eing. 27. OKT. 1941

Telegrammbrief!

Ihr Zeichen: Ihre Nachricht vom: Unser Zeichen: 21 M 2 Bla Tag: 22.10.1941

Es wird gebeten, in der Antwort Tag und Zeichen dieses Schreibens anzugeben

Betreff: Verteilung der ehem. poln.Lok.

Der Ausschuß zur Regelung der Verteilung der ehem. poln.Lok war am 1.10.1941 unter Vorsitz des Herrn Ministerialrat Günther im RVM zusammengetreten. Bei dieser Gelegenheit hat die Gedob zunächst um Unterrichtung über den vom RVM bei der Verteilung der ehem. poln Lok angewandten Schlüssel gebeten und gleichzeitig auf neue Unterlagen hingewiesen, die die wirkliche Aufteilung der Lok in den Bw z Zt der PKP erkennen lassen.

Als Ergebnis der Besprechung wurde vereinbart, die gesamten auf beiden Seiten vorhandenen Unterlagen in Krakau zu vergleichen, da die Berechnungen nach dem Verteilungsschlüssel des RVM und denen der Gedob erhebliche Unterschiede ergeben haben. Die Besprechung fand am 7.10.41 in der Gedob Krakau zwischen Reichsbahnrat Sperber als Vertreter des RVM und Reichsbahndirektor Scharrer als Vertreter der Gedob statt. Die Unterlagen wurden gegenseitig verglichen und die Ergebnisse der Berechnungen für die einzelnen Bezirke gegenüber gestellt. Dabei wurde festgestellt, daß die vom RVM vorgenommene Verteilung der ehem.PKP-Lok nach Streckenanteilen der Direktionsbezirke der PKP den wirklichen Einsatz auf den einzelnen Strecken und damit den früheren Besitzstand nicht genügend berücksichtigt.

Zur Begründung wird die Aufteilung des Warschauer Bezirks angeführt: Die Großstadt Warschau verlangte einen sehr hohen Lokbestand, wodurch die Zahl der Lok je km des gesamten Bezirks weit über dem Durchschnitt liegt und damit die Abgabe für die abgetretenen Strecken zu hoch wird. Für die an RBD Königsberg gefallenen Strecken des Warschauer Bezirks z B hätten nach dem Schlüssel des RVM zu den vorhandenen 21 Lok weitere 22 Lok zugeteilt werden müssen. Es ist leicht einzusehen, daß für die 58 km Nebenbahn diese Zuteilung zu hoch war. Bei der PKP befanden sich im jetzigen Königsberger Bezirk im ganzen nur 20 Lok, die Zuteilung

Generaldirektion der Ostbahn

Blatt 2 zum Schreiben vom 22.10.41 Zeichen

In dem im RVM vorliegenden Bericht von 1940 (Meldungen der RBD'en und der Gedob) sind 175 Lok gemeldet. Rechnet man hiervon die seinerzeit von den RBD'en doppelt und falsch gemeldeten Lok ab, so stimmen die Angaben des RVM mit denen der Gedob annähernd überein.

Für die Aufteilung der Bw an den Grenzen stehen Lokdienstpläne der ehem PKP nicht zur Verfügung, dagegen sind die auf diesen Strecken z Zt der PKP gefahrenen Höchstzugzahlen, die aus den graphischen Bild- sowie Buchfahrplänen mit Anhang entnommen wurden, bekannt. Anhand dieser Unterlagen wurden die Güter- und Personenzugleistungen auf den westlichen Grenzübergängen z Zt der PKP rekonstruiert. Das Ergebnis ist in Anlage 2 u 3 zusammengestellt. In der Anlage 4 u 5 ist die Leistungsverteilung an der Demarkationsgrenze, in der Anlage 6 u 7 die z Zt gültige Leistungsverteilung an den westlichen Grenzen zusammengestellt. Für die Schnellzüge ist eine solche Aufteilung mangels Unterlagen nicht erfolgt, sie würde auch die Endzahlen nur ganz unwesentlich verändern. Der gesamte Ausgleich an den Grenzen der sich gegenüber der Gesamtzahl in geringen Grenzen hält, ergibt hiermit ein Plus von 11 Lok zu Gunsten der Gedob. Legt man der Berechnung der Verteilung diese Unterlagen zugrunde, kommt man zu folgendem Ergebnis:

	Vorschlag der Gedob:				Aufteilung des Deutschbestandes rund 2826 Lok. 2826/3758		Vorschlag des R V M	
	Nach dem Bestand der PKP vom 1.1.1933 waren den Bw Lokbhf usw. zugeteilt		nach dem Bestand v.1.7.1939 Best. der Bw vermindert im Verh. 5005/5382 einschl. 135 FPTK Lok					
	Lok.	%	Lok.	%	Lok.	%	Lok.	%
Im Bereich der Ostbahn	1716	44,o	1592	42.38	12oo	42.36	1062	37.6
Im Bereich d.RBD'en Kbgb	23		21					
Danzig	642		648x					
Posen	751		783x					
Oppeln	767		714					
zusammen:	2183	56,o	2166	57.62	1626	57.64	1764	62.4
deutscher Anteil:	3899	100,0	3758	100,0	2826	100,0	2826	100,0
im ehem.russ.Geb.	1483	27,5	1382	27,0				
Zusammen:	5382		5140					

x einschl. insgesamt 135 Lok. der FPTK.

Die Strecken der Ostbahn im Überblick.
Abbildung: Slg. Reimer

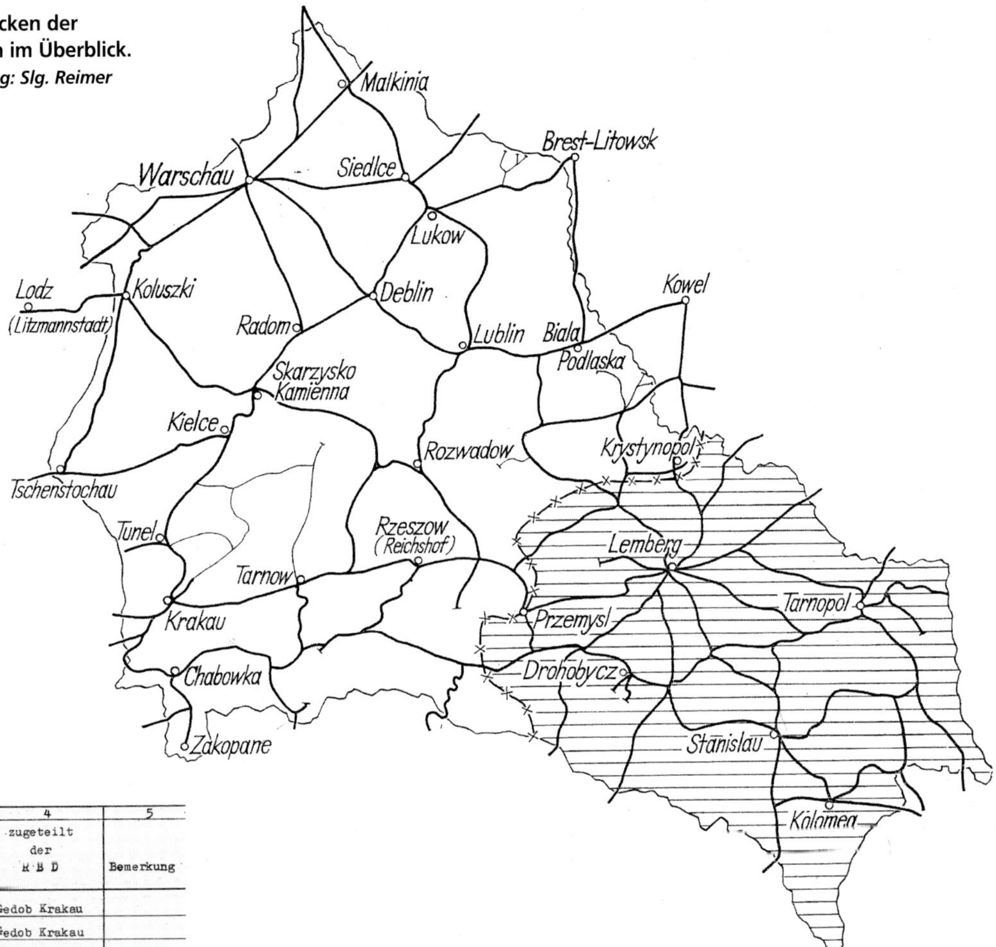

1			2	3	4	5
Wagen					zugeteilt der	
Nummer						
D R	P K P	U d S S R	Gattung	BauJahr	R B D	Bemerkung
	7 118	667	ABC4ü	1929	Gedob Krakau	
	7 119	666	"	1929	Gedob Krakau	
	7 126	8 201	"(C4ü)	1892	Berlin	
	7 136	680	"	1929	Gedob Krakau	
	7 155++	-	"	1931	Berlin	
	7 156++	-	"	1931	Berlin	
	7 157	690	"	1931	Gedob Krakau	
	7 159++	682	"	1931	Gedob Krakau	
	7 171	-	C3i	1908	Gedob Krakau	
	7 173	-	ABC4ü	1931	Berlin	
	7 175	728	ABC6ü	1931	Berlin	
	7 176	393	ABC4ü	1931	Gedob Krakau	
	7 178	689	"(C4ü)	1931	Gedob Krakau	
	7 179	8 260	"	1931	Gedob Krakau	
	7 181	82 010	"(C4ü)	1931	Gedob Krakau	
	7 184	720	"	1931	Gedob Krakau	
	7 185	697	"(BC4ü)	1931	Gedob Krakau	
	7 187	668	"	1931	Gedob Krakau	
	7 191	-	"	1931	Gedob Krakau	
	7 197	661	"(C4ü)	1931	Berlin	
	7 203	660	"	1931	Berlin	
	7 204	1 445	"(C4ü)	1932	Gedob Krakau	
	7 208	688	"	1932	Berlin	
	7 211	-	"	1933	Berlin	
	7 212	-	"(C4ü)	1933	Gedob Krakau	
	7 217	8 209	"	1933	Berlin	
	7 218	723	"	1933	Berlin	

Auszug aus einer Liste über die Zuteilung der Wagen: Von den erbeuteten Wagen erhielt die Gedob nur einen Teil.
Abbildung: Slg. Kubitzki

Die Gedob

Aufbau und Struktur der Ostbahn

Die Direktionen

Im Gegensatz zu anderen Direktionen blieb die Struktur der Gedob überschaubar, man übernahm einfach nur die polnischen Dienststellen. Zunächst bestand die Gedob aus den Direktionsbezirken Krakau, Lublin, Radom und Warschau. Nach der Besetzung von Galizien kam 1941 Lemberg hinzu. Erst im Jahr 1943 löste das Reichsverkehrsministerium (RVM) die Ostbahndirektion (OBD) Radom auf; das war bereits zuvor mit der OBD Lublin geschehen. Fortan gab es die drei Ostbahndirektionen Krakau, Lemberg und Warschau mit ihren jeweiligen Ämtern (vgl. die nachfolgenden Tabellen).

OBD Krakau in Krakau am Matejkoplatz 12

Ort	BA	MA	VA
Kielce	x	x	x
Krakau	x	x	x
Neu Sandez	x	–	–
Reichshof	x	x	x

Dazu ein Vermessungsamt in Krakau, ein Ostbahn-Schmalspurbahnamt in Jedrzejow sowie zwei Verkehrskontrollen in Krakau. Hinzu kamen die OAW in Neu Sandez, Tarnow und Krakau-Plaszow.

Sitz der Generaldirektion der Ostbahn war Krakau. Diese historische Postkarte zeigt das repräsentative Gebäude des Hauptbahnhofes der Stadt zu dieser Zeit. *Foto: Slg. Gottwaldt*

Der Bahnhof von Siedlce.
Foto: Slg. Gottwaldt

OBD Lemberg in Lemberg in der Sigmundstraße 1

Ort	BA	MA	VA
Lemberg	x	x	x
Stanislau	x	x	x
Stryj	x	–	–
Tarnopol	x	x	x

Sowie ein Vermessungsamt in Lemberg und die OAW in Lemberg, Stanislau und Stryj, die zusammen die »Ostbahnwerke Galizien in Lemberg« bildeten.

OBD Warschau in Warschau in der Chalubinskiegostraße 4

Ort	BA	MA	VA
Lublin	x	x	x
Petrikau	x	–	–
Radom	x	–	x
Siedlce	x	–	–
Warschau	x[1]	x[1]	x

Sowie ein Vermessungsamt in Warschau und die OAW in Pruszkow, Radom und Warschau-Praga.

[1] jeweils BA und MA Warschau 1 und 2

Selbständige Bahnhöfe

Hinzu kamen 64 so genannte selbständige Bahnhöfe, also bei den Bahnhöfen der Ostbahn bestehende selbständige Fahrkartenausgaben, Bahnhofskassen, Bahnbetriebswerke, Bahnbetriebswagenwerke, Oberbaustofflager und Bauinspektionen. Eine Übersicht aller Bw befindet sich im Anhang. Nach der Eingliederung vom Lemberger Bezirk umfasste die Fläche der Gedob 138.580 km². Zum Vergleich: Die Fläche vom »Reich« betrug 680.922 km² (weitere Daten im Jahresvergleich finden sich in der nachfolgenden Tabelle).

Entwicklung der Ostbahn

	1940	1941	1942	1943
Dampflok[1]	50	169	605	393
Länge Ostbahn (km)	4.516	7.141	7.133	7.151
Länge Privatbahn (km)	82	335	328	331
Personal[2]	–	7.503	8.007	23.693[3]

[1] nur von der DRB, siehe auch Abschnitt »Lokomotiven fehlen«
[2] betrifft nur abgeordnetes Personal, insgesamt 69.222 Mitarbeiter bei Gedob 1941
[3] zurückkehrendes Personal aus dem Osten, von den RVD, bei Gedob erfasst

— 71 —

Generaldirektion der Ostbahn

Sitz: Krakau

Ostbahndirektion Krakau

Maschinenämter	Bahnbetriebswerk Bezeichnung	abgekürzte Bezeichnung	Gefolgschaft	Bahnbetriebswagenwerk Bezeichnung	abgekürzte Bezeichnung	Gefolgschaft	Lokomotivbahnhöfe	Bahnhofsschlossereien	Arztwagen und Gerätewagen
1. Krakau 4303 (4140)	1. Krakau Hbf	Krk Hbf	986 (955)	1. Krakau	Bww Krk	521 (500)			1. Krakau a) 1 Arztwagen (1 A^2) b) 1 Gerätewagen (3 G^4, 1 M^7)
	2. Krakau Plaszow	Krk Pl	1232 (1178)						2. Krakau Plaszow a) 1 Gerätewagen (1 G^4, 1 G^5, 1 M^4) b) 1 $Kran^1$ (30 t) (2 G^4, 3 M^7)
	3. Krakau Kraftwagenbetriebswerk	Kbw Krk	208 (143)						
	4. Neu Sandez	NS	380 (361)				1. Stroze 2. Muszyna		3. Neu Sandez a) 1 Arztwagen (1 A^2) b) 1 Gerätewagen (2 G^3, 1 M^7)
	5. Tarnow	Tw	980 (916)						4. Tarnow 1 Gerätewagen (1 G^7)
	6. Zakopane	Za	90 (87)				3. Neumarkt (Dunajec) 4. Chabowka		5. Zakopane a) 1 Ortsgerätewagen (1 G^2, 1 M^7)
2. Reichshof 4248 (4652)	7. Reichshof	Rzw	1292 (1232)						6. Reichshof a) 1 Arztwagen (1 A^2) b) 1 Gerätewagen (1 G^2, 1 G^4, 1 M^4) c) 1 $Kran^4$ (20 t) (2 G^2, 1 M^2, 1 M^4)
	8. Przemysl	Psl	1104 (1046)				5. Chyrow		
	9. Zurawica	Zur	680 (577)						7. Zurawica a) 1 Ortsgerätewagen (1 G^7)
	10. Przeworsk	Pwo	297 (287)				6. Jaroslau		8. Przeworsk a) 1 Ortsgerätewagen (1 G^7)

Maschinenämter	Bahnbetriebswerk Bezeichnung	abgekürzte Bezeichnung	Gefolgschaft	Bahnbetriebswagenwerk Bezeichnung	abgekürzte Bezeichnung	Gefolgschaft	Lokomotivbahnhöfe	Bahnhofsschlossereien	Arztwagen und Gerätewagen
noch 2. Reichshof	11. Debica	Debica	467 (455)						9. Debica a) 1 Ortsgerätewagen (1 G^7)
	12. Jaslo	Jaslo	289 (283)				7. Zagorzany		
	13. Neu Zagorz	No Z	191 (186)				für Schmalspur 760 mm *1. Nowy Lupkow*		10. Neu Zagorz a) 1 Gerätewagen (1 G^4, 1 M^7) b) 1 Ortsgerätewagen (1 G^7)
	14. Rozwadow	Rdw	619 (586)						11. Rozwadow a) 1 Gerätewagen (3 G^7, 1 M^2, 1 M^7)
3. [illegible] [illegible] (2363)	15. Kielce Herbskie	Ki He	526 (499)						12. Kielce Herbskie a) 1 Ortsgerätewagen (1 G^7)
	16. Sedziszow	Sew	587 (555)						13. Sedziszow a) 1 Ortsgerätewagen (1 G^7)
	17. Skarzysko Kamienna	Ska	1784 (1709)				8. Ostrowiec (Swiet)		14. Skarzysko Kamienna a) 1 Arztwagen (1 A^2) b) 1 Gerätewagen (3 G^2, 1 M^4) c) 1 Ortsgerätewagen (1 G^7)
	18. Tomaszow Maz	Tom	118 (100)						
1. Schmalspuramt Jedrzejow	*1. Jedrzejow*		179 (176)				für Schmalspur 600 mm *2. Charsznica* *3. Kazimierza* *4. Bogoria*		

Ostbahndirektion Lemberg

Maschinenämter	Bahnbetriebswerk Bezeichnung	abgekürzte Bezeichnung	Gefolgschaft	Bahnbetriebswagenwerk Bezeichnung	abgekürzte Bezeichnung	Gefolgschaft	Lokomotivbahnhöfe	Bahnhofsschlossereien	Arztwagen und Gerätewagen
1. Lemberg 4191 (3835)	1. Lemberg Ost	Lebg O	860 (776)	1. Lemberg	Bww Lebg	442 (418)	1. Stojanow		1. Lemberg Ost a) 1 Arztwagen (1 A^2) b) 1 Gerätewagen (2 G^2, 1 M^3)
	2. Lemberg West	Lebg W	1919 (1788)						2. Lemberg West a) 1 Arztwagen (1 A^2) b) 1 Gerätewagen (3 G^2, 1 M^2) c) 1 $Kran^3$ (16 t)

— 73 —

Maschinenämter	Bahnbetriebswerk Bezeichnung	abgekürzte Bezeichnung	Gefolgschaft	Bahnbetriebswagenwerk Bezeichnung	abgekürzte Bezeichnung	Gefolgschaft	Lokomotivbahnhöfe	Bahnhofsschlossereien	Arztwagen und Gerätewagen
noch 1. Lemberg	3. Lemberg Kraftwagenbetriebswerk	Kbw Lebg	108 (84)						
	4. Rawa Ruska	Rawa	430 (422)				2. Sokal		3. Rawa Ruska a) 1 Ortsgerätewagen (1 G^7)
	5. Krasne	Kne	214 (204)						4. Krasne a) 1 Ortsgerätewagen (1 G^7)
	6. Brody	Bdy	209 (193)						
2. Stanislau 2671 (2567)	7. Stanislau	Stan	743 (708)				3. Delatyn		5. Stanislau a) 1 Arztwagen (1 A^2) b) 1 Gerätewagen (2 G^7, 2 M^7)
	8. Sambor	Sor	428 (417)				4. Sianki		6. Sambor a) 1 Ortsgerätewagen (1 G^7)
	9. Drohobycz	Drez	391 (383)						7. Drohobycz a) 1 Ortsgerätewagen (1 G^7)
	10. Chodorow	Chow	311 (302)						8. Chodorow a) 1 Ortsgerätewagen (1 G^7)
	11. Stryj	Stryj	413 (388)						9. Stryj a) 1 Arztwagen (1 A^2) b) 1 Gerätewagen (2 G^7, 1 M^4)
	12. Kolomea	Kea	385 (369)				5. Sniatyn		10. Kolomea a) 1 Ortsgerätewagen (1 G^7)
3. Tarnopol 1641 (1526)	13. Tarnopol	Tol	1238 (1162)				6. Zloczow 7. Potutory 8. Podwoloczyska 9. Kopyczynce		11. Tarnopol a) 1 Arztwagen (1 A^2) b) 1 Gerätewagen (2 G^7, 1 M^4)
	14. Czortkow	Czow	373 (364)						12. Czortkow a) 1 Gerätewagen (2 G^7)

Ostbahndirektion Warschau

Maschinenämter	Bahnbetriebswerk Bezeichnung	abgekürzte Bezeichnung	Gefolgschaft	Bahnbetriebswagenwerk Bezeichnung	abgekürzte Bezeichnung	Gefolgschaft	Lokomotivbahnhöfe	Bahnhofsschlossereien	Arztwagen und Gerätewagen
1. Warschau 1 6149 (5835)	1. Warschau West	Wa West	1720 (1664)	1. Warschau West	Bww Wa West	548 (483)			1. Warschau West a) 1 Arztwagen (1 A^2) b) 1 Gerätewagen (2 G^2, 1 M^4)
	2. Warschau Danz Bf	Wa DZ	257 (249)						
	3. cl Bw Grochow		260 (249)						
	4. Fahrleitungsinspektion		417 (399)						
	5. Warschau Kraftwagenbetriebswerk	Kbw Wa	104 (97)						
	6. Koluszki	Kolu	267 (251)				für Schmalspur 600 mm *1. Rogow*		2. Koluszki a) 1 Gerätewagen (2 G^2, 1 M^4)
	7. Petrikau	Po	860 (795)						3. Petrikau a) 1 Arztwagen (1 A^2) b) 1 Gerätewagen (2 G^2, 1 M^4)
	8. Skierniewice	Ski	636 (608)						4. Skierniewice a) 1 Ortsgerätewagen (1 G^7)
	9. Sochaczew	Soch	423 (402)						
	10. Tschenstochau	Tau	667 (638)						5. Tschenstochau a) 1 Ortsgerätewagen (2 G^7)
2. Warschau 2 5740 (5449)	11. Warschau Ost	Wa Ost	1325 (1274)	2. Warschau Ost	Bww Wa Ost	463 (446)	1. Pilawa		6. Warschau Ost a) 1 Arztwagen (1 A^2) b) 1 Gerätewagen (2 G^2, 1 M^2) c) 1 Ortsgerätewagen (1 G^7)
	12. Warschau Praga	Wa Pr	1163 (1078)						7. Warschau Praga a) 1 Ortsgerätewagen (2 G^7)
	13. Warschau Wilnaer Bf	Wa Wil	178 (170)						
	14. Lukow	Luk	477 (456)						

— 75 —

Maschinenämter	Bahnbetriebswerk Bezeichnung	abgekürzte Bezeichnung	Gefolgschaft	Bahnbetriebswagenwerk Bezeichnung	abgekürzte Bezeichnung	Gefolgschaft	Lokomotivbahnhöfe	Bahnhofsschlossereien	Arztwagen und Gerätewagen
noch 2. Warschau 2	15. Malaszewicze	Mce	394 (371)				für Schmalspur 750 mm *2. Biala Podlaska*		8. Malaszewicze a) 1 Ortsgerätewagen (1 G^7)
	16. Melkinia	Mia	349 (328)						
	17. Minsk Maz	Min Ma	122 (116)						
	18. Siedlce	Sdl	1070 (1030)						9. Siedlce a) 1 Arztwagen (1 A^2) b) 1 Gerätewagen (2 G^2, 1 M^4) c) 1 $Kran^4$ (12,5 t)
	19. Tluszcz	Tln	190 (180)						
3. Lublin 2988 (2786)	20. Lublin	Lub	1746 (1676)				für Schmalspur 750 mm *3. Karczmiska*		10. Lublin a) 1 Arztwagen (1 A^2) b) 1 Gerätewagen (1 G^7, 1 M^4)
	21. Cholm	Chm	843 (810)						11. Cholm a) 1 Arztwagen (1 A^2) b) 1 Gerätewagen (3 G^2, 1 M^7)
	22. Deblin	Deb	866 (819)						12. Deblin a) 1 Ortsgerätewagen (1 G^7)
	23. Radom	Rad	236 (203)						13. Radom a) 1 Ortsgerätewagen (1 G^2, 1 M^7)
	24. Zamosc	Zam	297 (278)				für Schmalspur 600 mm *4. Zwierzyniec*		14. Zamosc a) 1 Ortsgerätewagen (1 G^2, 1 M^7)
1. Schmalspurbahnnebenamt Hrubieszow	*1. Hrubieszow*		56 (56)				für Schmalspur 750 mm *5. Gozdow* *6. Laszczow* *7. Werbkowice*		

Zusammenstellung

Es sind vorhanden	für Regelspur	nur für Schmalspur	zusammen
Maschinenämter	9	2	11
Bahnbetriebswerke	56†	2	58
Bahnbetriebswagenwerke	4	—	4
Lokomotivbahnhöfe	18	11	29
Bahnhofsschlossereien	—	—	—

† Hierunter sind Fahrleitungsmeistereien, Bahnkraft- und Kraftwagenbetriebswerke einbegriffen.

Das Gebäude des Bahnhofes von Lublin. *Foto: Slg. Gottwaldt*

Die Ausbesserungswerke

Die Gedob versuchte die bestehenden Ausbesserungswerke zu einem selbständigen Werkstättenbezirk zusammenzufassen. Die Werkstättenabteilung der Gedob hielt die Referate 60-65, 67 und 68 vor. Diese befassten sich mit folgenden Ostbahnausbesserungswerken (OAW):

Warschau-Praga für Lokomotiven, Warschau-Pruszkow für Lokomotiven, Personen- und Kraftwagen, Radom für Güter- und Schmalspurwagen[1], Tarnow für Lokomotiven, Güterwagen und zur Herstellung von Möbeln, Neu Sandez für Lokomotiven und Personenwagen, Lemberg für Lokomotiven und Kraftwagen, Stryj für Lokomotiven und Güterwagen, Stanislau für Lokomotiven und Personenwagen und seit Herbst 1943 das OAW Krakau für Kraftwagen.

Die drei in Ostgalizien liegenden Werke Lemberg, Stryj und Stanislau wurden als Ostbahnwerke Galizien zusammen gefasst. Diese Werke standen für eine schnelle Reparatur von Fahrzeugen aus der HBD Süd bzw. RVD Kiew zur Verfügung.

Innerhalb der OAW, aber auch in den Werkschulen von Warschau-Praga, Warschau-Pruszkow, Tarnow und Stanislau versuchte die Gedob ausreichend Handwerker auszubilden. Ebenso gab es Schulungen zum Lokheizer oder Lokführer. Schwierig war für viele polnische Eisenbahner

[1] OAW Radom: Der geplante Ausbau zum Lokwerk blieb unvollendet

Mitte: Im Winter 1939/40 trug der Warschauer Hauptbahnhof bereits eine zweisprachige Anschrift. *Foto: Slg. Gottwaldt*

Unten: Der Bahnhof Konskie der Ostbahn. *Foto: Slg. Gottwaldt*

Menschenschlangen warten vor den Fahrkartenschaltern, die provisorisch von den Deutschen im zerstörten Bahnhof von Warschau errichtet worden waren.
Foto: A. Grimm, Bildarchiv Preussischer Kulturbesitz

das Erlernen der deutschen Sprache. Hinzu kamen Unterschiede in den örtlichen Distrikten. In einem Bericht der Gedob wird beispielsweise die höhere Bildung des einst österreichischen Teils, so um Neu Sandez, höher eingeschätzt, als die von der Stadtbevölkerung von Warschau. Jedoch durften die polnischen Eisenbahner oft nur Hilfstätigkeiten ausüben. Trotz Bemühungen der Gedob, auch Mitarbeiter im gehobenen Dienst in den Verwaltungen zu belassen, scheiterten durch die Regierung des Generalgouvernements.

Im Werk Warschau-Pruszkow wurden zumeist Wagen für die beiden Warschauer Vorortbahnen repariert. Auf diese Bahnen wird hier aber nicht näher eingegangen, da die Gedob für sie nur einen Verwalter stellte. Das eigentliche Werk für die Vorortbahnen, genauso wie die Warschauer Lokomotivfabrik, fiel den Bombenangriffen der Luftwaffe bei der Eroberung der Stadt zum Opfer.

Eisenbahn im Generalgouvernement

Die »Verordnung über die Verwaltung des Eisenbahnwesens im Generalgouvernement« vom 9. November 1939 bildete die rechtliche Grundlage der Gedob. Der Leiter der Abteilung Eisenbahn im Amt des Generalgouvernements führte gleichzeitig die Bezeichnung des Präsidenten der Gedob. Ab 1940 wurde aus der ersten Bezeichnung der Leiter der Hauptabteilung Eisenbahn in der Regierung des Generalgouvernements. »Die rechtliche Stellung des Generalgouvernements zum Reich ist gesetzlich niemals festgelegt worden« schreibt Werner Pischel in seinem Bericht[2]. *»Allgemein wurde die Ansicht vertreten, das Generalgouvernement verfüge über keine eigene Staatsgewalt, vielmehr leite sich jede Hoheitsgewalt, die von ihm ausgeübt werde, vom Deutschen Reich her. Es sei ein Staatsgebilde sui generis [sui generis = durch sich selbst eine Klasse bildend, einzig; Anmerkung der Autoren], ein ‚Nebenland' des Deutschen Reiches und in seiner Stellung rechtlich verschieden von dem Protektorat Böhmen und Mähren. Auch das Verhältnis RVM – Gedob ist bedauerlicherweise gesetzlich niemals geregelt worden. Die Stellung der Ostbahn kann aber dahin bestimmt werden, dass die Ostbahn ein im Eigentum des GG befindlicher Teil der Deutschen Reichsbahn war und daher eine besondere Verwaltung mit eigener Organisation bildete.«*[3]

Doch nach Transportproblemen im strengen Winter 1941/42 und der verspäteten Übernahme der Bahnen des galizischen Raumes suchte man die Schuld bei der Sonder-

[2] Vgl. Pischel, Werner: Die Generaldirektion der Ostbahn in Krakau 1939–1945, S. 9.
[3] Ebd., S. 9.

Am Rand der Karpaten waren die Winter stets von viel Schnee geprägt. Dennoch fährt die Eisenbahn – nun unter neuer Führung.
Foto: Slg. Gottwaldt

Es herrschte tiefster Winter, als im Januar 1942 dieses Foto von Bahnhof und Ausbesserungswerk in Neu Sandez entstand.
Foto: Slg. Gottwaldt

Alltag bei der Ostbahn: In Tarnow warten im Februar 1941 Urlauber der Wehrmacht auf den Zug, der sie in die Heimat bringt. *Foto: Slg. Gottwaldt*

Manchmal blieb trotz des harten Winterdienstes noch Zeit für ein fröhliches Erinnerungsfoto vor einer eingefrorenen Ostbahn-Lokomotive. *Foto: Slg. Gottwaldt*

organisation der Gedob. Der Führerlass vom 17. Januar 1942 regelte, dass die Ostbahn gemeinsam mit der DRB beginnend am 1. Februar 1942 unter der Leitung des RVM betrieben und verwaltet wurde. Doch bereits am 27. April 1942 hatte die Gedob ihre Selbständigkeit zurück. Aber am 7. August 1942 unternahm der Reichsverkehrsminister zusammen mit dem Reichsmarschall Hermann Göring den nächsten Versuch, die Gedob zum Bestandteil der Reichsbahn zu machen, »um das Eisenbahnwesen einer straffen und einheitlichen Führung zu unterstellen.« Diese Vorlage ging auch beim Generalgouverneur Frank ein, der diesen Vorstoß ablehnte: *»Die Frage nach der Ostbahn sei aus dem Gesamtfragenkomplex der wirtschaftlichen Stellung des Generalgouvernements zum Reich nicht herauszulösen.«*

Die strengen Winter verlangten bei der Ostbahn Menschen und Maschinen viel ab: Ein Zug hat sich in einer Schneewehe festgefahren. *Foto: Slg. Gottwaldt*

Weitere Vorlagen, auch zu einer Generalbetriebsleitung Krakau, folgten. Schließlich lehnte am 26. Oktober 1942 die Reichskanzlei mit Unterschrift Hitler weitere Veränderungen ab, *»die Ostbahn müsse ein Sondervermögen des Generalgouvernements bleiben.«*

Nach der Angleichung der Ostbahnorganisation an die der Reichsbahn im März 1943 (u. a. Auflösung OBD Radom, Einrichtung verschiedener Ämter und der Obersten Bauleitung) war innerhalb des RVM die Sonderstellung der Gedob noch immer ein »Ärgernis«. Am 4. Mai 1943 reiste Reichsverkehrsminister Julius Dorpmüller mit drei höheren Beamten nach Krakau. Im Gespräch bei Frank stellte er die Herren Reichsbahnoberrat Krafft, Ministerialrat Dr.-Ing. Steinhagen und Ministerialrat Dr.-Ing. Wiens als künftige Präsidenten der Direktionen vor. Die Gedob sollte *»als gewisse Zentralstelle für gewisse Aufgaben bestehen bleiben. Ihre künftige Stellung sei noch nicht bekannt.«* Dorpmüller führte ergänzend aus, dass die genannten Herren besondere Kenntnisse des großen Transportwesens hätten. »Unter den Beamten der Ostbahn gäbe es keine geeigneten Kräfte. Die Neuregelung ermögliche, Weisungen betrieblicher Art jetzt unmittelbar den Ostbahndirektionen ohne Zwischenschaltung der Gedob zu geben.« Frank zeigte sich befremdet, dass die Ernennung der drei Herren ohne seine Zustimmung erfolgt ist. Er war dagegen, *»Beamte in das Generalgouvernement zu entsenden, die keine ausreichende Kenntnis der politischen und wirtschaftlichen Verhältnisse des GG hätten. Die Hauptabteilung Eisenbahnen müsse weiter bestehen bleiben und als solche anerkannt werden. Für ihn bleibe Gerteis Präsident der Gedob.«* Dorpmüller musste schließlich eingestehen, dass die Gedob erhalten bleibe und Präsident Gerteis als Regierungsmitglied über den drei noch durch Frank zu ernennenden Präsidenten stehe.

Die drei OBD erhielten künftig die Zuständigkeiten von Reichsbahndirektionen. Gerteis blieb der »Generaldirektor« der Ostbahn(en).

Die Betriebssituation

In ihrem »Bericht über die Nachprüfung des betriebs- und betriebsmaschinentechnischen Dienstes im Bereich der Gedob« beschrieb die Deutsche Reichsbahn die Betriebslage des Jahres 1942:

»Die betriebliche Lage der Gedob ist gekennzeichnet durch den erheblichen Rückstau an Zügen sowohl Richtung Heimat wie Richtung Front

Deutsches Bahnpersonal in Sobibór. *Foto: Slg. Gottwaldt*

»Ostbahn – Eisenbahndirektion Warschau« steht auf diesem Wagen, aus dem mehrere Mitarbeiter der Ostbahn blicken. *Foto: Slg. Gottwaldt*

	gesamter Rückstau	davon Ri Front	Ri Heimat	innerer Rückstau der Gedob
11.12.	343	159	87	97
21.12.	177	68	74	35

Der Rückstau Richtung Front ist verursacht durch die in raschem Wechsel steigende oder fallende Aufnahmefähigkeit der vorliegenden RVD'en mit meist unbestimmter Dauer (s. Anlage 1: Übersicht über die von den RVD'en ausgesprochenen Abnahmebeschränkungen für die Übergänge Brody und Dohorusk).

Bei der 19. Werkdirektorenbesprechung im Ostbahn-Ausbesserungswerk Tarnow am 6. und 7. Mai 1943 stellten sich die Teilnehmer für das obligatorische Erinnerungsfoto auf, das ihnen später mit handschriflicher Widmung des Werkdirektors zuging.
Foto: Slg. Gottwaldt

Hinter der gut getarnten 58 2567 der Ostbahn verbarg sich eine ehemalige Ty 23 der PKP.
Foto: Slg. Gottwaldt

Der Rückstau Richtung Heimat ist wesentlich verursacht durch die Drosselung des Zulaufs nach der Front bei gleichzeitig unbeschränkter Abnahme der aus den RVD'en in der Richtung Reich laufenden Züge. Es kommen dann nicht genügend Lok aus den RBD'en Oppeln und Posen in die Gedob hinein zum Abholen der aus dem Osten anrollenden Züge.

In der Woche vom 13. bis 19. Dezember 1942 verkehrten an Güter- und Wehrmachtszügen:

Zählabschnitt	zur Front	zur Heimat
Rabsztyn–Wolbrom	127	175
Kielce–Skarzysko Kam.	152	203
Deblin–Lublin	85	95
Lublin–Rejowiec	65	94

Die Lokkartei der Ostbahndirektion Krakau. ***Foto: Slg. Kubitzki***

Zur Abhilfe ist nötig, dass die RBD'en Oppeln und Posen in ihren Leistungen Richtung Gedob auch bei Ausfall von Zügen nicht absinken, darüber hinaus vorübergehend für Abfuhr des Rückstaues Lokhilfe leisten. Diese Maßnahmen wurden durch Übermittlung des anliegenden Telegrammentwurfs am 19. Dez. vorgeschlagen. Die darauf einsetzende Lokhilfe hat für die Strecken der OBD'en Warschau und Radom am 20. und 21. Dezember bereits Entlastung gebracht. Es muss angestrebt werden, eine Überfüllung der Gedob durch Drosselung des Zulaufs aus dem Reich auf das Maß der nach dem Osten abfliessenden Züge zu vermeiden. Wenn eine Regulierung des Zulaufs in diesem Ausmass undurchführbar ist, sollte die Zahl der im Nachschubsammelgebiet im Bereich der Gedob anzustellenden Züge wenigstens soweit eingeschränkt werden, dass die betrieblich günstig gelegenen Abstellmöglichkeiten für die Unterbringung rückgestauter Züge freigehalten werden können.«

Übersicht über die Abnahmebeschränkungen

1. Übergang Brody

Tag	Zeit	Bemerkung
30.10.	23.30 – 06.00	alle Züge von Kowel geweigert, ausschl. Reisezüge
04.11.	14.00 – 06.11., 14.00	alle Züge von Kowel geweigert, ausgenommen Laz, Blitz, Pfeil, Peter, Helm 614 und 609
11.11.	18.45 – 24.00	wie 30.10.
12.11.	01.00 – 07.00	wie 30.10.
30.11.	12.00 – 18.00	werden nur Laz-, Reise-, Dk- u Betriebsstoffzüge abgenommen
12.12.	19.50	b a w alle Fnr für Bez. Dnjepropetrowsk geweigert
17.12.	09.15	nur Reise-, Laz und Kohlenzüge für Bez. Kiew

2. Übergang Dorohusk (OZL Radom)

Vom 4. bis 12. Dezember lagen keine Weigerungen vor. Doch noch am 12., um 19.50 Uhr setzten diese ein, so dass zumeist bis zum Jahresende nur Wehrmachtkohle, Truppen- und Lazarettzüge angenommen wurden.

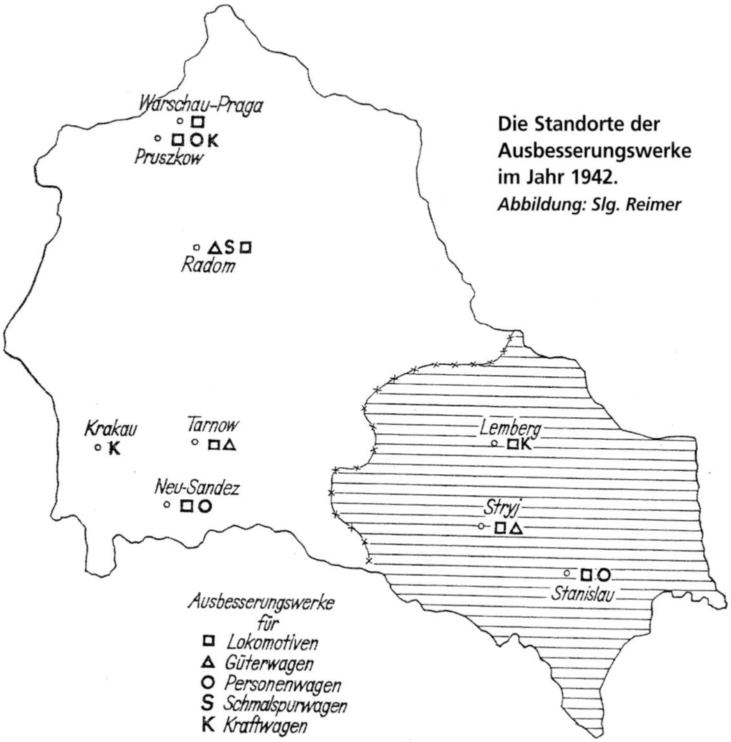

Die Standorte der Ausbesserungswerke im Jahr 1942. *Abbildung: Slg. Reimer*

Verzeichnis
der bei den Bahnhöfen der Ostbahn bestehenden selbständigen Fahrkartenausgaben (Fka), Bahnhofskassen (Bfk), Bahnbetriebswerke (Bw), Bahnbetriebswagenwerke (Bww), Oberbaustofflager (Ol) und Bauinspektionen (Baui)

Biala Podlaska Baui 99 719
Brody Bw 97 937
Brzezany Baui 97 688
Chabowka Baui 96 648
Chodorow Bw 97 949 Baui 97 677
Cholm Bw 99 964 Baui 99 700
Czortkow Bw 97 956 Baui 97 689
Debica Bw 96 917 Baui 96 653
Deblin Bw 99 965 Baui 99 713
Drohobycz Bw 97 938
Jaslo Bw 96 918 Baui 96 649
Kielce Bfk 96 740 Baui 96 631
Kielce Hersbkie Bw 96 900
Kolomea Bw 97 951 Baui 97 678
Krakau Hbf Fka 96 745 Bfk 96 744 Bw 96 906 Bww 96 780 Baui 96 637
Krakau Ost Bw 96 915
Krakau Plaszow Ol 96 534 Baui 96 638
Krakau West Bw 96 907
Krasne Bw 97 939
Lemberg Hbf Fka 97 755 Bfk 97 753 Bww 97 786 Ol 97 576 Baui (1) 97665 Baui (2) 97666 Baui (3) 97667 Baui (4) 97668
Lemberg Ost Bw 97 940
Lemberg Podzamcze Bfk 97 754
Lemberg West Bw 97 942
Lowitsch Baui 99 723
Lublin Bfk 99 766 Bw 99 966 Baui 99 701
Lukow Bw 99 985
Malaszewice Bw 99 986
Malkinia Bw 99 987 Baui 99 731
Neu Sandez Bw 96 908 Baui 96 650
Nowy Zagorz Bw 96 920 Baui 96 651
Petrikau (Ostbahn) Bw 99 977 Baui 99 708
Potutory Bfk 97 761
Przemysl Hbf Bfk 96 749 Bw 96 922 Baui 96 654
Przeworsk Bw 96 924
Radom Bfk 99 769 Bw 99 967 Baui 99 714
Rawa Ruska Bw 97 943 Baui 97 669
Reichshof Bfk 96 750 Bw 96 926 Baui 96 655
Rozwadow Bw 96 927 Baui 96 656
Sambor Bw 97 945 Baui 97 683
Sedziszow Bw 96 901 Baui 96 630
Siedlce Bw 99 989 Baui 99 720
Skarzysko Kamienna Bfk 96 741 Bw 96 902 Ol 96 535 Baui 96 632
Skierniewice Bw 99 978 Baui 99 709
Slotwiny Bw 99 976
Sochaczew Bw 99 979
Stanislau Bfk 97 758 Bw 97 953 Baui (1) 97 679 Baui (2) 97 680
Stryj Bw 97 954 Baui (1) 97 684 Baui (2) 97 685
Tarnopol Bfk 97 762 Baui (1) 97 690 Baui (2) 97 691
Tarnopol Ost Bw 97 958
Tarnopol West Bw 97 962
Tarnow Bw 96 911 Baui 96 639
Tluszcz Bw 99 990
Tomaszow Mazowiecki Bw 96 904 Baui 96 633
Tschenstochau Bfk 99 772 Bw 99 980 Baui 99 710
Warschau Danziger Bf Bw 99 983
Warschau Grochowel Bw 99 982
Warschau Hbf Bfk 99 773
Warschau Ost Bfk 99 774 Bw 99 992 Baui 99 732 Bww 99 796
Warschau Praga Bw 99 995 Ol 99 615 Baui 99 733
Warschau West Pbf Fka 99 775 Bw 99 981 Bww 99 792 Baui 99 724
Warschau Wilnaer Bf Baui 99 734
Zakopane Bw 96 912
Zamosc Bfk 99 767 Bw 99 968 Baui 99 702
Zurawica Bw 96 928

Rechts: Dieses Verzeichnis gibt Auskunft über die Struktur der Ostbahn. *Abbildung: Slg. Kubitzki*

Lokhilfe durch RBD Posen und Oppeln

Zur Räumung der Gedob übernehmen sofort b a w täglich:	
RBD Oppeln	50 Züge ab Krakow-Plaszow
	27 Züge ab Sedziszow
	20 Züge ab Petrikau
RBD Posen	15 Züge ab Skierniewice
	18 Züge ab Sochaszew

Wenn Vollzüge nicht gefahren werden, sind Leerlok zu schicken. Betriebsleiter halten Fühlung und ermässigen Lokhilfe nach Beseitigung des Rückstaus auf normale Leistungsverteilung.

Bemerkung:	
Bisherige Leistung	42–44 Züge Krakow-Plaszow
	11 Züge Sedziszow
	18 Züge Petrikau
	12 Züge Skierniewice
	11 Züge Sochaszew
Mehrleistung	35–37 Züge

Bespannungsregelung für Güterzüge an den Grenzübergängen der Gedob

RBD	Grenzübergang	Leistungsverteilung zwischen	Verhältnis
Oppeln	Auschwitz–Krakau-Pl.	Oppeln und Krakau	15 : 3
Oppeln	Trzebinia–Krakau-Pl.	Oppeln und Krakau	12 : 2
Oppeln	Rabstyn–Sedziszow	Oppeln–Radom	11 : 3
Oppeln	Lazy–Petrikau	Oppeln–Warschau	18 : 4
Posen	Litzmannstadt–Skierniewice	Posen und Warschau	12 : 0
Posen	Kutno–Sochaczew	Posen und Warschau	11 : 11
Danzig	Nasielsk–Warschau	Danzig und Warschau	0 : alle
Königsberg	Scharfenwiese–Tluszcz	Königsberg und Warschau	0 : 1
Königsberg	Scharfenwiese–Malkinia	Königsberg und Warschau	0 : 1
Königsberg	Bialistok–Malkinia	Königsberg und Warschau	3 : 3
RVD Minsk	Czeremcha–Platerow	Minsk und Warschau	0 : 10
RVD Minsk	Malscewice–Brest Lit	Minsk und Warschau	0 : 8
RVD Kiew	Kowel–Cholm	Kiew und Radom	8 : 2
RVD Kiew	Wlodzmierz–Rawa Ruska	Kiew und Lemberg	0 : 6
RVD Kiew	Radziwillow–Lemberg	Kiew und Lemberg	0 : alle
RVD Kiew	Schepetowka–Tarnopol	Kiew und Lemberg	0 : alle
RVD Kiew	Podwoloczska–Tarnopol	Kiew–Lemberg	0 : alle

Deutsches Personal bei der Gedob

Bei der Personallage schwankte die Anzahl der deutschen Eisenbahner im Betriebsmaschinendienst innerhalb der Bahnbetriebswerke zwischen 2 und 5 Prozent. Die 300 zuvor zugewiesenen deutschen Lokomotivführer waren bereits in dieser Zahl berücksichtigt. Dabei wurden die Deutschen nur im Aufsichtsdienst und als Lokomotivführer eingesetzt. Als Heizer nutzte die DRB die einheimischen Arbeiter. In dem o.g. Bericht heißt es weiter:

»Seit Juli sind 600 Lokführer neu ausgebildet worden. Im Betriebsdienst ist die Zahl der Deutschen etwas höher als im Betriebsmaschinendienst. Als Fahrdienstleiter werden allgemein Polen, als Aufsichtsbeamte überwiegend Polen verwendet. Im Rangier-, Weichen- und Zugbegleitdienst (ausgenommen Schnellzüge) sind nur Polen tätig. Zur Überwachung ist ein verstärkter Einsatz von Betriebskontrolleuren erforderlich. Für den Betriebskontrolleurdienst geeignete Kräfte stehen nur in sehr beschränkter Zahl zur Verfügung. Kenntnisse, Erfahrungen und persönliches Auftreten der Kontrolleure – von Ausnahmen abgesehen – entsprechen nicht immer den harten dienstlichen Notwendigkeiten. Das gleiche gilt für die Dienststellenleiter und ihre Vertreter. Da die Heimat besseren Ersatz nicht stellen kann, müssen die tüchtigsten Kräfte zur Unterweisung der übrigen herausgezogen, und Dezernenten und Amtsvorstände im gleichen Sinne angesetzt werden. Zeitweiser Einsatz einer grösseren Zahl deutscher Kräfte zur Überwachung des Betriebsdienstes bestimmter Strecken ist zweckmässig und notwendig.«

Blieben die besten Eisenbahner zu Hause im Reich? Wollte sich der »ewige Zweite« im Osten profilieren? Diese Annahme liegt nahe, denn die Reichsbahn urteilte, dass *»einige Deutsche noch unerfahren, wenig energisch und daher ungeeignet für die Überwachung der Polen«* seien. *»Manche Dienststellenleiter ordnen wohl an, sorgen aber nicht für die Ausführung ihrer Befehle, setzen sich auch teilweise gegenüber dem deutschen [vermutlich ist ,polnischen Bediensteten' gemeint; Anmerkung der Autoren] Bediensteten nicht durch. Verständigung mit den Polen ist oft schwierig.«*

Realistisch stellte man dar, dass der Verdienst des einheimischen Personals zu gering zum Leben und zur Erhaltung der Familie ist. Eine Folge davon waren Hamsterfahrten, Kohlendiebstähle oder ähnliche »Materialbeschaffungen«. Die Erkenntnis der Reichsbahn, dass das Interesse der Polen an raschem reibungslosen Betrieb fehle, war nur folgerichtig. Als eine Art der Abhilfe riet man zur besseren Verpflegung und Zuweisung von Bekleidung an besonders tüchtige Mitarbeiter. Gleichzeitig wäre eine schärfere Überwachung zu fordern.

Ein anderes Thema wird nur kurz und knapp erwähnt: »*Juden sind noch stellenweise eingesetzt, sind aber sehr unsichere Arbeitskräfte, da sie unvermittelt und ohne Ersatzgestellung plötzlich abgezogen werden.*«

Zum Einsatz von Kriegsgefangenen und Ausländern als Lokomotivführer bei Privatanschlussbahnen wies der Reichsverkehrsminister am 9. April 1943 an, dass er gegen die Verwendung persönlich geeigneter Kriegsgefangener und Ausländer, die gelernte Lokomotivführer, Lokomotivheizer oder Schlosser sind, als Führer von Diesellokomotiven oder feuerlosen Lokomotiven keine Bedenken habe. Lediglich sollten diese nicht auf Gleise einer Eisenbahn des öffentlichen Verkehrs (Reichsbahn, Privatbahn, Kleinbahn) übergehen. Außerdem mussten sie weitere Bedingungen

Brandereignisse in der OBD Krakau (Auszug)

Tag	Zug	Lok-Nr.	Bw	Art des Brandes	Ursache
02.08.	92110	55 2712	Zurawica	Militärlastkraftwagen auf dem 7. Wagen	vmtl. Funkenflug, Funkenfänger der Lok in Ordnung
02.08.	–	040-287	Debica	2 Wagen mit Pressheu auf Bf Bustynia verbrannt	vmtl. Funkenflug, Funkenfänger der Lok in Ordnung
05.08.	91223	58 2908	Skarzysko	Wagenbrand durch Lokpersonal gelöscht	vmtl. Funkenflug, Funkenfänger der Lok in Ordnung
08.08.	–	130 B 170	Rozwadow	1 Om-Wagen mit Pressstroh verbrannt	vmtl. Funkenflug, Funkenfänger der Lok in Ordnung
19.08.	–	–	–	3 Wagen mit Torf beladen auf Bf Skarzysko ausgebrannt	Brandstiftung, weil Brandherde bei allen Wagen unmittelbar über Wagenboden lagen
21.08.	Dg 7003	140 C 51	Tomaszow	Auf Bf Jelen Wagen mit Rohharz in Brand geraten	Ursache unbekannt. Funkenfänger der Lok in Ordnung
22.08.	Dg 7003	140-582	Skarzysko	Wagen mit Eisenwaagen beladen in Brand geraten	Vermutlich Selbstentzündung der Ladung oder Verpackung; starke Hitze an dem Tag. Funkenfänger der Lok in Ordnung
22.08.	1066	99 1598	Jedrzejow	Häuserbrand im Dorf Marinow	vmtl. Funkenflug, Funkenfänger der Lok in Ordnung
22.08.	Dg 7219	58 2404	Sedziszow	1 Om-Wagen mit Torf verbrannt	vmtl. Funkenflug; obere Verschlussstelle des Funkenfängers während der Fahrt gebrochen
24.08.	SF 2193	19 162	Krakau Hbf	Faltenbalg eines Dz-Wagens verbrannt	vmtl. Funkenflug, Funkenfänger der Lok in Ordnung
08.09.	–	–	–	1 Om-Wagen mit Torf in Brand geraten; Wagen stand im Nordkopf des Bf Skarzysko	vmtl. Brandstiftung, weil Brandherd im Inneren des Wagens
17.09.	–	–	–	Im Bf Stroze angestellter O-Wagen mit Schnittholz verbrannt	vmtl. Sabotage
25.09.	10450	56 3921	Reichshof	11 Wagen mit Munition explodiert. Munition unvorschriftsmäßig auf offene Wagen verladen, Wagen ohne Schutzwagen direkt hinter der Lok	vmtl. Funkenflug, Funkenfänger der Lok in Ordnung

erfüllen: ausreichende Beherrschung der deutschen Sprache, körperlich tauglich, Kenntnis der Signale und Dienstvorschriften; zusätzlich mussten sie mindestens 14 Tage unter Aufsicht eines Deutschen gearbeitet haben. Weiter schrieb der Minister: *»Die Verwendung von Kriegsgefangenen oder Ausländern auf zweimännig besetzten Dampflokomotiven als Führer ist nicht erwünscht. Sofern sie jedoch in Betracht gezogen werden muß, ist dies nur in den Fällen zuzulassen, in denen der Heizer ebenfalls Kriegsgefangener oder Ausländer ist, da grundsätzlich vermieden werden muß, daß ein deutscher Heizer einem Lokomotivführer, der Kriegsgefangener oder Ausländer ist, unterstellt wird.«*

Zahlreiche Ereignisse erschwerten den Betrieb. Dazu gehörten neben fehlenden Lokomotiven (siehe Abschnitt ab Seite 52), mangelnder Wagenkapazität auch betriebliche Unregelmäßigkeiten sowie auch Anschläge. Im Oktober 1943 legte die OBD Krakau beispielsweise einen Bericht über Brände in Zügen vor. Sehr häufig nahm man Funkenflug als Ursache an, doch die Funkenfänger der Lokomotiven waren in Ordnung. Trotzdem Munitions- und anderer Militärtransporte betroffen waren, setzte keine Propagandawelle gegen (unterstellte) Anschläge durch Saboteure ein. Die Gedob untersuchte die 30 Ereignisse der Monate August und September 1943 sehr genau.

Das Otto-Ausbau-Programm

Bereits im Oktober 1940 wurden der DR und der Gedob die Aufträge zum Vorbereiten und Erweitern des vorhandenen Schienennetzes im Osten für einen militärischen

Der Reichsbahnbeamte Lorenz Püttler vom Reichsbahnzentralamt wurde aufgrund der Verfügung des Reichsverkehrsministeriums zur Unterstützung des »Otto-Programms« am 1. Februar 1941 zur Gedob gesandt. Er sollte in der Oberzugleitung Lublin mitarbeiten. Im Jahr 1953 – er war inzwischen Bahn-Obersekretär (Beamter) im BZA München, dem Nachfolger des RZA Berlin – verfasste Püttler einen Tätigkeitsbericht über seinen Einsatz im Osten (Polen).

Bei der Gedob hatte man ihm eine dreiwöchige Einarbeitungszeit zugestanden. Dabei musste er auch Grundkenntnisse der polnischen Sprache erwerben, wobei er sich besonders mit der Schreibweise schwer tat. Ferner schätzte er ohne Fachkenntnisse ein, dass die polnischen Bahnanlagen sich in einem sehr primitiven Zustand befanden: *»Die Stellwerke waren fast alle noch mit Schlüsselabhängigkeit, also sehr wenig zentralisiert. Der Dampfbetrieb war vorherrschend. […] Besonders zu erwähnen sind die Leistungen des Schmalspuramtes Werbkowice, hauptsächlich für das Gleisdreieck Uhnow–Krystynopol–Sokal–Ulwowok, das durch die Grenzziehung entstand. Der Nachschub musste in Werbkowice von Normalspur auf Schmalspur, in Uhnow von Schmalspur auf Normalspur umgeladen werden.*

[…]

Für den Bezirk Lublin bestand auch eine moderne ZÜ, die von den Deutschen eingerichtet wurde. Der Zuglauf konnte im ganzen DR-Bezirk gut überwacht werden. Der Aufmarsch zum Russlandfeldzug lief sehr planmäßig ab. Die Strecke Lublin–Deblin wurde von uns zweigleisig ausgebaut. Die Spionagegefahr durch die polnischen Bediensteten war sehr groß, da sie meist von Fahrtnummern Bescheid wussten.«

In diesem Bezirk wuchsen die Partisanenangriffe. Vier bis fünf Überfälle gab es jeweils in den Nachtstunden. Die Partisanen griffen aber nur Bahnhöfe mit polnischen Eisenbahnern an: *»Ein besonderer Überfall der Partisanen auf den Bf Krasnik ist mir bekannt. Die Partisanen, 8–10 Mann, überfielen den Bahnhof. Die polnischen Bediensteten wurden mit Maschinenpistolen und Handgranaten in Schach gehalten; die Bahnhofs-Kasse ausgeraubt. Auf den Gleisen 2 Benzinzüge auf Abruf abgestellt, die von zwei deutschen Soldaten bewacht wurden. Dieselben wurden ebenfalls überwältigt, zum Teil gefesselt und die Züge beraubt. Es kam sogar so weit, dass die Soldaten ihrer Uniform entledigt wurden. Nach Abzug der Partisanen […] wurde die Polizei und SD benachrichtigt […] Nach 20 Minuten erschien Po und SD vor dem Bf mit Auto; von den Partisanen war natürlich nichts mehr zu sehen. Nach wenigen Minuten flog das parkende Auto vor dem Bf in die Luft. Nach meinem Empfinden ist die Partisanentätigkeit zu wenig bekämpft worden.*

[…]

Bis in die letzte Nacht hinein rollten Getreidezüge von Rußland nach Deutschland. Diese wurden auch häufig durch Partisanen beschädigt und unten angebohrt, damit die Wagen die Fracht verloren.«

Einmarsch in die Sowjetunion erteilt. Das Ziel war, die Schienentransportkapazitäten zu verdoppeln. Diese Arbeiten erhielten den Namen »Otto-Programm«, in dem etwa 30.000 deutsche und polnische Eisenbahner beschäftigt waren. Das Deutsche Reich übernahm 60 Prozent der Kosten und die übrigen 40 Prozent zahlte das Generalgouvernement. Erschwert wurde die Situation durch die Abgabe von 10.000 Mann an die »Winterhilfe« 1940/41.

Im Jahr 1939 fuhren täglich 84 Züge ostwärts. Im Juni 1941, acht Monate nach dem Start des »Otto-Programms«, bereits 220. Strecken und Bahnhöfe wurden ausgebaut, erhielten zusätzliche Kreuzungsgleise oder Laderampen (für das Militär). Hinzu kam für eine höhere Streckenleistung die Ergänzung oder Erweiterung der Sicherungs- und Signaltechnik, einschließlich der Fernsprechverbindungen.

Bereits im Januar 1941 waren 8.500 Kilometer Bahnlinie für »stärkste Beanspruchung« ausgebaut, davon zwei Fünftel zweigleisig. Doch das sollte, wie sich später herausstellte, nicht genügen. Im Februar begann der Aufmarsch des deutschen Heeres im Friedensfahrplan, im Mai und Juni 1941 im Höchstleistungsfahrplan. Über 11.700 Züge fuhren; einschließlich der Aufmarschvorbereitungen waren es sogar 33.800 Züge im so genannten Aufmarschgebiet zur UdSSR.

Auch einige Bahnbetriebswerke profitierten vom »Otto-Programm«. Standen 1939/40 insgesamt 600 Lokstände zur Verfügung, waren es im Folgejahr bereits 714. Bei 23 Bw, davon 15 geplanten Neubauten, sollten insgesamt 333 neue Stände gebaut werden. Im Jahr 1942 konnten etwa 40 Prozent der Lokomotiven geschützt untergestellt werden. Diese Zahl blieb nahezu konstant. Weitere Unterstellmöglichkeiten wurden gebaut, gleichzeitig erhöhte sich der Lokbestand. Auch 22 Gleise in einstigen Wagenschuppen zählten dazu. Der Plan von 1942 sah insgesamt 652 Stände vor: 22 einstige Wagengleise, 219 vom »Otto-Programm« 1942 und der weitere Bau von 411 Lokständen in 39 Bw.

Nach dem Winter 1941/42 wurde das »Ostbau-Programm« aufgestellt. Es sah vor allem den Bau von Auftauständen in den Bw sowie den Ausbau von OAW vor. Hinzu kam der Neubau von über 500 Kilometern Eisenbahnstrecken. Die zurückkehrende Front stoppte im Jahre 1944 die weiteren Pläne.

Der Betriebsmaschinendienst

Der Altbestand

Der Bestand von betriebsfähigen Lokomotiven reichte bei dem sehr hohen Reparaturaufkommen für das anstehende Verkehrsaufkommen im erweiterten deutschen Raum sowie in Restpolen nicht aus. Dazu verständigten sich Betriebsmaschinen- und Werkstättendezernenten verschiedener Direktionen unter dem Vorsitz des Reichsbahn-Ministerialdirektors Bergmann am 31. Januar 1940. *»Für die großen Transporte der Landarbeiter, Wolhynien- und Baltendeutschen, der verpflichteten Arbeiter, der Juden, Zigeuner und Pferde wird eine Lokomotivaushilfe der DR nicht [zu] umgehen sein. 20 Lok wurden sofort verfügt. Weiter nötige Aushilfe ermittelt OBL Ost.«*

In dieser Beratung stellte man fest, dass der hohe Ausbesserungsstand eine Kriegsfolge ist und auch auf die Zerstörung vieler Bw und von Teilen der RAW, die noch nicht wieder aufgebaut werden konnten, sowie auf die Unbilden der Witterung zurückzuführen ist. Bis zu diesem Zeitpunkt waren bereits 325 polnische Lokomotiven in den RAW ausgebessert, weitere 250 standen noch in den Werkstätten. Eine weitere Aushilfe war unumgänglich und musste vom Referat 38 angeordnet werden.

»Einwirkung auf den Betrieb ist von der Gedob und den Betriebsdirektionen kaum möglich, weil die Fernschreib- und Fernsprechleitungen unzureichend und z Z vom Frost zerstört sind«, hieß es weiter. *»Die völlig ungenügende Entlöhnung und als Folge davon die unzureichende Ernährung der polnischen Bediensteten drückt deren Leistung bei allseitig anerkannter Arbeitswilligkeit stark herab.«*

Ein Ergebnis dieser Besprechung war, dass die Abgaben weiterer Lokomotiven an andere RBD'en zunächst unterbrochen wurden. Zur Deckung des dringendsten Bedarfs überführte man 20 Lokomotiven »als erste Hilfe«. In einem RVM-Vermerk vom Februar heißt es: *»Da unser Bestand an Lokomotiven selbst sehr knapp ist, wird die Gedob alles daran setzen müssen, daß der Ausbesserungsstand der eigenen Lokomotiven auf ein erträgliches Maß zurückgeführt*

Eine wichtige Rolle im Lokbestand der Ostbahn spielten die Maschinen der PKP-Baureihe Pt 31. Die hier abgebildete Pt 31-4 wurde von der Ostbahn als 19 102 eingereiht. ***Foto: Slg. Gottwaldt***

Nur schlecht ist der Schriftzug »Ostbahn« an der Pn 12-11, einer ehemaligen österreichischen 310, zu erkennen. Trotzdem gehörte die Schnellzuglok als 16 041 zum Bestand des Bw Rzeszow (Reichshof) der OBD Krakau. *Foto: Slg. Winkler*

Leider undatiert ist diese Aufnahme, die die 35 704 der Ostbahn abgestellt vor der Porzellanfabrik in Schönwald zeigt. *Foto: Slg. Winkler*

wird, und daß sie sehr bald mit eigenen Mitteln erhalten werden können. Besonders wichtig ist dazu die Beschaffung der nötigen Ersatzstücke.«

Wie schwierig die Situation im einzelnen war, belegt ein Schreiben der Eisenbahnbetriebsdirektion Krakau an die Gedob vom 13. Februar 1940: *»Die Lok Ok 22.51 wurde am 3.11.1939 vom Bw Krakau Hbf der Lokfabrik Chrzanow zur Ausbesserung zugeführt. Aus beiliegendem Lokomotivdienstzettel geht hervor, daß die Lok augenblicklich im Bw Bebra (Bezirk RBD Frankfurt Main) Dienst leistet. Wir bitten mit Rücksicht auf den großen Lokmangel zu veranlassen, daß die Lok dem Bw Krakau Hbf wieder zugeführt wird.«*

Ein weiterer Vermerk vom RVM, 34 Bla 79, erstellt am 20. September 1940, beschäftigte sich abermals mit der Lokzuteilung für die Gedob: *»Der Ostbahn sind seinerzeit 990 Lokomotiven mit der Verf 34 Bla 79 zugeteilt worden. Der Bestand an erbeuteten ehemals polnischen Lokomotiven wurde auf die Ostbahn und auf die RBD'en nach ihrem Anteil an den Streckennetzen der früheren polnischen Eisenbahndirektionsbezirken verteilt. Die Gbl Ost hatte bei einer Besprechung über die Durchführung des Bauarten-Austausches die inzwischen noch aufgefundenen Lokomotiven auf die einzelnen Bezirke verteilt. Nach diesem Plan hätte die Ostbahn einen Lokomotivbestand von 1.075 Lokomotiven.«* Zugestanden hätten der Gedob jedoch nur 1.060 Stück. Der Forderung nach insgesamt 1.200 Lokomotiven kam man nicht nach. *»Für vorübergehende Leistungen stellt die Deutsche Reichsbahn Aushilfslokomotiven zur Verfügung [...]. Für einen dem dauernden Bedarf entsprechenden Lokomotivbestand hat jedoch die Ostbahn selbst zu sorgen, da sie, wie auch von ihrer Seite mehrfach betont wurde, ein Sondervermögen bildet.«*

Direkt an den Leiter der Abteilung Eisenbahn im Amt des Generalgouvernements ging das RVM, die Referate 31 und 34, noch einmal auf den Verteilungsplan des Bestandes von erbeuteten ehemaligen polnischen Lokomotiven ein. *»Die betriebliche Bedeutung der einzelnen Bezirke ist dabei dadurch berücksichtigt worden, daß der Lokomotivbestand unter der polnischen Herrschaft zu Grunde gelegt wurde. Bei der Feststellung der Lokomotivzahlen konnte die zukünftige Verkehrsentwicklung nicht berücksichtigt werden. Allein bei der Aufteilung der Bauarten wurde der Bestand an Reisezuglokomotiven der Ostbahn insofern anders behandelt, als ihr nur wenige leistungsfähige Schnellzuglokomotiven verblieben, da seinerzeit im Gebiet der Ostbahn ein Eisenbahnbetrieb vorgesehen war, der nur Mindestanforderungen insbesondere auch bezüglich der Geschwindigkeiten zu erfüllen hatte.«* Das RVM stimmte einer Abmachung der Gedob und der GBL Ost zu, »ohne der endgültigen Regelung vorzugreifen«. Für die erweiterten Aufgaben erhielt die Ostbahn 17 Lokomotiven der Bauart Pt 31 und 18 der Reihe Ty 37. *»Für die Bemessung des Eigentumbestandes ist der augenblickliche Bedarf, der außerdem nur vorübergehender Natur, nicht maßgebend. Für zukünftig etwa steigende Betriebsleistungen muß im übrigen die Ostbahn selbst für einen ausreichenden Lokomotivbestand Sorge tragen, da sie ein Sondervermögen* *bildet.«* Nach einem Verteilerschlüssel ermittelte das RVM, dass von den erbeuteten ehemaligen polnischen Lokomotiven der Ostbahn 1.060 Lokomotiven zur Verfügung stehen müssten. Dennoch hieß es weiter: *»Wenn nach Ihrer Meinung die Grundsätze für die Verteilung des Lokomotivbestandes einer Berichtigung bedürfen, bin ich bereit, eine Besprechung anzuberaumen, um die Eigentumsfrage endgültig zu klären.«*

Unstrittig war, dass die Reichsbahn der Ostbahn Lokomotivhilfe gewähren würde. Im Vordergrund standen jedoch die Beanspruchung des eigenen Parks. Und der Ton wurde härter, das Wort »selbstverständlich« in der Gewährung gab es nicht mehr. Als Aushilfe gewährte das Reichsverkehrsministerium 100 Maschinen, von denen bereits 44 im Ostbahnbezirk waren. *»Weiterhin werden der Ostbahn von den aus den besetzten Gebieten zulaufenden Loko-*

Im 1. Bestandsverzeichnis der Ostbahn vom 18. April 1940 war die ehemalige Tkw 1-30 nicht enthalten, die zeitweilig als 94 1393 beim Bw Oppeln Dienst tat. An der Rangierlok unverkennbar preußischer Herkunft ist der Schriftzug »Deutsch« sehr gut zu erkennen. ***Foto: Maey, Slg. Winkler***

Als Tp 17-8 bezeichnet gehörte diese Güterzuglokomotive zum Bw Rzeszow (Reichshof). Ihr Lebenslauf begann als österreichische Reihe 174 und führte 1942 zur Umzeichnung in die 55 5918. ***Foto: Maey, Slg. Winkler***

Bei Tki 3-179 handelte es sich um eine ehemalige preußische T 9.3. Als 91 633 ist sie hier im Rangierdienst eingesetzt. *Foto: Slg. Winkler*

Unverkennbar rangiert hier eine Ty 23, deren vollständige Nummer aber an der Rauchkammer nicht mehr zu erkennen ist. Als Aufnahmeort und -datum ist Stawy 1942/43 verzeichnet. *Foto: H. Finzel, Slg. Reimer*

motiven gemäß Verf 34 Bla 86 vom 7.9.40 60 Lokomotiven der Bauart 1 D überlassen, die mit den dort vorhandenen Lokomotiven der Reihe Tr 20 übereinstimmen. Um die Lokomotivwirtschaft bei der Ostbahn zu fördern, wird beabsichtigt, die nach dort verliehenen Lokomotiven des Altreiches verschiedener Bauarten gegen weitere 1 D Lokomotiven amerikanischer Herkunft auszutauschen.« Keineswegs wollte man dem Antrag der Gedob nachkommen, dass dort 1.200 Lokomotiven im Bestand und »voller Erhaltungspflicht« sind.

Doch die Reihe Tr 20 wollte die Gedob auch nicht. Sie neige zu großen Zylinderschäden. Die Referate 34 und 38 des RVM beschäftigten sich mit diesem Problem im September 1939: »*Nach Mitteilung des Ref 21 der Gedob und des Dez 21 der RBD Posen sind die Brüche der Zylindergussstücke der Lok Tr 20 allein auf Unfälle zurückzuführen.*« Im Bezirk der RBD Posen liefen diese Lokomotiven ohne besondere Bauartmängel. »*Es besteht keine Veranlassung, die fast 25 Jahre alten Lokomotiven wesentlich abzuändern, da der Nachteil, beim Bruch eines Zylinders ein verhältnismäßig größeres Gussstück als bei amerikanischen Bauarten auszuwechseln, nur bei Unfallschäden auftritt.*«

Bw	Lok 01.01.1933	Lok 01.08.1939
Petrikau	158	146
Warschau West	56	52
Warschau Ost	32	30
Warschau-Praga	97	90
Siedlce	88	81
Tschenstochau	39	36
Skierniewice	31	29
Warschau-Danzig	41	38
Koluszki	19	18
Warschau-Kal	44	41
Warschau Wilnaer	25	23
Lublin	113	105
Skarzysko	169	157
Cholm	114	106
Deblin	28	26
Kielce	60	56
Zamosc	12	11
Krakau Hbf	98	91
Krakau-Plaszow	147	136
Neu-Sandez	74	68
Debica	29	27
Jaslo	23	22
Rzeszow	80	74
Stroze	11	10
Tarnow	22	20
Muszyna	3	3
Neumarkt	3	3
Zagorzany	3	3
Rozwadow	24	22
Nowy Zagorz	62	58
Jaroslau	1	1
Przeworsk	10	9
Summe	1716	1592

In Bialystok wirft das Lokpersonal kurz vor der Abfahrt noch einmal einen prüfenden Blick auf das Fahrwerk ihrer 19 135, der ehemaligen Pt 31-55, die zum Aufnahemzeitpunkt 1942/43 zum Bw Lemberg gehörte. *Foto: H. Finzel, Slg. Reimer*

Mit fehlenden Treibstangen war 38 4589 der Ostbahn, eine ehemalige Ok 22, offensichtlich nicht mehr betriebsfähig, als diese Aufnahme entstand. *Foto: Slg Kubitzki*

Klärung Sondervermögen Lokomotiven für die Ostbahn

Am 16. Dezember 1940 musste sich Dr. Werner Pischel[1], leitender Mitarbeiter in der Abteilung IV A, 48 Ra (Ostbahn) 14 im RVM und künftiger Jurist, mit der Abgabe von Lokomotiven an die Ostbahn abermals beschäftigen.

»Der Ansicht der Ostbahn, die Klärung der Eigentumsfrage der Fahrzeuge der ehem PKP sei unter Anwendung des Führererlasses über die Verwaltung der besetzten polnischen Gebiete vom 12. Oktober 1939 und der VO des Generalgouverneurs vom 9. November 1939 über die Verwaltung des Eisenbahnwesens im Generalgouvernement sinngemäß durchzuführen, wird beigepflichtet werden können [...]. Die Verordnung des Generalgouverneurs vom 9. November 1939 besagt in § 3: ‚Die im Generalgouvernement gelegenen bisherigen

[1] Werner Pischel, laut DB-Lebenslauf bis 1943 Referent Tarife der RBD Dresden, späterer Jurist (auch der DB), siehe auch S. 98/99.

Als dem unbekannten Fotografen diese Aufnahme gelang, ließ sich diese Güterzuglok dank der zahlreichen Anschriften am Führerhaus unschwer als die ehemalige Tw 12-48 der PKP identifizieren, die bei der Ostbahn als 57 343 eingereiht war. Bei der Tw 12 handelte es sich um die ehemalige Reihe 80 der österreichischen Staatsbahn. *Foto: Slg Kubitzki*

Im Einzelverzeichnis für die Lokomotiven der Ostbahn von 1940 war auch die ehemalige Okl 27-34 enthalten, die 1930 von der Lokomotivfabrik Cegielski gebaut worden war. Bei der Reichsbahn erhielt sie später die Nummer 75 1230. *Foto: Slg. Winkler*

polnischen Staatseisenbahnen mit allem Zubehör (einschließlich Betriebsmitteln [...]) bilden das Sondervermögen ‚Ostbahn' und gehen in die Verwaltung des Generalgouverneurs über.'«

Das Zubehör war nicht näher erläutert, sodass Pischel die Worte »mit allem Zubehör« sinngemäß folgendermaßen darstelle, *»daß zum Sondervermögen der Ostbahn das auf Grund der Aufteilung den Bahnen des Gouvernements zustehende Zubehör gehört. Da über die Aufteilung auf Reichsbahn und Ostbahn irgendwelche Bestimmungen unseres Wissens nicht getroffen sind, so unterliegt die Aufteilung der freien Vereinbarung zwischen Reichsbahn und Ostbahn. Dabei hat die Ostbahn keinerlei Rechtsanspruch darauf, daß die Einbuße an Lokomotiven, die durch Kriegsereignisse (Vernichtung und Einbehaltung durch die Russen) eingetreten ist, allein von dem anderen Partner, von der Reichsbahn, getragen wird. Wenn keine Einigung zu erzielen sein sollte, so dürfte auf Grund von § 6 des Führerlasses vom 12. Oktober 1939 der Reichsverkehrsminister als Oberste Reichsbehörde die Aufteilung mit Rechtswirksamkeit auch für das Generalgouvernement vorzunehmen berechtigt sein [...]. Die Aufteilung der*

Fahrzeuge der ehemaligen PKP auf die Verkehrsräume der eingegliederten Ostgebiete und des Generalgouvernements dürfte als eine Anordnung anzusehen sein, die für die Planung des deutschen Wirtschaftsraumes erforderlich ist. Wenn die Aufteilung der Lokomotiven so vorgenommen ist, daß Reichsbahn und Ostbahn an der Einbuße mit gleichem Prozentsatz beteiligt wurden, entfällt jede Mehrforderung der Ostbahn. Für Lokomotiven, die die Deutsche Reichsbahn aus ihrem Bestande der Ostbahn auf Zeit überläßt, hätte die Ostbahn Miete zu zahlen, gleichgültig, ob es sich um ehemals polnische oder um DR-Lokomotiven handelt.«

Noch immer unter der Überschrift »Verteilung der ehemaligen polnischen Lok« informierte die Gedob die Reichsbahn in Berlin am 22. Oktober 1941 über den Inhalt des Ausschusses zur Regelung der Verteilung sowie über weitere Gespräche von Mitarbeitern des Reichsverkehrsministeriums (RVM) und der Gedob, bei denen Unterlagen und Zähllisten gegenseitig verglichen wurden. So wurde festgestellt, *»daß die vom RVM vorgenommene Verteilung der ehem. PKP-Lok nach Streckenanteilen der Direktionsbezirke der PKP den wirklichen Einsatz auf den einzelnen Strecken und damit den früheren Besitzstand nicht genügend berücksichtigt. Zur Begründung wird die Aufteilung des Warschauer Bezirks angeführt: Die Großstadt Warschau verlangte einen sehr hohen Lokbestand, wodurch die Zahl der Lok je km des gesamten Bezirks weit über dem Durchschnitt liegt [...] und damit [...] hätten nach dem Schlüssel des RVM zu den vorhandenen 21 Lok weitere 22 Lok zugeteilt werden müssen. Es ist leicht einzusehen, daß für die 58 km Nebenbahn diese Zuteilung zu hoch war. Bei der PKP befanden sich im jetzigen Königsberger Bezirk im ganzen nur 20 Lok, die Zuteilung des RVM sieht aber trotz der Kürzung infolge der geringen Beute 43 Lok vor. Dasselbe gilt, wenn auch nicht im gleichen Umfang, für die an Posen abgetretenen Strecken.«*

Bei der Pd 5-2 handelt es sich um eine preußische S 6, die von der Reichsbahn als 13 502 eingereiht wurde. Von dieser Bauart besaß die Ostbahn mindestens zwölf Exemplare, wie das 1. Bestandsverzeichnis vom 18. April 1940 zeigt. *Foto: Slg. Winkler*

Tkw 1-2, eine preußische T 16.1, gehörte 1940 nicht zum Bestand der Ostbahn, doch gab es mehrere bauartgleiche Maschinen. *Foto: Slg. Winkler*

Die Gedob forderte wiederum, die Verteilung nach der einstigen Beheimatung der Maschinen vom Zeitraum 1933 –1939 und auch für die Grenzstrecken entsprechend der Anteile umzusetzen. *»Eine Aufstellung der Bestände der Bw'en vom Jahre 1939 steht nicht zur Verfügung. Es muß aber angenommen werden, daß die Verringerung im Gesamtlokbestand von 5.382 Lok vom Jahre 1933 auf 5.005 Lok im Jahre 1939 sich gleichmässig auf die Bw'en verteilt.«* Herausgerechnet wurde schließlich noch die FPTK, die Französisch-Polnische Eisenbahngesellschaft, die Kohlenbahn, mit einem nachweisbaren Bestand von 115 Fahrzeugen. Tatsächlich wurden im Jahre 1938, dem Gründungsjahr der FPTK, 115 Lokomotiven an die Kohlenbahn verkauft, 20 weitere verpachtet:

BR bei FPTK	1937 bei PKP	1939	Differenz
Ok 22	190	185	5
Okl 27	122	118	4
Ty 23	612	486	126
Summe			135

Anhand mehrerer Berichte, Zählungen, einschließlich von Berichtigungen von doppelt oder falsch gemeldeten Lokomotiven, sowie den Höchstzugzahlen legte die Gedob folgenden Vorschlag vor:

»Der gesamte Ausgleich an den Grenzen der sich gegenüber der Gesamtzahl in geringen Grenzen hält, ergibt hiermit ein Plus von 11 Lok zu Gunsten der Gedob [...]. Danach ergibt sich für die Gedob eine Zuteilung von 1.200 + 11 = 1.211 Lok. Zur Zeit hat die Gedob 1.310 ehem poln Lok, wovon 8 in den nächsten Tagen an die RBD Wien abgegeben werden und 5 von den RBD'en des Altreiches hinzukommen, so daß 1.308 ehem poln Lok den Bestand der Gedob bilden. Nach dem Vorschlag der Gedob fallen 1.211 Lok der Ostbahn als Eigentum zu. Die übrigen 97 Lok 35 Ok 1 (P 8), 41 Tp 2 (G 7.2) und 21 Tki 3 (T 9.3) Lok würden vorläufig als Leihlok weiter geführt und verrechnet werden, bis eine Rückgabe möglich ist.«

In einem Protokoll zur Überprüfung des Lokomotivbestandes der Gedob hieß es, dass dieser sehr groß war. Selbst bei längeren Ausbleibezeiten traten zunächst keine Engpässe im Bespannen der Züge auf. Man ermittelte seinerzeit, dass *»Ausbleibezeitüberschreitungen von über 50 % ausreichen; erst wenn die Lokausbleibezeiten (Fahrzeit + 4 Stunden im Wende-Bw) mit 100 % überschritten werden, tritt Lokomotivknappheit ein.«*

Für die bestehenden regulären Zugleistungen waren die Lokomotiven entsprechend in den Bahnbetriebswerken verteilt. Doch was war regulär? Im Prüfbericht heißt es dazu: *»Da die Anforderungen jedoch ständig wechseln, und die Leistungen oft unpaarig anfallen, sind Leerlokläufe häufig erforderlich. Oberzugleitung und Zugleitungen sind überall mit Verbindungsleuten des Betriebsmaschinendienstes besetzt, die die Lok bei den Bw anfordern und die Bespannung regeln, was bei dem ständig wechselnden Verkehr dringend erforderlich ist. Die Lok werden*

Bereich	Bestand 01.01.33 PKP		Bestand 01.07.39 PKP*		Aufteilung Beute**		Vorschlag RVM	
	Lok.	%	Lok.	%	Lok.	%	Lok.	%
Ostbahn	1.716	44,0	1.592	42,38	1.200	42,36	1.062	37,6
Königsberg	23		21	–		–		
Danzig	642		648 ***		–		–	
Posen	751		783 ***		–		–	
Oppeln	76		714	–		–		
Summe	2.183	56,0	2.166	57,62	1.625	57,64	1.764	62,4
Deutscher Anteil	3.899	100	3.758	100	2.826	100	2.826	100
Im ehem. russ. Gebiet	1.483	27,5	1.382	27,0	–		–	
Summe	5.382		5.140 ***					

* Bestand der Bw vermindert in Verh. 5.005/5.382/einschl. 135 Lok FPTK

** Aufteilung des Beutebestandes rund 2.826 Lok; 2.826/3.758

*** einschl. 135 Lok FPTK

Die Zweizylinderlokomotiven der Baureihe Pt 31 hatten eine Höchstgeschwindigkeit von 110 km/h. Der Durchmesser ihrer Treib- und Kuppelräder betrug 1.850 mm. Der hier abgebildeten Maschine hat man die Nummer 39 1008 gegeben, obwohl die Mikados als Baureihe 19.1 eingereiht worden waren. *Foto: Slg. Gottwaldt*

überall ohne Angabe der Abfahrzeit des Zuges angefordert. Angabe der Abfahrzeit des Zuges ist aber erforderlich, um die Bw zur pünktlichen Lokgestellung, die Bfe zum pünktlichen Ablassen der Züge zu erziehen.«

Mit den Nachbardirektionen war die Bespannung im Wesentlichen geregelt. Doch wiederholt musste Lokhilfe von den RBD Posen und Oppeln angefordert werden. Das funktionierte recht unkompliziert und schnell. Ein Problem war der Zuglauf, da im allgemeinen die Züge von West nach Ost befördert wurden. Bei Ausfall dieser Leistung kam es oft zu Leerfahrten (Lz), damit es keinen Rückstau in Richtung deutsches Hinterland gab. Um einen Überblick über die hohen Ausbleibezeiten zu gewinnen, wurden seit dem 1. Dezember 1942 Fahrzettel geschrieben. Doch die Auswertung ließ schließlich zu wünschen übrig. »*Um übermäßige Ausbleibezeiten zu vermeiden, werden die Züge Richtung Zdolbunow in Brody für die Überführung nach Redziwillow, die Züge in Richtung Brest-Litowsk in Malaszewice neu bespannt, da an den Grenzbahnhöfen sowieso ein längerer Aufenthalt entsteht. Die Überführungslokomotiven bringen die Züge der Gegenrichtung mit.«* Diese Maßnahme bewährte sich. Doch offenbar musste man sich um jede Zugleistung einzeln kümmern. Die drei

Mitte: Schwer beschädigt abgestellt ist hier 56 3959 der Ostbahn, eine ehemalige Tr 21 der PKP. *Foto:Slg. Kubitzki*

Unten: Als 38 4520 war diese ehemalige Ok 22 eingereiht.
Foto: H. Finzel, Slg. Reimer

Auch zwei ehemalige preußische S 10.1 fanden sich 1940 bei der Ostbahn: Pk 2-11 (17 1258) und Pk 2-18 (17 1216). Die hier auf der Drehscheibe zu sehende Pk 2-12 (17 1218) findet sich nicht im 1. Bestandsverzeichnis.
Foto: Slg. Winkler

Warschauer Bw bespannten die Züge in alle Richtungen. Allein durch die Stadt- und Ringfahrten in Warschau waren zahlreiche Lz unterwegs, die wiederum zu lange im Einsatz waren. »*Es wurde der OBD Warschau empfohlen, sofort zu prüfen, ob nicht Bw Warschau Ost und Praga nur nach Osten, Bw West nur nach Süden und Westen bespannen können.*« Für die Ringzugleistungen könnten besondere Überführungslokomotiven bereit stehen.

Auch Tkh 17-5 hat eine bewegte Geschichte: 1901 entstand der Dreikuppler der österreichischen Reihe 66 bei bei Steg in Wien. Bei der Ostbahn erhielt der Nassdampfer schließlich die Nummer 89 8101.
Foto: Slg. Winkler

Um die Betriebsnachlässigkeiten der polnischen Bediensteten zu bekämpfen, wurde den Zügen ein deutscher Betriebsbeamter beigegeben. Vorrangig waren die Züge schneller »durchzubringen«. »*Die Unarten der Polen, wie auf der Strecke Dampf zu machen [umgangssprachlich Dampf zu kochen, den Regler zu schließen und das Feuer neu anzufachen/aufzubauen; Anmerkung d. Autors], auf den Bfen überflüssig Wasser zu nehmen, zu bummeln usw. abzustellen, wurde angeordnet, alle Züge auf der Strecke Lublin–Deblin in beiden Richtungen auf der Lok durch besonders unterwiesene deutsche Lokführer begleiten zu lassen.*«

Lokomotiven fehlen

Im Herbst 1941 machten sich die ersten Nachschubprobleme an der Ostfront bemerkbar. Nun reichten die vorhandenen Lokomotiven nicht mehr aus, auch die neuen Maschinen der Baureihe 50 mussten in östlichere Direktionen umgesetzt werden.

Allein zu den neuen Direktionen im Osten, sowie zur »alten« RBD Königsberg gelangten nachfolgend genannte Stückzahlen in den Jahren 1941 und 1942:

Direktion	1941	1942
RBD Danzig	58	40
RBD Posen	61	53
RBD Königsberg	40	105
Gedob	–	79

Mit dem Einmarsch in die UdSSR war auch die Gedob verpflichtet, den dortigen Direktionen Lokomotiven zur Verfügung zu stellen. Erst die Reihe Ty 23, später die mit Frostschutz ausgerüsteten Exemplare, die Baureihen 50 und dann 52. Die Gedob konnte kaum von den Zuführungen aus dem Alt-Reich-Gebiet profitieren, vieles musste sie weiter reichen, wie im nächsten Abschnitt auch beschrieben ist.

Die Leihlokomotiven, die seit Spätherbst des Jahres 1940 die DRB den Ostdirektionen überstellte, verteilten sich zwischen 1940 und 1943 wie folgt:

RBD	1940	1942	1943
Breslau	27	10	144
Danzig	32	–	110
Königsberg	20	12	200
Oppeln	34	8	241
Osten	32	3	74
Posen	40	–	186
Stettin	30	–	115
Gedob	–	–	343

Aus dem Bezirk der RBD Nürnberg kamen nachfolgende Lokomotiven:

Monat	Lokomotiven
Februar 1940	38 2794 (leihweise)
Oktober 1940	91 509, 1402
Mai 1941	55 2504, 2689, 2832, 3164, 3505, 3600, 3749, 3864, 4035, 4300, 4495, 4768, 4827; 56 420
Januar 1942	38 1845, 3704; 58 1571, 1681, 1683, 1694, 1703, 1751, 1828, 1830, 1982, 1985
Februar 1942	58 2084; 38 1973, 2229, 2808, 2824, 3759

Beispielsweise zeigt der Jahresnachweis der RBD Karlsruhe von 1942 über ihren Lokomotivpark, von welchen Fahrzeugen sich diese Direktion trennte und wie demzufolge Ostdirektionen kaum davon profitierten. An zwei Beispielen sei das skizziert:

An RBD Danzig:	58 211, 253, 269, 300, 312, 1689, 1833, 2131
An RBD Posen:	52 086 – 088, 090, 093
An OBD Warschau (und andere im Generalgouvernement):	keine

Das A für ausgemustert am Tender von 56 3513, einer ehemaligen Tr 12 (österreichische Reihe 270) verwundert nicht, da die Maschine einen ziemlich heruntergekommenen Eindruck macht.
Foto: Slg. Kubitzki

Unbestimmt ist das Datum dieser Aufnahme einer Ostbahn-50er, die 1944 oder 1945 schwer beschädigt auf dem Fabrikgelände von Krauss-Maffei in München stand.
Foto: Slg. Kubitzki

Übernommen wurden u.a. von der RBD Oppeln 12 Maschinen der Reihe G 8.1, von der OBD Warschau sechs badische G 12 sowie 37 neugebaute 44, vier 50, 15 der BR 52 (von denen fünf an die RBD Posen geschickt wurden) sowie sieben neue 86.

Offenbar erst im Folgejahr wurde erkannt, wie dringend die Ostbahndirektionen Lokomotiven benötigten. Neben den Neulieferungen von 39 Maschinen der BR 50, 29 der BR 44 und vier der BR 86 an die RBD Karlsruhe wurden im Jahre 1943 von dieser Direktion insgesamt 273 Rösser abgegeben. Dazu zählten jene für die Gedob:

38	2800, 3272, 3355, 3810
50	844, 1631
58	216, 242, 284, 289, 292, 316, 1159, 1564, 1634
G 8.1	5014, 5029, 5048, 5057, 5074, 5079, 5083, 5105, 5173, 5197, 5213, 5222, 5243, 5246, 5253, 5255, 5279, 5305, 5313, 5316, 5343, 5346
140 A	502, 517, 545, 558, 564, 570, 571, 576, 582, 597, 1028, 1029
140 B	1109, 1237
140 D	300, 309, 686
140 G	4, 9, 197, 286, 505
März 1942	58 295, 1891; 140.561, 1395, 1423, 1463, 1544

Weiterer »Ersatz« folgte im Jahre 1942 von der RBD Dresden, die folgende Lokomotiven an die Gedob abgab:

38	1253, 1732, 2029, 4030, 4051
50	166, 1095, 1099, 1511, 1542, 2602 – 2604
57	1126, 1295, 2686, 3077, 3111, 3131
91	537

Links: Zum Lokbstand der Ostbahn gehörten 1940 auch zwei Maschinen der ehemaligen österreichischen Reihe 29, die die PKP als Baureihe Okl 11 eingereiht hatte. Das Heimat-Bw der hier abgebildeten Okl 11-5, von der Reichsbahn in 75 831 umgezeichnet, war Oppeln.
Foto: Slg. Töpelmann, Archiv transpress

Die Abteilung E III des RVM gab am 18. Juni 1942 das Schreiben zum »Bestand an eigenen Fahrzeugen bei der Deutschen Reichsbahn und der Ostbahn (Gedob) – ausschl. Elsaß, Lothringen, Luxemburg, Untersteiermark u Oberkrain – Voll- und Schmalspur in Stück« heraus. Demnach verteilten sich zum Zähltag, dem 31. März 1942, der Fahrzeugbestand wie folgt:

Fahrzeugart	bei der DRB	bei der Gedob
Dampflok	28.304	1.373
davon betriebsfähig	17.449	896
elektrische Lok	924	6
davon betriebsfähig	726	4
Triebwagen für Fahrleitungen	1.430	44
davon betriebsfähig	1.276	34
Steuer- und Beiwagen	1.587	40
davon betriebsfähig	nicht erfasst	
Triebwagen mit eigener Kraftquelle	1.125	12
davon betriebsfähig	948	7
von den Triebwagen sind der Wehrmacht zur Verfügung gestellt	207	–
Steuer- und Beiwagen zu Triebwagen	1.032	2
davon betriebsfähig	959	2
von den Steuer- und Beiwagen sind der Wehrmacht zur Verfügung gestellt	8	—
Personenwagen	70.500	2.435
Güterwagen (ausschließlich Bahndienstwagen)	804.580	20.765

In der Zeile der Dampflokomotiven wurde noch zusätzlich folgende Unterteilung vorgenommen:

	Lok bei der DRB	Lok bei der Gedob
Betriebsfähig	17.449	896
Ausbesserung	4.715	393
Verliehen	6.140	84
Insgesamt	28.304	1.373

In den genannten Zahlen sind auch die in Polen erbeuteten Fahrzeuge enthalten. Die einst »polnischen Lokomotiven sind umgenummert, in den deutschen Nummernplan eingereiht und ab 1.1.42 in den Bestand der DRB übernommen.« Zu den erbeuteten Fahrzeugen gehörten

Dampflokomotiven	3.000
Elektrische Lokomotiven	6
Triebwagen für Fahrleitungen	44
Steuer- und Beiwagen dazu	40
Triebwagen mit eigener Kraftquelle	38
Steuer- und Beiwagen dazu	2
Personenwagen	1 730
Güterwagen (ausschließlich Bahndienst- und Schmalspurwagen)	64 947

Für den Monat Mai 1944 liegt noch ein Vergleich der Anzahl der Lokomotiven vor:

DRB	Gedob	RVD Riga	RVD Minsk
30.860	2.103	922	668

Der Austausch

Die Gedob litt noch immer unter einem Mangel an Lokomotiven. Bis zum Februar 1942 wurden ihr vom »Altreich« folgende DRB-Lokomotiven zugeteilt:

P 8 (40 Stück), G 7.1 (8), G 8 (4), G 8.1 (17), G 8.1u (19), G 10 (82) und G 12 (52) – insgesamt 222 Lokomotiven. Im Vermerk 38 Fu 625/647 des RVM hieß es weiter, dass die Gedob Krakau für 59 Exemplare der Gattung G 8.1 das zuständige »RAW des Ostraums« für die Erhaltung ist. Ferner gab das RVM fernmündlich die Zustimmung, *»daß bis zur Einrichtung von Ersatzteillagern bei den OAW die Ersatzteile von den RAW Gleiwitz, Oels und Schneidemühl abzuverlangen sind.«* Dringend benötigte Sachen waren u.a. Bremsklötze, Roststäbe, Wasserstandsgläser, Dichtungen, Kupferasbestringe, It-Platten, Lagermetall, Ersatzteile für Vorwärmer, Strahlpumpen, Speise-, Luft- und Schmierpumpen.

»Im Nachgang zur Verfügung 34 Büw 33 vom 7. Februar«, schrieb die Deutsche Reichsbahn, Eisenbahnabteilungen des Reichsverkehrsministerium am 7. April 1942 allen Direktionen, werden *»ab 1. April 1942 die mit dem Raum Lemberg übergebenen reichsdeutschen Lokomotiven der Gedob Krakau, die mit dem Raum Bialystok übergebenen der RBD Königsberg zugeteilt. Gedob und Königsberg bringen die Lok im Zugang [...].*

Es erhält Gedob Krakau«:

55.0-6	G 7	8 Lokomotiven
55.16-22	G 8	4
55.25-56	G 8.1	11
56.2-4	G 8.1u	20
57.10-40	G 10	79

An dieser Abgabewelle beteiligten sich nahezu alle Reichsbahndirektionsbezirke.

Im Jahr 1943 versuchte die Deutsche Reichsbahn ihren Lokomotivpark nach Gattungen wieder zu bereinigen bzw. zu ordnen. So wurde u. a. am 7. Mai 1943 aus Berlin angewiesen, daß »*die an die Generaldirektion der Ostbahn in Krakau verliehenen 83 G 12 Lok nunmehr im Zuge der Typenbereinigung gegen die noch im Altreich eingesetzten Ty 23 Lok ausgetauscht werden sollen. Reichsbahndirektionen Danzig und Posen erhalten als Ersatz Neubaulok Reihe 52, Reichsbahndirektion Oppeln erhält 24 G 12 Lok von der Gedob und zwar:*

58 1514 (bisherige Heimat-RBD Frankfurt (Main))
58 1034, 1066, 1070, 1155 (Kassel)
58 1102 (Köln)
58 1429 (Mainz)
58 1048 (Wuppertal)
58 1191, 1285, 1328, 1529 (Erfurt)
58 1159, 1564, 1634 (Karlsruhe)
58 1189, 1732, 1820 (München)
58 1571, 1681, 1683 (Nürnberg)
58 1356, 1691, 1106 (Regensburg)

Die restlichen 59 G 12 Lok sind nach Eingang der Ty 23 Zug um Zug von der Gedob den Heimat-Reichsbahndirektionen zuzuleiten und zwar:

58 1911, 2001 (RBD Frankfurt (Main))
58 1544, 1632, 1652, 1682 (Erfurt)
58 1166, 1186, 1199, 1463, 1469, 1472, 1534, 1569, 1585, 1861, 1929, 1971, 2043, 2126 (Kassel)
58 1676 (Mainz)
58 240, 1823 (München)
58 295, 1694, 1703, 1751, 1828, 1830, 1891 (Nürnberg)
58 216, 242, 284, 289, 292, 316 (Karlsruhe)
58 1982, 1985, 2084 (Nürnberg)
58 1691, 1745, 1762, 1877, 1939, 2113 (Regensburg)
58 2015, 2134 (Saarbrücken)
58 283, 540, 541, 543, 1007, 1419, 1498, 2135 (Stuttgart)
58 1580, 1994, 1997, 2039 (Wuppertal)

Mit dem Austausch Gedob–Oppeln ist im gegenseitigen Benehmen sofort zu beginnen, dann folgen Danzig und Posen. Die Gedob führt die Lok vorerst als Leihlok, bis entschieden ist, ob sie käuflich erworben werden.«

Abteilungspräsident Flemming von der RBD Danzig bestätigte am 19. Juni 1943 dem RVM in Berlin die Abgabe von 26 Lokomotiven der Reihe Ty 23 an die Gedob sowie die Übernahme von 26 Lokomotiven der BR 52. »*Im hiesigen Bestand weisen wir von den Ty 23 Lok jetzt noch 10 Lok ,als verliehen an die besetzten Ostgebiete' nach [...]. Im Zuge der Gattungsbereinigung wäre es zweckmäßig, wenn auch diese Lok von der Gedob übernommen werden. Wir bitten um Entscheidung.*«

Auf ihren nächsten Einsatz wartet am 7. Mai 1940 im Bw Krakau-Plaszow Tr 11-131, bei der Ostbahn als 56 3367 geführt. Unverkennbar ist die österreichische Herkunft der Maschine, die bei den Staatsbahnen der Donaumonarchie als 170.563 eingereiht war.
Foto: Lichtbildstelle Gedob (Girwert); Slg. Töpelmann, Archiv transpress

Ebenfalls am 7. Mai 1940 entstand diese Aufnahme in Krakau-Plaszow. Sie zeigt ebenfalls eine alte Österreicherin, diesmal eine Maschine der Reihe 73, bei der PKP als Tp 15-189 bezeichnet. Die Ostbahn gab dem Vierkuppler des Baujahres 1909 die Nummer 55 5850.
Foto: Lichtbildstelle Gedob (Girwert); Slg. Töpelmann, Archiv transpress

Inzwischen verdingte sich die Reihe Ty 23 (DRB Baureihe 58.23-27) »im besetzten Osten«. Herr Bergmann von den Eisenbahnabteilungen des Reichsverkehrsministeriums sandte am 23. Dezember 1943 einen Telegrammbrief zur Typenbereinigung an die Generalverkehrsdirektion Osten in Warschau: »*Die im besetzten Osten eingesetzten 103 Lok Ty 23 werden gegen 70 Lok Reihe 52 ausgetauscht. Es erhalten OBD Krakau 30, OBD Warschau 73 Lok Ty 23. Krakau gibt dafür 30, Warschau 11 Lok Reihe 52 an die GVD Osten in Warschau ab. Die fehlenden 29 Lok Reihe 52 der OBD Warschau erhält die GVD aus Neulieferung und zwar die Lok 52 540 bis 568 von Borsig. OBD Warschau gibt weiter 62 Lok Reihe 50 im besten Betriebszustand an das Reich ab. Hiermit ist zu beginnen, sobald die 12. Ty 23 Lok eingegangen ist. Es erhalten Gbl West 32, Gbl Süd 30 Lok Reihe 50.*« Am 11. Mai 1943 erklärte Dr. Ganzmüller, Staatssekretär im Reichsverkehrsministerium, dass »*zur Zeit eine Typenbereinigung durchgeführt wird, deren Endziel der ausschließliche Einsatz der Reihe 50 im Westen und der 52 im Osten ist.*«

Dieser Austausch, siehe auch den entsprechenden Abschnitt in diesem Kapitel, spiegelte sich im Jahr 1943 deutlich anhand der östlichen Direktionen wider. So gaben die Direktionen

Danzig	14
Posen	33
Königsberg	75
Gedob	42

Lokomotiven der Reihe 50 an andere, westlichere RBD'en zurück.

Die Baureihe 52 wurde vermehrt in die östlichen Direktionen, so über die Lokauffangstellen Lemberg, Zdolbunow, Brest a/Bug, Eydtkau oder Debrica weiter an die Ostfront in die RVD'en geführt. Im Abschnitt ab S. 69 ist dargestellt, in welchem Umfang die BR 52 im Osten zum Einsatz kam.

Schadhafte oder für den Osteinsatz nicht geeignete Lokomotiven sollten im Reich repariert und entsprechend hergerichtet werden. Doch in den seltensten Fällen kamen die instandgesetzten Fahrzeuge zurück. Die Gedob benachrichtigte am 21. Januar 1944 alle Direktionen, dass zwischen dem 31. Mai 1943 und dem 4. November 1943 insgesamt 489 reparierte Lokomotiven nicht wieder nach dem Osten zugeführt wurden. Nach Einschalten des Reichsverkehrsministeriums konnten zum Jahresende lediglich 91 Fahrzeuge überstellt werden, 153 hielten die Bw »im Reich« zurück und von 244 fehlte jeglicher Nachweis.

Schnelle Lokomotiven gesucht

Die Ostbahn mit entsprechend geeigneten Lokomotiven für den weiteren Kriegsschritt vorzubereiten, war ein Ziel der Besprechung vom 4. Februar 1941. Ein Jahr später, am 15. Mai 1942, zeigte eine Zählung der Erhaltungswerke der Ostbahn, wie sich der Park von Lokomotiven der Gedob entwickelt hatte:

Hinter 38 4571 verbarg sich die 1931 gebaute Ok 22-127, die 1940 von der Rbd Königsberg an die Ostbahn abgegeben worden war. Es lag noch Schnee, als dem Fotografen am 27. April 1943 in Warschau diese Aufnahme gelang. *Foto: Slg. Töpelmann, Archiv transpress*

OBD	Anzahl
Krakau	653
Radom	594
Warschau	735
Lemberg	399
Summe	2.381

Von diesen 2.381 Lokomotiven der Gedob waren an diesem Zähltag 1.684 Maschinen polnischer Herkunft, 443 von der DRB und 254 von den SNCF.

Mit einigen typischen Baureihen lässt sich ein Bild darstellen, welche Typen der Gedob zur Verfügung standen:

Pt 31/ DRB 19.1	33
Ok 1/ DRB 38.10	80
Ok 22/DRB 38.45	110
Tp 4/ DRB 55.25	229
Tr 20/DRB 56.37	127
Tr 21/DRB 56.39	123
Ty 23/DRB 58.23	159
Oki 1/DRB 74.0	16
Tki 3/DRB 91.3	118
DRB 50	90
DRB 57.10	112
DRB 58.10	73
SNCF 130	49
SNCF 040	40
SNCF 140	165

Mit der »Lokanforderung für neue SF-Züge« forderten am 18. August 1942 der Abteilungspräsident Scharrer und der Oberreichsbahnrat Meyer unter dem Zeichen der Gedob, Pr (21), mit der Unterschrift von Gerteis, weitere Lokomotiven der Reihe Pt 31. Die vorhandenen 45 Maschinen der Pt 31 bespannten insgesamt 23 Zugpaare. Für diese Züge waren 34 Maschinen erforderlich, zehn weitere konnten zur Reparatur oder Wäsche stehen.

Vorhandene Zugleistungen mit Pt 31 (Auszug):

Zug-Nr.	Strecke Hin und zurück	km	Lokbedarf
D 203/204	Krakau – Tschenchenstochau – Warschau	648	2,0
SF 94/ DmW 223	Krakau – Kattowitz	770	3,0
D 40/33	– " –	770	
SF 298/398	– " –	770	
D 142/SF 194	– " –	770	
SF 293/D 39	– " –	770	
SF 393/293	Krakau – Przemysl – Lemberg	682	5,0
D 238/239	– " –	682	
SF 194/94	Krakau – Przemysl	486	3,5
SF 195/95	– " –	486	
SF 2082/2182	Warschau – Litzmannstadt	300	1,0
SF 81/386	– " –	300	1,0
D 21/22	Kutno – Warschau – Brest	716	2,0
D 124 DmW	Warschau – Kutno	272	1,0

Vom 2. November 1942 an verkehrten schließlich 19 SF- und 11 D-Züge. Geplant waren u.a. nachfolgende Zugläufe:

Ab 2.11.1942 zufahrende D/SF-Züge mit Pt 31 (Auszug):

Strecke	Zug-paare SF	D	km	Lok-bedarf
Bialystok–Warschau–Litzmannstadt	1	–	676	2,5
Warschau–Kutno	–	1	272	1,0
Brest–Warschau–Kutno	3	1	2864	10,0
Bialystok–Warschau–Kutno	–	1	648	2,5
Brest–Warschau–Litzmannstadt	2	–	1484	5,0
Kowel–Cholm–Lublin–Warschau–Kutno	2	1	1812	6,5
Krakau–Kattowitz	3	3	924	3,5
Krakau–Skarzysko–Warschau	–	1	660	2,0

Etwa 60 Lokomotiven waren für die insgesamt 30 Zugpaare erforderlich. Somit fehlten zum aufgezeigten Bestand von 45 mindestens 15 Lokomotiven. »*Berücksichtigt ist, dass für die auf der Südstrecke verkehrenden 8 SF-Züge und 1 D-Zug ungefähr 15 Lok gebraucht werden, die mit P 8 bespannt werden. Nur die SF- und D-Züge, die auf der Strecke Krakau–Lemberg–Brody/Podwoloczyska in M-Plänen verkehren, können mit P 8 Lok gefahren werden.*« Zu beachten war, dass die Fahrzeiten der SF-Züge denen der D-Züge gleichgesetzt waren. Die Fahrpläne aller SF-Züge waren mit der Bespannung durch die Pt 31 errechnet. »*Eine Umstellung der Fahrpläne auf Ok 22 macht nicht nur eine Änderung des gesamten Fahrplanes im Bezirk der Ostbahn notwendig und würde die Fahrtdauer der SF-Züge bedeutend verlängern, sondern es müssten auch die Fahrpläne der angrenzenden Bezirke geändert werden. Diese Arbeit wäre so umfangreich, dass dann die Fahrplanunterlagen zum Fahrplanwechsel nicht rechtzeitig fertig gestellt werden könnten.*« Die Forderung, der Gedob sofort die restlichen Pt 31 zuzuweisen, blieb bestehen.

Im Diensttelegramm der DRB, 34 Bla 149, vom 15. August 1942 hieß es kurz, dass die Gedob 45 Lokomotiven der Pt 31 im Bestand habe, 19 Maschinen von DRB geliehen seien und weitere Pt 31 nicht abgegeben werden könnten. Vielmehr seien für die Strecke Krakau–Brody die Lokomotiven der Reihe Ty 23 heranzuziehen. Letztlich folgten vier Fragen:

Am 27. April 1943 gelang dem unbekannten Fotografen außerdem dieses Bild einer rangierenden Ok 22, die leider nicht näher zu identifizieren ist. *Foto: Slg. Töpelmann, Archiv transpress*

Mit einem SFR am Haken verlässt Pt 31-90 den Bahnhof von Rzeszow. Das Aufnahmedatum ist leider unbekannt. *Foto: Heck; Slg. Töpelmann, Archiv transpress*

»a) *Welche Züge werden z Zt mit den vorhandenen 45 Pt 31 Lok gefahren?*

b) *Wie ist der Einsatz dieser 45 Lok ab 2.11. möglich, wenn alle SF-, D-, Eil- und Personenzüge deren Fahrzeiten unbedingt eine Pt 31 erfordern, mit anderen Lok gefahren werden?*

c) *Welche SF- und D-Züge können ab 2.11. mit Lok Ok 22 gefahren werden?*

d) *Welche Fahrplanänderungen sind erforderlich, wenn die SF- und D-Züge, die nach b) zwar mit Pt 31 berechnet sind, für die jedoch keine Pt 31 Lok mehr verfügbar ist, mit Lok Ok 22 gefahren werden müssen?*«

Fernmündlich erklärte der Fahrplanbearbeiter Berndt aus Krakau, dass die Berechnungen der SF- und D-Züge zwischen Krakau und Brody auch für die Ty 23 gerechnet wurden. Allerdings fehlten dafür noch die erforderlichen Lokomotiven. Er könne damit rechnen, dass die Lok beschafft werden, hieß es weiter. Der Fahrzeitunterschied zwischen der Pt 31 und der Ok 22 betrug etwa 12 Prozent bzw. bei gleicher Fahrzeit wäre die Zuglast um 1/3 zu verringern gewesen.

Reine Fahrzeiten, ohne Zuschläge
Strecke Krakau–Trzebinia
Pt 31, 600 t, 80 km/h, Fahrzeit 48 min
Ok 22, 600 t, 80 km/h, 54 min
Ok 22, 400 t, 80 km/h, 47,7 min
Strecke Krakau–Przemysl
Pt 31, 600 t, 80 km/h, 242 min
Ok 22, 600 t, 80 km/h, 273 min
Ok 22, 400 t, 80 km/h, 247 min.

Eine vorliegende Verfahrensweise wurde von der Gedob wiederrufen, der Zugverkehr begann dann mit den wenigen Pt 31 und den vielen Ersatztypen. Scharrer und Meyer hatten sich zuvor am 11. September 1942 gegenüber der Reichsbahn in Berlin gerechtfertigt. Die gesamte Reihe Pt 31 sollte im Bezirk der Gedob konzentriert werden. Hintergrund war die Nähe zum Erhaltungswerk und die zentrale Ersatzteilvorhaltung. Ferner wollte man den Erlass des RVM zu Beschleunigung und Gleichstellung von SF- mit den D-Zügen in der Fahrplanbildung umsetzen. *»Es ist selbstverständlich, dass wir bei der Fahrzeitermittlung und Fahrplanbildung auf die Zahl und Gattung der vorhandenen Lokomotiven Rücksicht genommen haben. Unter Abzug der Pt 31 für die SF-Züge der Südstrecke und der Strecken des Lemberger Bezirkes, die voraussichtlich bis zum Frühjahr im Parallelfahrplan im Tempo der Nachschubzüge gefahren werden, sind wir in der Lage, die regelmässig verkehrenden SF-Züge mit Pt 31 zu bespannen und die auf besondere Anordnung verkehrenden mit Lok der Gattung Ok 22 oder Reihe 50 durchzuführen. Es besteht aber auch hier die Absicht, sobald der Ausbau der Südstrecke dies zulässt, die SF-Züge wieder zu beschleunigen, so dass dann auch für diese Strecken Pt 31 erforderlich werden. Dafür haben wir, nachdem uns die Pt 31 vom Reich nicht zugeteilt werden können, die im Lemberger Bezirk abgestellten 17 Pt 31-Beutelok vorgesehen, von denen 5 bereits wieder hergestellt, für die übrigen 12 die fehlenden Radsätze, Achslager und Tragfedern durch die Reichsbahnzentralämter Berlin und München bestellt sind.«*

Die Antwort vom 20. Oktober aus Berlin zeigt noch einmal die Spannungen auf, zumal sich die Anforderung erübrigt hatte: *»Ihre Begründung war zudem, wie sich auf Grund unserer Untersuchung Ihrer Angaben nunmehr herausgestellt hat, unhaltbar. Wenn wir auch volles Verständnis für ihren Wunsch haben, in den Besitz der restlichen Pt 31 Lok zu kommen [...], so dürften doch in dieser Zeit angespanntester Lokomotivlage derartige unberechtigte Lokanforderungen nicht gestellt werden. Es dürfte auch der Gedob bekannt sein, unter welchen schwierigen Umständen der Lokomotivbetrieb im Altreich aufrecht erhalten wird. Der ganze unnötige Schriftwechsel hätte sich leicht vermeiden lassen. Ob Ihnen die im Lemberger Bezirk abgestellten 17 Pt 31 Beutelok restlos zugeteilt werden können, wird z Zt noch geprüft.«*

Dieses Überprüfen zog sich, wie aus weiteren Schriftwechsel erkennbar, bis zum 6. Mai 1943 hin. Im Schreiben der DRB, 34 Bla 149, hieß es, dass *»mit Verfügung 31 Bla 164 vom 4. Mai 1943 alle im Bezirk aufgefundenen Lok, darunter 13 Pt 31, der Gedob Krakau zugeteilt«* sind.

Über ein Jahr später war die Diskussion um den Einsatz der Pt 31, nun als BR 19.1 bezeichnet, immer noch nicht beendet. Die DRB, Referat 34, wies die Gbl Ost am 19. Oktober 1943 an, zu prüfen, *»wo die Lok Reihe 19.1 wirtschaftlich am besten eingesetzt werden«* könnten. *»Hierbei ist besonders der Einsatz von Ersatzlok beim Schadhaftwerden der Zuglok zu berücksichtige. Frist 15.11.43.«* Vorausgegangen war die Entscheidung, dass für die Schnellzüge zwischen Krakau und Lemberg nur die BR 19.1 im Bw Krakau stationiert waren. Ersatzlokomotiven gab es weder in den Bw Tarnow, Reichshof und Przemysl, noch bei der OBD Lemberg.

Besichtigung der Ostbahn-Bw

Im Dezember 1942 befuhr ein Mitarbeiter des Reichsverkehrsministeriums die Strecken der Ostbahn und besichtigte vor allem die Bahnbetriebswerke. Schwerpunkt seiner Kontrollen war die noch immer nicht geklärte Frage: Verfügt die Gedob über ausreichend Lokomotiven? Ferner schätzte er die Leitungstätigkeit der Dienststellenleiter sowie den Ausrüstungsstand der Bw ein. Das Ergebnis seiner Reise fasste er in einem ausführlichen Bericht zusammen:

»Die Bw-Anlagen sind fast überall noch nicht fertiggestellt, besonders sind Schuppenstände und Auftaustände

Kritische Blicke musterten den Fotografen, als er 1940 in Warschau-West Pt 31-46 (19 130) beim Rangieren ablichtete.
Foto: Ott; Slg. Töpelmann, Archiv transpress

im Bau. Ihre Fertigstellung vor Beginn des Frostes erscheint sehr fraglich. Für den Lokbestand reichen die Schuppenstände meist nicht aus. Besonders großer Mangel an Schuppenständen hat einen hohen Ausbesserungsstand zur Folge [...]. Alle Bw sind mit ausreichenden Werkstattanlagen und vielen (oft veralteten) Werkzeugmaschinen ausgerüstet, oft werden neben L0 auch L2 Ausbesserungen ausgeführt, Skarzysko allerdings, da 1/3 der wenigen vorhandenen Schuppenstände zu diesem Zweck benutzt wird, zum Schaden der Betriebsunterhaltung. Neuzeitige Arbeitsmethoden, Lehren, genaues Arbeiten sind unbekannt, Ersatzteile meist nicht vorhanden.«

Allzu oft blieben auch Kohlen- oder Dieselkraftstofflieferungen aus. Letztere waren für das Betreiben der Wasserpumpen erforderlich. Auch das Auswaschen der Lokkessel war oft unregelmäßig und mangelhaft. Rohre konnten zumeist nur mit der eigenen Druckluft aus der Luftpumpe ausgeblasen werden. Dafür notwendige Kompressoranlagen waren zumeist nicht vorhanden. Ferner fehlten die Frostschutzausrüstungen und selbst wenn diese angebracht war, zeigte sich das Personal im Umgang damit unbeholfen. Weitere Beamte zur Einweisung sollten folgen. Im Bericht heißt es weiter, dass der Verbrauch an Kolben- und Mineralöl übermäßig hoch sei. *»Die Lok stehen viel mit blasenden Ventilen in den Bwen. Von den Lokpersonalen werden Kohlen verkauft, auch werden viele Kohlen von Lok und Wagen gestohlen. Der Heißdampfzylinderölverbrauch beträgt das drei- bis fünffache der*

Pn 12-15 erhielt bei der Ostbahn die Nummer 16 042.
Foto: Slg. Töpelmann, Archiv transpress

Darfverbrauchssätze [...]. Überall ist eine strenge Beaufsichtigung der Einheimischen erforderlich. Dezernenten und Amtsvorstände müssen dazu die Dienststellenleiter und die deutschen Bediensteten mehr als bisher revidieren und unterweisen.«

Verzeichnis der 59 Bw der OBD'en

OBD Krakau:

Bw Krakau Hbf, Krakau Plaszow, Tarnow, Neu Sandez, Sedziszow, Kielce, Skarzysko Kamiena, Debica, Reichshof, Przeworsk, Zurawica, Przemysl, Neu Zagorz, Jaslo, Rozwadow, Zakopane, Tomaszow

OBD Lemberg:

Bw Lemberg West, Lemberg Ost, Rawa Ruska, Sambor, Drohobycz, Stanislau, Chodorow, Kolomea, Stryj, Tarnopol, Czortkow, Krasne, Brody

OBD Warschau:

Bw Warschau West, Warschau Danziger Bf, Sochaczew, Skierniewice, Koluszki, Petrikau, Tschenchtochau, Warschau Ost, Warschau Praga, Tluszcz, Malkinia, Siedlce, Lukow, Maleszewice, Lublin, Deblin, Cholm, Radom, Zamosc

(siehe auch Anhang ab S. 128)

Bw Krakau-Plaszow

Dem Protokoll der Nachprüfung ist folgendes zu entnehmen: *»Lokgestellung ist geregelt. Zusammenarbeit mit RBD Oppeln ist gut. Plaszow bespannt die Züge Richtung Osten bis Tarnow, einige auch bis Reichshof. Ausbleibezeit bis Tarnow (77 km). Soll 10 Std, Ist 18 Std. Bei normalen Ausbleibezeiten wären 38 betriebsfähige Lokomotiven bei einer Streckenbelastung von 40 Zügen erforderlich. Bei den derzeitigen Ausbleibezeiten 57, da 64 Lok betriebsfähig vorhanden, sind 7 Lok als Reserve anzusehen. Sie sind erforderlich, da Zugzahlen täglich schwanken. Schuppenstände benutzbar 35, im Bau 8, also zu gering für Lokbestand. Werkstattanlagen gut, Kohlenvorrat 500 t reicht nur für 1 Tag. Wasserversorgung durch elektr. Strom ausreichend, Reserve Dieselmotoren. Es sind noch nicht alle Lok mit Frostschutz ausgerüstet. Frostschutzunterricht ist erteilt.*

(Zugförderung auf Strecke Auschwitz–Krakau ist zwischen Oppeln und Krakau im Verhältnis 15 : 3, auf der Strecke Trzebinia–Krakau im Verhältnis 12 : 2 geteilt.

Auf der Strecke Krakau–Przemysl ist ein sogenanntes Planverfahren eingerichtet, es soll alle 1/2 Stunde ein Zug fahren, Plan wird jedoch nicht eingehalten.)

Personalbestand: 40 Deutsche im Aufsichtsdienst = 3,4 % der Belegschaft

Im Bw Tarnow sind bei Soll-Ausbleibezeiten 30 betriebsfähige Lok, bei den derzeitigen Ausbleibezeiten 45 Lok erforderlich, vorhanden 47 Lok, also 2 in Reserve.«

Bw Reichshof

»Lokbedarf für Güterzüge für Sollausbleibezeit = 35 Lok, vorhanden 57 also 56 % mehr, die ausreichen, wenn die Ausbleibezeiten nicht über 100 % überschritten werden, was zeitweise vorgekommen ist.

Bespannung erfolgt Richtung Osten. 39 Schuppenstände vorhanden, bei denen noch das Oberlicht eingebaut wird. Kohlenvorrat 1623 t reicht für 4 Tage.

Belegschaft: 56 Deutsche, 4,8 % der Belegschaft, davon 20 neu im Aufsichtsdienst.«

Bw Zurawica

Lokbestand: 39 Lok, ausreichend für die dem Bw übertragenen Leistungen.

Sollausbleibezeit nach Lemberg 14,5 Std. Istausbleibezeit oft 24 Std. Wendezeit im Bw 1 Std 40 Min., Kohlenvorrat für 2 Tage, täglicher Umsatz 230 t. Vorhanden sind 9 Schuppenstände, im Bau befinden sich 16. Keine Auswaschanlage, kein Kompressor.

»Lokomotiven sind bis auf einen kleinen Rest mit Frostschutz ausgerüstet, Personal wird unterwiesen.«

Bw Przemysl

Lokbestand: betriebsfähig 42 Lok, Ausbleibezeiten der Lok im Soll 14 Std., Ist 23,5 Std. Güterzuglokbestand reicht noch aus:

»Wendezeit und Abrüstzeit der Lok im Bw rund 2 Std. Nach Fertigstellung der Drehscheibe ermäßigt sich diese Zeit auf rund 1 Std. Keine Auswaschanlage, kein Kompressor.

Vorhandene Rundschuppenstände: 19 und fünf Rechteckenschuppenstände.

Personalbestand: 1.260 Köpfe, davon 40 Deutsche (3,2 %) und 1.220 Polen.

Kohlenvorrat für 6 Tage; Kraftzentrale Dieselmotor mit 90 kVA und Dampfmaschine für 60 kVA. Pumpenleistungen: 2 Dampfpumpen mit 60 m^3 Leistung und 1 Diesel mit 70 m^3 Leistung; Wasservorrat mit 360 m^3.

Lok sind bis auf wenige mit Frostschutz ausgerüstet. Im Bw herrscht wenig Ordnung.«

Bw Lemberg West

»An Güterzuglok erforderlich bei 1,5fachen Ausbleibezeiten 81 Stück, verfügbar sind 102 Stück. An Güterzuglok erforderlich bei 2facher Ausbleibezeit 108 Lok.«

Vorhandene Schuppenstände: 32; nach Neubaufertigstellung: 63 Stände

»Drei Drehscheiben vor Halbrundschuppen, davon eine im Bau. Kohlenausgabe täglich 600 t, Vorrat auf 3 Tage, täglicher Wasserverbrauch 3.000 m³. Vorhanden 3 Pumpwerke. Angetrieben durch Dampf und elektr Kraft. 10% der Lok sind mit Frostschutz ausgerüstet. Frostschutzunterricht ist erteilt. Keine Auswaschanlage, kein Kompressor. Da Lokvorrat reichlich, wurde veranlasst, daß sofort 3 Lok Züge von Zurawica holen, um diesen Bf zu entlasten.«

Bw Tarnopol

Lokbestand: betriebsfähig 50 Lokomotiven

»Lokbestand ausreichend (da 26 betriebsfähige Zuglok vorhanden, und bei 1,5fachen Ausbleibezeiten 25 Lok gebraucht werden).«

[...]

»Tägliche Kohlenausgabe 600 t, Vorrat für 2 Tage. Dampfpumpenwerk leistet 120 m³/Std. Vorhanden sind 21 Schuppenstände, keine Auswaschanlage, kein Kompressor, Lokomotiven sind mit Frostschutz ausgerüstet.«

Lokstation Podwoloczyska

»Lok von Tarnopol und Gretschany wenden hier. Deutsche Lokführer als Aufsichtsbeamte eingesetzt. Drehscheibe noch nicht fertiggestellt. Lok drehen über ein Gleisdreieck. Kohlenvorrat für 4 Tage, tägl Umsatz rund 120 t, Wasser fördert eine Dampfpumpe. 4 Schuppenstände, keine Auswaschanlage, kein Kompressor.«

Lokstation Brody

»Z Zt werden in Brody die Züge von Lemberg nach Radzillow neu bespannt. Die Überführungslok bringen die Züge von Radziwillow für Richtung Lemberg mit, die gleichfalls neu bespannt werden, um die Ausbleibezeiten der Streckenlok abzukürzen. Für die Überführung sind nur 2 Lok eingesetzt. Vorhanden ist eine Drehscheibe von 14,9 m Nutzlänge und ein Gleisdreieck. Ein Bw mit 24 Ständen wird gebaut. Fertigstellung etwa im April 1943.«

Bw Rawa-Ruska

Lokbestand ausreichend. *»Das Bw besitzt nur 6 Lokschuppenstände, die nicht ausreichen. Bau weiterer 20 Stände ist vorgesehen. Auswaschanlage und Luftverdichter fehlen. Kohlenvorrat reicht für 6 Tage, Wasserversorgung bei 1.200 m³ täglichem Verbrauch durch Dampfpumpe mit 50 m³ und elektr Pumpe mit 50 m³ Förderleistung. Reservepumpe wird eingebaut. Vorhanden ist eine 17 m Drehscheibe. Eine Scheibe von 23 m Nutzlänge soll eingebaut werden. Die Behandlung der Lok auf dem Reinigungskanal und das Bekohlen dauert rd 2 Std. Frostschutzmaßnahmen sind bis auf einen kleinen Rest durchgeführt.«*

Personalbestand: 420 Köpfe, davon 9 Deutsche (2,1 %) und 411 Polen. *»Der Dienststellenleiter, ROI Feth, ist für seinen Posten wenig geeignet.«*

Bw Cholm

Der Lokbestand gut ausreichend. Schuppenstände vorhanden:15, fast fertig: 8; im Bau weitere 12. *»Behandlung der Lok in den Bw-Anlagen dauert rd 2 Std. Tägliche Kohlenausgabe rd 230 t; Vorrat für 2 Tage vorhanden. Täglicher Wasserverbrauch: 1.500 m³, Wasservorrat: 210 m³. Wasserförderung mittels Dampf- und elektr Kraft.*

Lok sind frostgeschützt. Frostschutzunterricht ist erteilt. Das Auswaschen der Lok wird mangelhaft durchgeführt. C-Gruppenleiter ist bereits abgelöst. Dienststellenleiter Schmücker ordnet wohl an, sorgt aber nicht für Durchführung seiner Befehle.«

Bw Lublin

Lokbestand ausreichend. *»Zur Verfügung stehen 32 Schuppenstände, 12 sind im Bau. 37 Lok haben noch keinen Frostschutz. Teile werden jedoch beschleunigt angebaut. Auswaschanlage noch nicht vorhanden, Kompressoranlage nicht vorhanden. Kohlenvorrat für 2 Tage, täglicher Verbrauch 450 t. Wasserverbrauch beträgt 2.000 m³, Förderung erfolgt durch 2 elektr und eine durch Dampfmaschine angetriebene Pumpe.«*

Bw Deblin

Lokbestand ausreichend. *»Tägliche Kohlenausgabe 330 t, Kohlenvorrat reicht für 3 Tage, Wasserverbrauch 1.800 m³/Tag.*

Das Wasser wird gefördert durch 1 Dampfpumpe zu 35 m³/Std., 1 Dampfpumpe zu 50 m³/Std. und 1 elektr Pumpe zu 70 m³/Std. Wasservorrat 250 m³. Lokbehandlungsanlage und Bw mit 32 Ständen ist neu aufgebaut. Behandlungsdauer der Lok 40 Minuten. Es fehlt eine Auswaschanlage. Luftverdichter zum Rohreblasen fehlt. Der Dienststellenleiter tRI May ist unfähig und wird abgelöst, sein Nachfolger tRI Nagel ist bereits eingetroffen.«

Bw Malaczewice

Lokbestand ausreichend. »*Zur Verfügung stehen 6 Schuppenstände, weitere 6 sind im Bau. Kohlenumsatz 45 t täglich, Vorrat für 6 Tage vorhanden. Wasserförderung mittels Druckanlage mit 60 m^3/Std, Antrieb elektr mit Dieselmotor. Frostschutz ist durchgeführt, Auswaschanlage nicht vorhanden, Kompressoranlage steht nicht zur Verfügung. Abrüstdauer der Lok in den Bw-Anlagen 70 Minuten.*«

Bw Lukow

»*Für Zugbespannung erforderlich 23 betriebsfähige Zuglok und 2 Rangierlok, Bestand daher gut ausreichend. Zur Verfügung stehen 24 Schuppenstände. Wasserförderung durch Dampfkraft. In Reserve stehen 2 von Glühkopfmotoren angetriebene Pumpen mit 80 m^3/Std. Kohlenbedarf = 120 t/Tag, Vorrat für 8 Tage. Wendedreieck vorhanden. Bisher nur 12 Lok frostgeschützt, Frostschutzunterricht ist erteilt. Auswaschanlage nicht vorhanden, Kompressorenanlage ebenfalls nicht. Dauer der Lokbehandlung rund 1 1/2 Std.*«

Bw Siedlce

Lokbestand ausreichend. »*Kohlenausgabe 450 t/tgl, Vorrat für 2 1/2 Tage. Wasserförderung erfolgt durch elektr und durch Dampf angetriebene Pumpen. Stromversorgung durch Dieselaggregat von 160 KVA, auch das Reserveaggregat hat Dieselmotor. Keine Kompressoranlage. Lok erst z T mit Frostschutz versehen, Anbau soll beschleunigt erfolgen. Keine Auswaschanlage. 28 Schuppenstände fertig, 5 im Bau.*

Der Kohlenverbrauch der Lokbaureihe 50 betrug 40–50 t/1000 Lokkm, also das 2–2 1/2fache des normalen, der Zylinderölverbrauch 9–10 kg/1000 Lokkm, also das 4fache bis 5fache des zulässigen.«

Bw Malkinia

Lokbestand ausreichend. »*Kohlenbedarf 60 t/Tag, Vorrat für 10 Tage vorhanden. Eine ausreichende Wasserversorgungsanlage ist im Bau. Lokbehandlung im Bw dauert 1 Std. Keine Auswaschanlage, kein Kompressor. Frostschutzausrüstung der Lok fast beendet. Das Bw ist ganz neu erbaut.*

8 Schuppenstände sind fertig, davon 2 als Auftauständе. Weitere 10 Lokstände sind im Bau. Der Dienststellenleiter tRI Hübner dürfte seinen Aufgaben falls das Bw größere Bedeutung erlangen sollte, nicht gewachsen sein.«

Bw Warschau West

»*Es besteht zeitweilig Lokmangel wegen zu hoher (über 200%) Ausbleibezeiten. Auswaschanlage nicht vorhanden. Auswaschen erfolgt nicht regelmäßig. Kompressor ist nicht vorhanden. Wasserversorgung erfolgt durch elektr angetriebene Tiefbrunnenpumpe und durch Anschluß an städt Netz.*

Kohlenvorrat reicht für 2 Tage, tägliche Ausgabe 500 t. Schuppenstände 36 im Personenbf, dazu 5 behelfsmäßige Stände und 23 im Güterbf. Es ist nur ein Teil der Lok mit Frostschutz versehen. Rest wird ausgerüstet. Kohlenverbrauch der Lokreihe 50 30–40 t/1000 km, Heißdampfölverbrauch 6 kg/1000 km.«

Übersicht über einige Bw der Gedob

Bw	Personalbestand	davon Deutsche	davon Polen	Lokführer	Heizer	Lokbestand	im Bw Reperatur	im OAW	warten	Lokgattungen und Anzahl
Krakau-Plaszow	1.157	40	1.117	195	204	114	4	14	1	BR 55 (17), 56 (76 - davon 64 Zuglok), 95 (11)
Reichshof	1.287	56	1.231	158	172	95	0	14	0	BR 35 (Ol)(2), 38 (P 8)(9), 55 (Tp 4)(15), 56 (Tr 21)(43), Tp 15 (11), Tw 12 (8), G 12 (1), O 4 (franz)(6)
Zurawica	642	98	544	k.A.	k.A.	54	1	14	0	BR 58 (31), 55 (13), 040 (10)
Przemysl	1.260	40	1.220	k.A.	k.A.	51	2	7	0	P 8 (7), G 8.1 (14), G 8 (13), G 10 (10), G 37.4 (3), 13.3 (4)

Bw	Personalbestand	davon Deutsche	davon Polen	Lokführer	Heizer	Lokbestand	im Bw Reperatur	im OAW	warten	Lokgattungen und Anzahl
Lemberg West	1.750	50	1.700	167	235	167	13	19	5	Pt 31 (5), BR 55 (2), Tp 4 (106), 56 (2), Tr 20 (1), 57 (14), Okl (7), Pd 2 (1), Pd 13 (1), Pd 14 (1), Tkh 18 (2), Tki 1 (1), Tkp 12 (1), Ok 22 (2), Ty 23 (2), Tn 36 (1), Belg G 8.1 (18)
Tarnopol	1.160	55	1.105	k.A.	k.A.	59	1	8	0	BR 55 (15), 57 (17), Ol 12 (5), Tr 20 (15), Tp 2 (2), Tp 106 (2), Tp 104 (1), Th 56 (1), Tw 11 (1)
Rawa Ruska	420	9	411	k.A.	k.A.	44	1	10	0	G 10 (15), G 8 (4), Tr 20 (4), Tn 11 (3), Pd 1 (4), S 3 (4), Tki (1), BR 74 (2), Tp 1 (2), Oi 101 (2), Belg G 7 (3)
Cholm	823	34	789	k.A.	k.A.	69	2	15	2	BR 38 (11), 74 (11), 56 (20), 140 (18), 130 (9)
Lublin	1.689	57	1.632	150	195	91	2	9	0	BR 58 (16), 56 (19), 55 (4), 54 (1), 75 (1), 74 (1), G 7 (10), 140 (26), 130 (13)
Deblin	900	35	865	109	118	76	1	17	0	P 8 (4), 58 (26), G 8.1 (4), 140 (18), G 7 (14), fr. G7 (6)
Malacewice	401	26	375	48	50	18	0	2	0	Tr 20 (9), G 8.1 (4), 040 (4), 75 (1)
Lukow	464	19	445*	62	66	43	3	11	0	Ti 11 (2), Tr 20 (24), 140 (17)
Siedlce	1.070	43	1.027	154	164	78	4	9	0	BR 50 (43), P 8 (10), Ok 22 (1), Tr 20 (6), Okl 27 (7), 54 (1), Tp 4 (2), G 7 (8)
Malkinia	342	15	327	k.A.	k.A.	24	1	2	0	S 3 (7), G 7 (4), G 8.1 (11), T 9 (2)
Warschau West	1.738	44	1.694	k.A.	k.A.	109	3	12	3	Pt 31 (14), Ok 22 (12), 140 (9), 50 (27), Tp 1 (20), Tki 3 (23), 36 (4)
Warschau Ost	1.312	28	1.284	199	239	100	2	7	2	Pt 31 (13), Pt 5 (5), Okl 27 (7), Ok 1 (7), Ok 22 (17), Tp 2 (4), 140 (4), 50 (27, 91 (10)
Warschau Praga	1.109	37	1.072	170	175	81	4	7	0	BR 50 (44), 58 (1), 91 (5), 140 (21), 55 (10)
Skarzysko-Kamienna	1.808	68	1.740	k.A.	k.A.	140	10	16	4	BR 58 (76), P 8 (15), 140 (36), 040 (3), 91 (4), Tr 20 (6)

* einschließlich 11 Ukrainer als Werkschutz

Bw Warschau Ost

»Es besteht zeitweilig Lokmangel, weil die Ausbleibezeiten der Lok bis über 200 % liegen. An Schuppenständen sind 25 vorhanden, von denen 4 als Auftaustände (mit Heißluft) ausgebaut werden. Ein Schuppen mit 18 Ständen ist im Bau. Die Wendezeit im Bw dauert für fremde Lok etwa 2 Std, für die eigene Lok 4–5 Std. Wasser wird durch Hydrophoanlage gefördert. Vorhanden sind 2 Behälter mit 40 m³ und ein Wasserturm mit 100 m³ Inhalt. Als Zusatz bei Bedarf städtisches Wasser. Kohlenbestand für 3 Tage, tägl Ausgabe 350 t. Auswaschanlage ist nicht vorhanden, Kompressor nicht vorhanden. Frostschutzmaßnahmen noch nicht restlos erledigt, werden jetzt beschleunigt nachgeholt.«

Bw Warschau Praga

»Es besteht kein Mangel an Lok, doch kommen sie oft nicht rechtzeitig wegen zu langer Ausbleibezeiten zurück. Wasserpumpen werden elektr angetrieben. Tagesverbrauch 2.600 m³. Pumpenleistungen 120 m³/Std. Kohlenvorrat reicht für 2 Tage, 350 t tägl Ausgabe. Auswaschanlage, Kompressor nicht vorhanden. Frostschutzmaßnahmen an Lok noch nicht restlos durchgeführt, werden aber beschleunigt nachgeholt. Unterricht über Frostschutz ist an das Personal erteilt. Die Wendezeiten im Bw betragen etwa 3 Std. An Schuppenständen sind 24 mit 4 Auftauständen vorhanden, Werkstätte ist gut eingerichtet.«

Bw Skarzysko-Kamiena

Lokbestand ausreichend. *»Keine Auswaschanlage, kein Kompressor, 36 Schuppenstände, von denen 11 für Ausführung von L 2 und einer für die Aufbewahrung von Geräten verwandt werden. Da der Schuppenraum nicht ausreicht, werden die L 2-Ausbesserungen zweckmäßig wo anders ausgeführt und die Schuppenstände für die Betriebslok verwandt. Im Bw herrscht wenig Ordnung. Der Dienststellenvorsteher, Amtmann Beckmann, war gerade vom Urlaub zurückgekehrt. Es brannte bei warmen Wetter und deutscher Aufsicht ein Kokskorb gefüllt mit bester Lokkohle. Auf offenem Bahnmeisterwagen lagen Rotgussteile, Rotguß, Weißmetallspäne ohne Bewachung. Dez 21 wurde gebeten, die Dienststelle schärfer zu bewachen.«*

Die Schäden nehmen zu

Die Eisenbahnabteilungen des RVM wiesen am 30. Juli 1942 die »Durchführung der Frostschutzausrüstung der Osteinsatzlok; hier Neuregelung der Zuführung Osten-Reich« an. *»Um die Zuführung der Ostschadlok und Frostschutzostlok in geschlossenen Lokzügen von den Auffangstellen bis zu den Empfangs-GDW'en zu ermöglichen, sind ab sofort die aus dem Osten dem Reich zulaufenden Ostschad- und Frostschutzostlok ohne Rücksicht auf Gattung und Heimat-RAW nach folgenden Richtlinien zuzuführen: [...].«*

So wurden u.a. als Ziel-RAW für die GDW Krakau die OAW Praga und Lemberg festgeschrieben. Die Laufwege für die genannten Lokauffangstellen Eydtkau, Brest a/Bug und Zdolbunow wurden im einzelnen festgelegt. Von Brest sollten die Frostschutzostlok nur noch an die Gedob Krakau und GDW Berlin bzw. Dresden *»und zwar abwechselnd in der Reihenfolge 1. Zug zur Gedob, OAW Praga, 2. und 3. Zug nach Berlin, 4. und 5. Zug nach Dresden sowie 6. und 7. Zug«* wiederum nach Berlin geleitet werden. Zdolbunow leitete die Frostschutzlok an die Gedob und an die GDW Berlin. Die Schadlokomotiven liefen anderen GDW zu.

Im Zeitraum vom 16. Januar bis zum 2. Juni 1943 *»wurden dem besetzten Osten 3 112 ausgebesserte Ost- und Ostabgabelok zugeführt, von denen 280 Stück oder 8,7 % durch die Lokauffangstellen zurückgewiesen werden mussten.«* Dieses Schreiben der Reichsbahn vom 7. Juli 1943 an die Generalbetriebsleitungen benennt die einzelnen Lokzüge. Zumeist kamen sie aus den RBD Hannover, Frankfurt (M), Berlin, Posen, Halle oder Saarbrücken. Nur vereinzelt waren die OBD genannt:

Lok-Nr.	Lokzug	von Lokafa zurück	Lok abgegeben vom
91 523	Warschau 13	23.04.43	k. A.
55 2904	Lemberg O 116	03.02.43	RAW Lemberg
55 2902	Lemberg O 117	06.02.43	RAW Lemberg
55 2906	Lemberg O 117	08.02.43	RAW Lemberg
55 2215	Lemberg O 117	09.02.43	RAW Lemberg
55 2230	Lemberg 118	09.02.43	RAW Neu Sandez
55 4985	Lemberg 118	09.02.43	RAW Tarnow
57 2127	Lemberg 118	11.02.43	RAW Tarnow
56 001	Warschau 15	21.04.43	RAW Warschau Praga
55 2230	Lemberg 132	22.04.43	RAW Lemberg

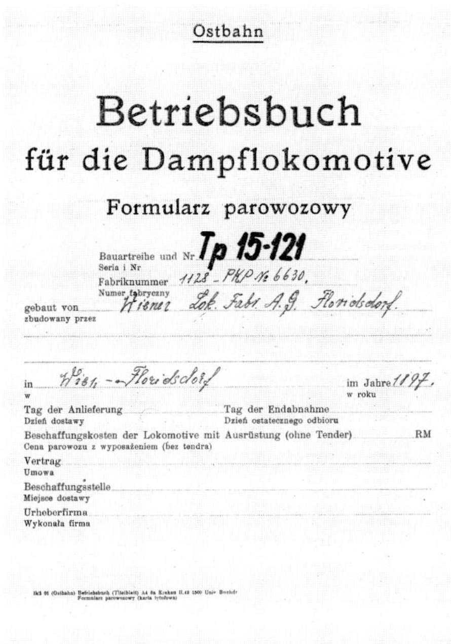

Ostbahn

Betriebsbuch
für die Dampflokomotive
Formularz parowozowy

Bauartreihe und Nr. Tp 15-121
Seria i Nr
Fabriknummer 1128 – PKP № 6630.
Numer fabryczny
gebaut von Wiener Lok. Fabr. A.G. Floridsdorf
zbudowany przez

in Wien – Floridsdorf im Jahre 1897.
w w roku

Tag der Anlieferung Tag der Endabnahme
Dzień dostawy Dzień ostatecznego odbioru
Beschaffungskosten der Lokomotive mit Ausrüstung (ohne Tender) RM
Cena parowozu z wyposażeniem (bez tendra)
Vertrag
Umowa
Beschaffungsstelle
Miejsce dostawy
Urheberfirma
Wykonała firma

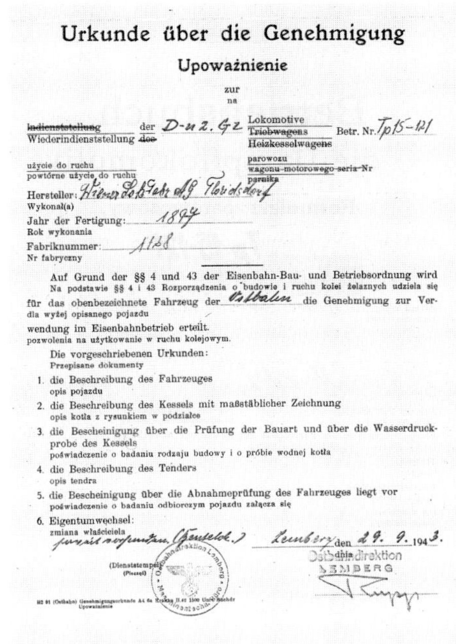

Urkunde über die Genehmigung
Upoważnienie
zur
na
~~Indienststellung~~ der D-u.2. Gz Lokomotive Betr. Nr. Tp15-121
Wiederindienststellung ~~des~~ ~~Triebwagens~~
Heizkesselwagens
użycie do ruchu parowozu
powtórne użycie do ruchu wagonu-motorowego-seria-Nr
parnika
Hersteller: Wiener Lok.Fabr. AG Floridsdorf
Wykonał(a)
Jahr der Fertigung: 1897
Rok wykonania
Fabriknummer: 1128
Nr fabryczny

Auf Grund der §§ 4 und 43 der Eisenbahn-Bau- und Betriebsordnung wird
Na podstawie §§ 4 i 43 Rozporządzenia o budowie i ruchu kolei żelaznych udziela się
für das obenbezeichnete Fahrzeug der Ostbahn die Genehmigung zur Verwendung im Eisenbahnbetrieb erteilt.
dla wyżej opisanego pojazdu pozwolenia na użytkowanie w ruchu kolejowym.
Die vorgeschriebenen Urkunden:
Przepisane dokumenty
1. die Beschreibung des Fahrzeuges
opis pojazdu
2. die Beschreibung des Kessels mit maßstäblicher Zeichnung
opis kotła z rysunkiem w podziałce
3. die Bescheinigung über die Prüfung der Bauart und über die Wasserdruckprobe des Kessels
poświadczenie o badaniu rodzaju budowy i o próbie wodnej kotła
4. die Beschreibung des Tenders
opis tendra
5. die Bescheinigung über die Abnahmeprüfung des Fahrzeuges liegt vor
poświadczenie o badaniu odbiorczym pojazdu załącza się
6. Eigentumwechsel:
zmiana właściciela

Lemberg den 29. 9. 1943.
Ostbahndirektion LEMBERG

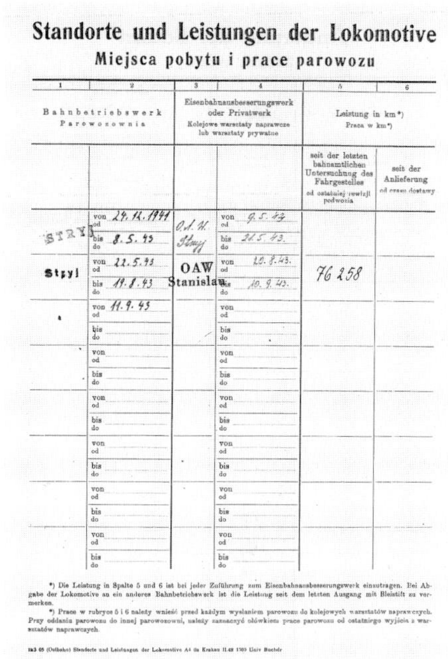

Standorte und Leistungen der Lokomotive
Miejsca pobytu i prace parowozu

Bahnbetriebswerk / Parowozownia		Eisenbahnausbesserungswerk oder Privatwerk / Kolejowe warsztaty naprawcze lub warsztaty prywatne		Leistung in km*) / Praca w km*) seit der letzten bahnamtlichen Untersuchung des Fahrgestelles	seit der Anlieferung
STRYJ	von 24.12.1941 bis 8.5.43	O.A.W. Stryj	von 9.5.43 bis 21.5.43		
Stryj	von 22.5.43 bis 19.8.43	OAW Stanislau	von 20.8.43 bis 10.9.43	76 258	
	von 11.9.43 bis		von bis		

*) Die Leistung in Spalte 5 und 6 ist bei jeder Zuführung zum Eisenbahnausbesserungswerk einzutragen. Bei Abgabe der Lokomotive an ein anderes Bahnbetriebswerk ist die Leistung seit dem letzten Ausgang mit Bleistift zu vermerken.

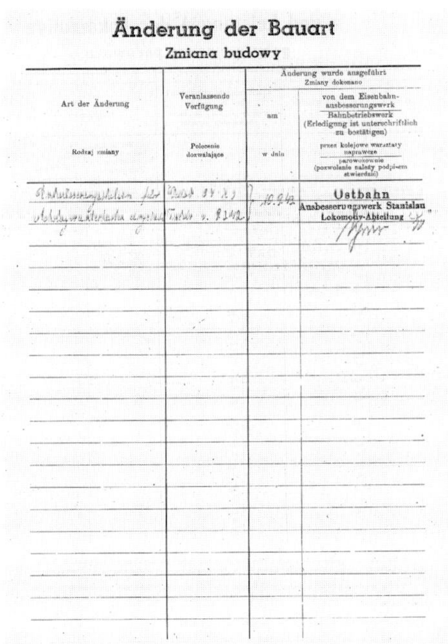

Änderung der Bauart
Zmiana budowy

Art der Änderung / Rodzaj zmiany	Veranlassende Verfügung / Polecenie dozwalające	Änderung wurde ausgeführt am / w dniu	von dem Eisenbahn-ausbesserungswerk Bahnbetriebswerk (Erledigung ist unterschriftlich zu bestätigen)
Rohrdurchmesser ...	... v. 9.3.42	10.9.43	Ostbahn Ausbesserungswerk Stanislau Lokomotiv-Abteilung

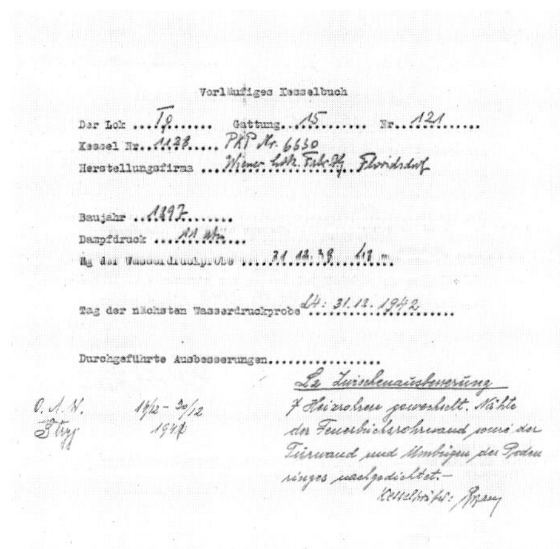

Vorläufiges Kesselbuch

Der Lok Tp Gattung 15 Nr. 121
Kessel Nr. 1128 PKP Nr. 6630
Herstellungsfirma Wien. Lok. Fabr. AG. Floridsdorf
Baujahr 1897
Dampfdruck 11 Atü
Tag der Wasserdruckprobe 31.12.38
Tag der nächsten Wasserdruckprobe 31.12.1942
Durchgeführte Ausbesserungen

O.A.W. Stryj 17/12 – 30/12 1942

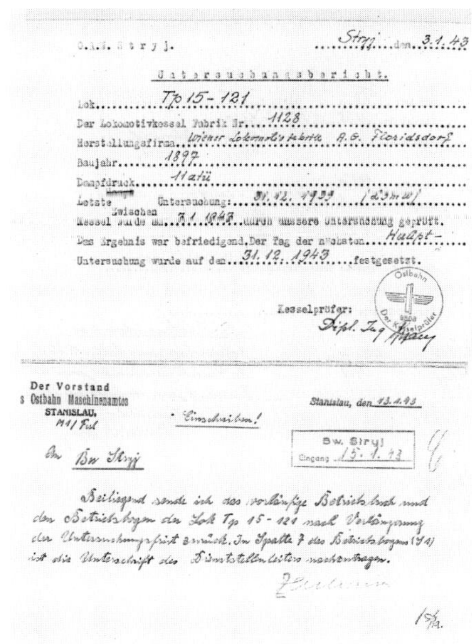

O.A.W. Stryj. Stryj, den 3.1.43

Untersuchungsbericht.

Lok. Tp 15-121
Der Lokomotivkessel Fabrik Nr. 1128
Herstellungsfirma Wiener Lokomotivfabrik A.G. Floridsdorf
Baujahr 1897
Dampfdruck 11 atü
Letzte Untersuchung: 31.12.1938
Kessel wurde am 3.1.1943 durch unsere Untersuchung geprüft.
Das Ergebnis war befriedigend. Der Tag der nächsten Hauptuntersuchung wurde auf den 31.12.1943 festgesetzt.

Kesselprüfer:
Dipl. Ing.

Der Vorstand
des Ostbahn Maschinenamtes
STANISLAU
M1/Fid
Stanislau, den 13.1.43

Bw. Stryj Eingang 15.1.43

An Bw Stryj

Auszüge aus dem Betriebsbuch von 55 5873 (ex Tp 15-121). *Foto: Slg. Kubitzki*

Lok-Nr.	Lokzug	von Lokafa zurück	Lok abgegeben vom
38 3606	Warschau 17	09.05.43	RAW Warschau Praga
57 1543	Lemberg	21.05.43	RAW Lemberg
93 1162	Lemberg 141	21.05.43	RAW Stryj
58 2546	Lemberg O 134	02.05.43	RAW Lemberg
57 1295	Lemberg	27.05.43	RAW Lemberg
57 3131	Lemberg ?	27.05.43	k.A.
58 2491	Radom 8	20.01.43	Bw Skarzysko
58 2496	Radom 8	20.01.43	Bw Sedziszow
58 2564	Radom 8	20.01.43	Bw Skarzysko
58 2330	Radom 8	20.01.43	Bw Skarzysko
58 2390	Radom 8	20.01.43	Bw Sedziszow
55 1604	k.A.	21.01.43	k.A.
55 2606	Lemberg O 104	22.01.43	RAW Lemberg W
55 2914	Lemberg O 101	22.01.43	RAW Lemberg W
58 2465	k.A.*	22.01.43	Bw Sedziszow
58 2342	k.A.*	22.01.43	Bw Sedziszow
58 2464	Lemberg O 133	22.04.43	RAW Stanislau
55 3298	Lemberg O 106	23.01.43	nicht zu ermitteln
55 3299	Lemberg O 106	23.01.43	RAW Stryj
58 2664	Lemberg O 128	30.03.43	RAW Lemberg
55 2755	Lemberg O 139	10.05.43	RAW Lemberg

* vmtl. Radom

In den im Jahre 1943 nahezu wöchentlich versandten Telegrammbriefen zur »Rückgabe von Ostlokomotiven« des RVM waren die OBD der Gedob als Briefempfänger nicht aufgeführt. Zum festgelegten Kreis gehörten neben der GVD Osten in Warschau, den GBL Ost, Süd und West sowie die RBD von Berlin bis Wien. Ostbahnlokomotiven waren in diesen Listen nicht aufgeführt.

Erst im Telegrammbrief der DR vom 10. Dezember 1943 sind die Gedob und die OBD, einschließlich zurückgeführter »ausgebesserter Ostschadlok« aufgeführt.

Lfd. Nr.	Lok-Nr.	Heimat-RBD
66	55 1778	Krakau
105	55 2755	Lemberg
110	55 2844	Lemberg
115	55 3020	Lemberg
128	55 3342	Krakau
172	55 4407	Krakau
244	56 813	Krakau
450	58 2447	Warschau

Aber auch die Probleme im Osten, direkt vor der Front, belasteten die OBD. Die GVD Osten schrieb am 25. Juni 1943 aus Warschau an das RVM in Berlin über den Unterhaltungszustand der Ost- und Ostabgabelokomotiven. Oberreichsbahnrat Dr. Friedrich führte aus, dass zwischen dem 18. Januar und dem 8. Juni 1943 dem besetzten Osten insgesamt 3.112 ausgebesserte Ost- und Ostabgabelokomotiven zugeführt wurden. Die vorgelagerten Lokauffangstellen mussten davon allein 280 (handschriftlich korrigiert auf 314) Maschinen wegen größerer Schäden zurückweisen. *»Der allgemeine Betriebszustand der zugeführten Lok hat sich seit dieser Zeit [d.h. 1942/43 – Anmerkung der Autoren] nicht gebessert. Die Lokauffangstellen sind angewiesen nicht kleinlich zu verfahren und Lok nur dann zurückzuweisen, wenn ihr Allgemeinzustand keine angemessene Betriebszeit erwarten lässt.«* Auf der nebenstehenden Liste fanden sich auch zahlreiche Lokomotiven aus den Bezirken der OBD wieder:

Die Situation verschärfte sich, wie ein Telegrammbrief der OBD Krakau vom 11. September 1943, gerichtet an das RVM, zeigt:

»Mit der OBD Lemberg war für die Bespannung der Güter- und Wehrmachtszüge die Gestellung von Lokomotiven nach Stufe D des Planverfahrens (50 Lok) vereinbart, ab 5. Sept. 9 Uhr wurde von der OBD Lemberg die Gestellung von Lok nach Stufe E (56 Lok) verlangt. Diesen Forderungen sind wir nachgekommen wie nachfolgende Übersicht zeigt:

Richtung Zurawica–Lemberg			
Tag (Meldezeitraum9	*3./4.9.*	*4./5.9*	*5./6.9*
Gestellte Lok	*52*	*54*	*58*
davon Leerlok/Vorspann	*22*	*13*	*28*
gefahrene Züge	*29*	*39*	*28*

Richtung Lemberg–Zurawica			
Tag (Meldezeitraum)	*3./4.9.*	*4./5.9.*	*5./.6.9.*
Zurückgekehrte Lok	*51*	*54*	*55*
davon Leerlok/Vorspann	*2*	*5*	*3*
gefahrene Züge, einschl. Schadlokzüge	*49*	*49*	*52*

Die Schwierigkeiten in Lemberg am 5.9. liegen wohl darin begründet, daß der Übergang von Stufe D auf E gewisser Anlaufzeit bedurfte, die durch die Vorbereitungen im Bw Zurawica sowie den Anmarschweg der mehr geforderten Lok bis Lemberg bedingt war.«

Nr.	Lok-Nr.	Lokzug	zurück von Lokafa	Untersuchungsbefund
23	56 710	Warschau 9	18.02.43	Kesselschäden
56	57 1516	Warschau 12	09.04.43	Kesselschäden, Triebwerksschäden, Achslager Stichmaß berichtigen
57	55 4745	Warschau 12	09.04.43	Kesselschäden, auf der Heizerseite vordere Fensterscheibe einziehen
122	55 2904	Lemberg O 116	03.02.43	Kesselschäden, durch das starke Schlingern des Kessels während der Fahrt sind einige Rohre im Führerhaus losgerissen; Lok ist in diesem Zustand nicht einsatzfähig
126	56 2902	Lemberg O 117	06.02.43	Kesselschäden, Radnarbe der Treibachse links lose
129	55 2606	Lemberg O 117	08.02.43	rechter Zylinder lose
131	55 2230	Lemberg 118	09.02.43	Kesselschäden, Lok für den Osten nicht einsatzfähig
137	57 2127	Lemberg 118	11.02.43	Kesselschäden, 1. und 2. Kuppelachse rechts und links Spurkranz angelaufen, Undichtigkeit am Langkessel
204	55 2230	Lemberg 132	22.04.43	Stoßpufferfeder gebrochen, Tender ist nicht mit Luft bremsbar
212	38 3606	Warschau 17	09.05.43	Kesselschäden, Zylinderventil gerissen, Lok ist nicht osteinsatzfähig
242	57 1543	Lemberg	21.05.43	Kesselschäden, Achslagergleitplatten lose, 1 Kuppelachse Spurkranz angelaufen, linke Radnarbe leicht lose, sämtl. Winkel der Drahtgestelle an den Bremsgehängeträgern gebrochen, beide Tenderträger verbogen
243	93 1162	Lemberg 141	21.05.43	Gegengewicht der Treibachse links schlägt an Achslagersteg, Treibstange links schleift an Fangbügel, 1 Kuppelachsereifen stark ausgelaufen
261	58 2491	Radom 8	20.01.43	mangelhafter Frostschutz
262	58 2496	Radom 8	20.01.43	mangelhafter Frostschutz
263	58 2564	Radom 8	20.01.43	mangelhafter Frostschutz, Kesselschäden
264	58 2330	Radom 8	20.01.43	Hinteren Pufferträger und Puffer richten, mangelhafter Frostschutz
265	58 2390	Radom 8	20.01.43	mangelhafter Frostschutz
268	55 2914	Lemberg O 101	22.01.43	an sämtlichen Radreifen starke Flachstellen, Kesselschäden
271	58 2464	Lemberg O 133	22.04.43	Triebwerksschäden
272	55 3298	Lemberg O 106	23.01.43	an sämtlichen Achsen starke Flachstellen
273	55 3299	Lemberg O 106	23.01.43	an sämtlichen Achsen starke Flachstellen

Die Baureihe 52 für die Ostbahn

Im September 1942 wurde die 52 001 der deutschen Öffentlichkeit mit einem großen Propagandaaufwand präsentiert. Die Serienfertigung lief nun auf Hochtouren. Doch die Baureihe 52 als »alles entscheidende Kriegslokomotive« kam zu spät. Ende des Jahres 1942 standen genau 192 Exemplare dieser Reihe auf den Schienen. Der Großteil wurde in Richtung Osten geschickt. Aber wie viele gelangten tatsächlich an die Ostfront bzw. zur Gedob? Auszugsweise ist nachfolgend eine Übersicht über jene Maschinen, die direkt oder von einer RBD weiter zur Gedob gesandt wurden.[2] Stets strebte die deutsche Wirtschaft Höchstleistungszahlen an, ohne sie zu erreichen. Über 2.500 produzierte Lokomotiven der BR 52 standen der Reichsbahn 1943 zur Verfügung. Eigentlich wollte man bis dahin fast 7.000 Stück fertiggestellt haben. Doch inzwischen musste sich die Reichsbahn und somit die BR 52 vor der näherrückenden Front zurückziehen.

Insgesamt 6.204 Lokomotiven der Reihe 52 erhielt die Deutsche Reichsbahn bis zum Kriegsende. Diese Anzahl verteilt sich folgendermaßen und zeigt auf, dass selbst die geforderten Höchstleistungen unerfüllt blieben:

[2] Vgl. hierzu auch die Auflistung in: Michael Reimer, Lokomotiven für die Ostfront, München 1999.

Jahr	Anzahl
1942	192
1943	3.828
1944	2.156
1945	28

Auch aus den anderen Lieferungen fanden sich bald Maschinen der Baureihe 52 im »Osten«, bei der Ostbahn wieder. Dazu zählten beispielsweise die 52 2093-2102 (OBD Krakau) bzw. 52 2103-2132 der RBD München. Letztere wurden im Januar 1943 ausgeliefert; mit Sicherheit waren sie innerhalb des Jahres 1943 weiter nach Osten gereicht. So verdingten sie sich u.a. in Sochaczew, Lukow, Cholm, Malkinia oder gelangten weiter nach Rumänien und Bulgarien. Viele davon kamen nach 1945 bei den Bahnen der SZD, PKP oder JDZ zum Einsatz.

An die Gedob gelieferte Lok der BR 52 (Auszug, geordnet nach Lieferjahr)

Lieferserie	Empfänger	weiter an
52 038 - 075	RBD Osten	tw. Gedob (u.a. Lublin)
52 144 - 151	RBD Posen Ost	tw. Gedob (u.a. Lublin)
52 241 - 264	RBD Posen Ost	ausschließlich Gedob
52 265 - 275	RBD Posen	tw. Gedob (u.a. Siedlce)
52 276 - 300	Gedob	ausschließlich Gedob
52 161 - 192	RBD Posen Ost	tw. Gedob (u.a. Lukow)
52 301 - 303	RBD Posen Ost	Gedob (u.a. Sochaczew, Minsk Maz.)
52 344 - 349	RBD Posen Ost	Gedob
52 193 - 215	RBD Posen Ost	Gedob (u.a. Lukow)
52 304 - 327	RBD Posen Ost	tw. Gedob
52 328 - 343	RBD Königsberg	Gedob (u.a. Lukow, Lemberg West)
52 4750 - 4809	OBD Krakau	Gedob (Lemberg, Malkinia, Krakau Pl, Tarnopol, Lublin)
52 5895 - 5907	OBD Krakau	Kraukau-Plaszow
52 2174 - 2293	RBD Posen Ost	tw. Gedob (u.a. Cholm, Lublin, Lemberg, Lukow)
52 5429 - 5441	Gedob	Lukow, Lublin
52 3400 - 3457	RBD Posen Ost	tw. Gedob
52 370 - 417	RBD Posen	tw. Gedob (u.a. Ostrowo, Lublin, Warschau)
52 2298 - 2348	RBD Posen Ost	Gedob (u.a. Warschau West, Malkinia, Siedlce)
52 6042 - 6045	OBD Krakau	Lukow
52 418 - 449	RBD Posen Ost	tw. Gedob (u.a. Cholm)
52 1119 - 1138	OBD Krakau	tw. Gedob, Lemberg
52 3145 - 3184	RBD Posen Ost	tw. Gedob
52 450 - 469	RBD Posen	Gedob (u.a. Malkinia, Lemberg)
52 5175 - 5186	OBD Krakau	Krakau Plaszow
52 6046 - 6061	RBD Posen Ost	tw. Gedob (u.a. Malkinia)
52 6074 - 6116	RBD Posen Ost	tw. Gedob (u.a. Lublin)
52 5187 - 5191	OBD Lemberg	Lemberg West
52 6117 - 6125	OBD Krakau	Krakau Hbf
52 470 - 525	RBD Posen Ost	Gedob (u.a. Lublin, Siedlce)
52 6126 - 6233	RBD Posen Ost	tw. Gedob (u.a. Cholm)
52 1476 - 1485	OBD Lemberg	Gedob
52 605 - 613	RBD Posen	Gedob (u.a. Lukow)
52 6234 - 6254	OBD Krakau	Tarnow, Reichshof, Przemysl
52 7241 - 7264	OBD Lemberg	Lemberg West, Brody, Tarnopol
52 5669 - 5678	OBD Krakau	Tarnow, Przemysl, Krakau Pl.

Lieferserie	Empfänger	weiter an
52 1194 - 1223	RBD Posen	tw. Gedob
52 4910 - 4919	OBD Warschau	Warschau-Praga
52 5255 - 5264	OBD Lemberg	Lemberg West
52 5679 - 5690	OBD Warschau	Warschau-Praga
52 5711	OBD Lemberg	Stanislau
52 6255 - 6296	RBD Posen Ost	tw. Gedob (u. a. Siedlce, Lukow, Lemberg West)
52 526 - 550	RBD Posen Ost	tw. Gedob (u. a. Lublin)
52 1224 - 1226	OBD Warschau	Warschau-Praga
52 2600 - 2604l	OBD Lemberg	Lemberg
52 6317 - 6321	RBD Posen Ost	Gedob (u. a. Lukow, Siedlce)
52 1227 - 1243	OBD Warschau	Warschau-Praga, Lublin, Neu Sandez
52 4986 - 4995	OBD Krakau	Tarnow
52 5315 - 5347	OBD Warschau	Malkinia, Warschau West
52 1264 - 1283	Gedob	Gedob
52 660 - 669	OBD Warschau	Warschau-Praga
52 1304 - 1313	OBD Warschau	Siedlce
52 2755 - 2784	OBD Warschau	Sochaczew, Warschau West
52 7535 - 7539	OBD Warschau	Gedob (Warschau West)
52 7731 - 7738	OBD Warschau	Warschau Ost
52 5365 - 5374	OBD Warschau	Sochaczew

Die Baureihe 42 fehlt

Wiederholt forderte die Gedob die Baureihe 42 an. Nur mit dieser Kriegslokomotive könnten die schweren Züge gezogen werden. Zwei Lokomotiven eines anderen Typs, um den gleichen Zug zu ziehen, würden zusätzlich einen erhöhten personellen und betrieblichen Aufwand bedeuten. Oberreichsbahnrat Friedrich Witte wies im Lokomotivausschuss darauf hin, dass »*die Lok Reihe 42 dringend für den Engpaß Ostbahn benötigt wird. Wird nicht mit allen zur Verfügung stehenden Mitteln die Leistungsfähigkeit des Ostbahnnetzes als dem Verbindungsglied zwischen dem Reich und den neuen besetzten Ostgebieten gesteigert, so besteht die Gefahr, dass für die immer größer werdenden Aufgaben in den Gebieten der HBD'en der Nachschub nicht im erforderlichen Maße durchgeführt werden kann. Anstelle der für die Ausrüstung der Züge erforderlichen Lok der Reihe 42 zwei Lok der Reihe 52 zu nehmen, ist praktisch nicht durchführbar, weil die Lokomotivbehandlungsanlagen nicht in der Lage sind, die praktisch doppelte Zahl an Lokomotiven zu behandeln.*«

Witte führte ferner aus, dass die Ausbauforderungen für die Behandlungsanlagen auch nicht erfüllbar sind. Er verließ sich auf die Worte es Reichsverkehrsministers, dass, wenn die Produktion der BR 52 ausgelaufen sei, sofort die der Reihe 42 beginne. »*Es wird um Veranlassung gebeten, dass die Konstruktion der Lok Reihe 42 nunmehr durchgeführt wird. Der Reichsbahn ist mit 600 Lok der Reihe 42 mehr gedient als mit 1.000 Lok der Reihe 52.*«

»*Kriegsführen ist ein Transportproblem*«, schrieb Witte im Verlaufe des Krieges nieder. Die Rolle der Eisenbahn blieb aufgrund der siegreichen ersten Blitzkriege und Siege zurück. Für den weiteren Aufmarsch, vor allem durch die wegen fehlerhafter Transport- und Nachschublogistik sowie der starken Beeinträchtigung durch die starken Winter und ihrer Unbilden, sollte Witte recht behalten. Doch selbst mit den geforderten Produktionszielen von insgesamt 15.000 Kriegslokomotiven (der Reihen 42 und 52) wäre der Krieg verloren gewesen. Hätte die Baureihe 42 überall eingesetzt werden können? Dazu schrieb die OBD Lemberg am 14. Dezember 1943 dem RVM unter dem Betreff »Einsatz der Lok der Reihe 42 ohne Auftrag«, dass sie die Einsatzmöglichkeiten der BR 42 geprüft habe. Die OBD hatte am 8. Juni 1943 den Bedarf für den Einsatz auf den Haupttransportstrecken Lemberg–Brody und Krasne–Tarnopol–Podwoloczyska mit zunächst 155 Maschinen angemeldet. »*Nach Fertigstellung des Bw Tarnopol West wollten wir anstreben bis Gretschany durchzufahren. Da-*

durch würde sich der Lokbedarf auf 170 erhöhen.« Nach der Überprüfung der Einsatzmöglichkeiten schrieb die OBD: »*Der Zustand des Oberbaus ist gegenwärtig jedoch so, dass er bereits den Verkehr von Lok mit 17 t Achsdruck auf die Dauer infrage stellt. Die für eine Zulassung von Lok der Reihe 42 mit 18 t Achsdruck erforderlichen Maßnahmen erstrecken sich auf umfangreiche Gleiserneuerungen und Oberbauverstärkungen.*

[...]

Der Einsatz der Lok der Reihe 42 ist somit in unserem Bezirk für das Jahr 1944 leider noch nicht möglich.«

Die Gedob erhielt jedoch weiterhin die Baureihe 52. Seit dem Sommer 1944 lief die Serienproduktion der Reihe 42 an. Ihren Höhepunkt fand sie zum Jahreswechsel 1944/45. Doch zu diesem Zeitpunkt war der Krieg verloren – an der Front wie in der in Räumung befindlichen Gedob benötigte man keine neuen Lokomotiven mehr. Die Baureihe 42 kam vermehrt in den Direktionen Nürnberg, Karlsruhe, Wien, Hannover, Frankfurt (M), Erfurt oder Mainz zum Einsatz.

Endstation KZ

Der Madagaskar-Plan

Bereits 1936/37 wurde der Gedanke einer Abschiebung der Juden nach Madagaskar, das damals französische Kolonie war, durch die britischen Antisemiten Henry Hamilton Beamish und Arnold Leese sowie dem Niederländer Egon van Winghene populär. 1937 erhielt Polen, das die Emigration der Juden vorantreiben wollte, von Frankreich die Genehmigung, eine dreiköpfige Prüfungskommission nach Madagaskar zu schicken, um Ansiedlungsmöglichkeiten für polnische Juden zu erkunden. Neben der polnischen Regierung erwog auch die britische, Juden in Madagaskar anzusiedeln. Anfang 1938 beauftragte die deutsche Regierung Adolf Eichmann, mit der Sammlung von Material für eine »außenpolitische Lösung der Judenfrage«.

Verschiedene NS-Führer befürworteten den Plan, darunter Julius Streicher, Hermann Göring, Alfred Rosenberg, Hans Frank, Joachim von Ribbentrop sowie Hjalmar Schacht. Doch erst im Frühjahr 1940, als die Absicht Heinrich Himmlers, die Juden und Polen aus den annektierten westpolnischen Gebieten ins Generalgouvernement auszusiedeln, mit dem ökonomischen Pragmatismus Hermann Görings und des Generalgouverneurs Hans Frank kollidierte, wurde der Madagaskar-Plan ernsthaft diskutiert. Göring und Frank machten geltend, dass die Umsiedlungspolitik den Interessen der Kriegswirtschaft und den Aufnahmekapazitäten des Generalgouvernements Rechnung tragen müsse. Der kurz bevorstehende Sieg Deutschlands über Frankreich veranlasste Himmler, seinen Plan in einer Denkschrift über die Behandlung der »Fremdvölkischen« im Osten Hitler erneut vorzutragen.

Dieser Plan wurde am 25. Mai 1940 diskutiert. Himmler plädierte für eine Abschiebung des gesamten »Volksabschaums« aus Deutschland ins Generalgouvernement; dies sei der beste Weg, um diese Menschen zu ausgebürgerten Sklaven zu degradieren. Insbesondere schlug Himmler *»die Auswanderung sämtlicher Juden nach Afrika oder sonst in eine Kolonie«* vor, um so *»den Begriff Juden [...] völlig auslöschen zu sehen«*. Durch die Okkupation zusätzlicher westeuropäischer Gebiete gerieten hunderttausende Juden in den deutschen Einflussbereich, doch die Umsiedlung einer halben Million Juden in ein so genanntes »Judenreservat« bei Lublin hatte sich inzwischen als unrealisierbar herausgestellt.

Nachdem die deutsche Luftwaffe die Luftschlacht gegen die Royal Airforce um Großbritannien verloren hatte, kam das Vorhaben im September 1940 schlagartig zum Erliegen. Hitlers Entscheidung für einen »Vernichtungskrieg« gegen die Sowjetunion schloss auch die Vernichtung der europäischen Juden mit ein. Der Madagaskar-Plan zeigte bereits die wahren Ziele der Nationalsozialisten, die bald darauf durch die »Endlösung« in die Tat umgesetzt wurden.

Beginn der Deportationen

Der Kriegsausbruch am 1. September 1939 beschränkte die Möglichkeiten zur weiteren Flucht und Vertreibung der Juden aus dem »Deutschen Reich«. Da die nationalsozialistische Führung weiter an ihrer Forderung, die jüdische Bevölkerung aus Deutschland zu vertreiben, festhielt, plante Adolf Eichmann, Leiter der Zentralstelle für jüdische Auswanderung in Wien, die seit August 1938 die Vertreibung der Juden forciert hatte, die Schaffung eines so genannten »Judenreservates« im Gebiet östlich von Nisko am Fluss San an der Grenze des Generalgouvernements. Obwohl dieser Plan nicht mehr realisiert wurde, ließ der Chef des Reichssicherheitshauptamts (RSHA), Reinhard Heydrich, dem von Reichsführer SS Heinrich Himmler die Organisation der Zwangsumsiedlung übertragen worden war, Deportationstransporte aus Wien und Moravska Ostrava/Mährisch Ostrau nach Nisko zusammenstellen (Nisko-Aktion).

Der Anstoß, bereits vor dem Beginn eines allgemeinen, das gesamte »Großdeutsche Reich« betreffenden Deportationsprogramms Anfang 1941 Deportationen österreichischer Juden von Wien in das Generalgouvernement im

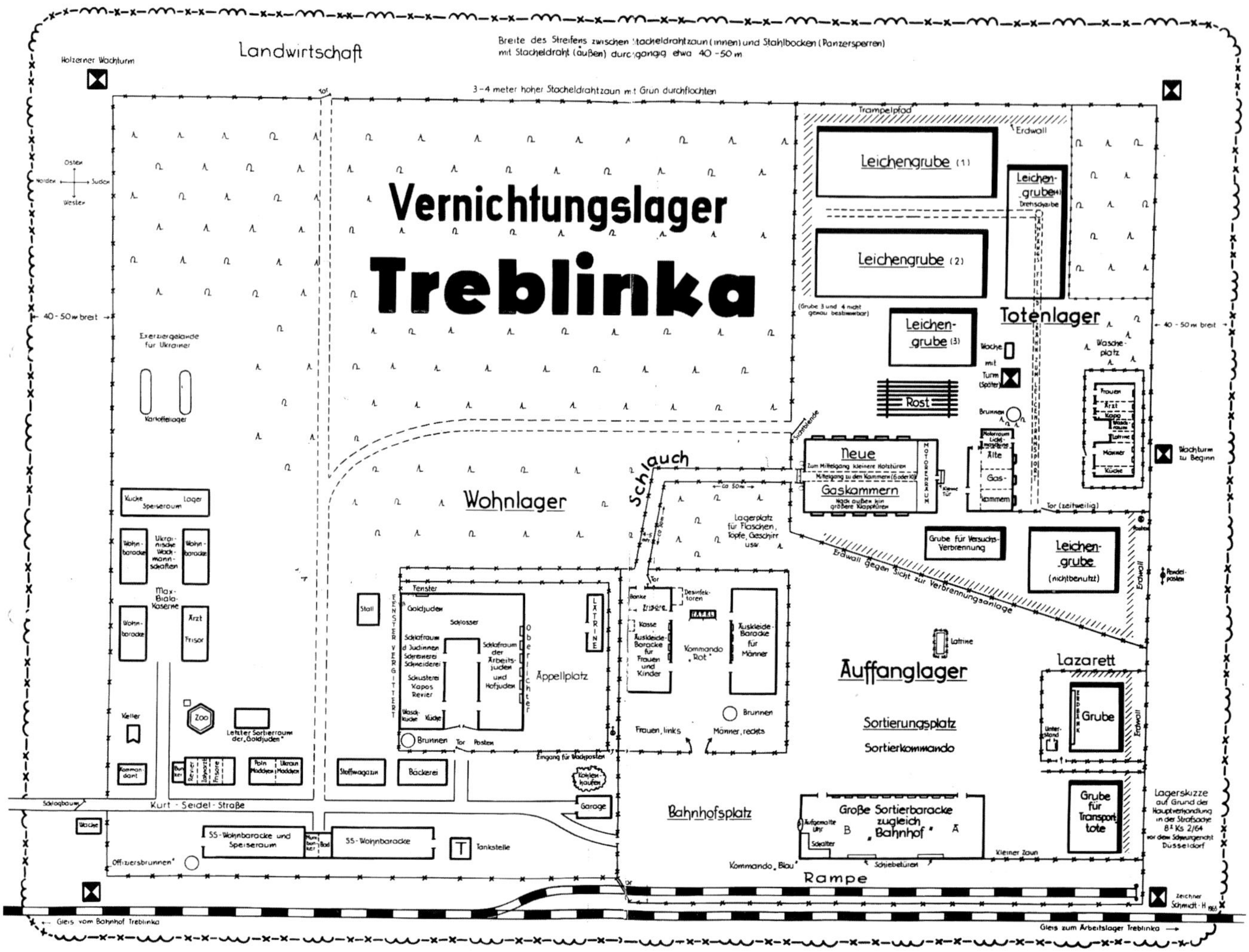

Der Lageplan des Vernichtungslagers Treblinka, der während des Strafverfahrens gegen Angehörige der SS-Wachmannschaften 1964/65 in Düsseldorf erstellt wurde. ***Foto: Bildarchiv Preussischer Kulturbesitz***

ehemaligen Polen durchzuführen, ging vom neuen Reichsstatthalter von Wien, Baldur von Schirach, aus, der damit einem Wunsch der Wiener NSDAP nach Räumung jüdischer Wohnungen nachkam. Die Zustimmung Hitlers zu Deportationen von Juden aus Wien wurde Schirach in einem Schreiben des Chefs der Reichskanzlei vom 3. Dezember 1940 mitgeteilt. Hitler hatte nach einem von Schirach erstatteten Bericht entschieden, *»dass die in dem Reichsgau Wien noch wohnhaften 60.000 Juden beschleunigt, also noch während des Krieges, wegen der in Wien herrschenden Wohnungsnot ins Generalgouvernement abgeschoben werden sollen«.*

Zu dieser Zeit hatte bereits unter der Leitung des aus Österreich stammenden SS- und Polizeiführers im Distrikt Lublin, SS-Brigadeführer Odilo Globocnik, die planmäßige Liquidierung der im Generalgouvernement lebenden jüdischen Bevölkerung begonnen, die später in Erinnerung an den im Mai 1942 von tschechischen Widerstandskämpfern ermordeten Leiter des Reichssicherheitshauptamtes (RSHA) Reinhard Heydrich unter der Bezeichnung »Aktion Reinhard« ablief. Die meisten der im Februar/März 1941 in das Generalgouvernement deportierten Männer, Frauen und Kinder aus Wien fielen den im Frühjahr und Sommer 1942 in den polnischen Ghettos unternommenen so genannten

»Auskämmaktionen« zum Opfer und wurden gemeinsam mit polnischen Juden aus den einzelnen Orten in den Vernichtungslagern der »Aktion Reinhard« getötet.

Für die Massenmorde wurde noch Ende 1941 mit der Errichtung eigener Vernichtungsstätten in Belzec, Sobibor und Treblinka begonnen, in denen bis gegen Jahresende 1943 beinahe alle jüdischen Bewohner des Generalgouvernements sowie Juden aus Österreich, der Slowakei und dem Protektorat Böhmen und Mähren ermordet wurden.

Zur selben Zeit erfolgten die Deportationen der jüdischen Bewohner des Warthegaus (Nordpolen), insbesondere aus dem Ghetto Lodz/Litzmannstadt, in das Mordzentrum Cholmno/Kulmhof. Weitere Transporte gingen 1942/43 in das KZ und Vernichtungslager Majdanek/Lublin.

Am 31. Juli 1941 erhielt Reinhard Heydrich einen Brief von Göring mit dem Auftrag, eine »Gesamtlösung der europäischen Judenfrage« in die Wege zu leiten. Heydrich lud zu einer Konferenz ins Gebäude der Kripo Am Großen Wannsee 56/58 in Berlin ein. Er gab dort einen Überblick über die bisherigen Maßnahmen für eine Endlösung, schilderte die Bemühungen um die Auswanderung der Juden und ihre Evakuierung in die besetzten Ostgebiete. Dies alles könne jedoch nur eine Zwischenlösung sein. Wie mit den etwa 11 Millionen Juden künftig verfahren werden sollte, darüber vermerkt das Protokoll: *»Unter entsprechender Leitung sollen [...] die Juden in geeigneter Weise im Osten zum Arbeitseinsatz kommen.«* Dieses Dokument weist die Wannseekonferenz als eigentlichen Beginn der Völkermordstrategie gegen die Juden Europas aus, auch wenn die Einsatzgruppen schon Hunderttausende in Polen und Russland umgebracht hatten. Jetzt entstanden Vernichtungslager, die bei der im Sommer 1942 anlaufenden Aktion Reinhard ihre mörderische Arbeit aufnahmen. Der Massenmord sollte in neun Monaten abgeschlossen sein, zog sich aber bis zum 4. November 1943 hin.

SS-Obergruppenführer Heydrich wies in der Konferenz darauf hin, dass das Generalgouvernement es begrüßen würde, wenn dort mit der, wie er es formulierte, »Endlösung dieser Frage« begonnen werden würde, weil hier das Transportproblem keine übergeordnete Rolle spielen und arbeitseinsatzmäßige Gründe den Verlauf dieser Aktion nicht behindern würden. Juden müssten, so Heydrich weiter, so schnell wie möglich aus dem Gebiet des Generalgouvernements entfernt werden, weil gerade hier der Jude als Seuchenträger eine eminente Gefahr bedeute und er zum anderen durch fortgesetzten Schleichhandel die wirtschaftliche Struktur des Landes dauernd in Unordnung bringe.

Mindestens 1,75 Millionen Menschen wurden Opfer der Aktion, wobei die meisten unter dem Decknamen »Aussiedelung« in geschlossenen Güterwagen in die Todeslager deportiert wurden, während man Bewohner kleinerer Ghettos an Ort und Stelle erschoss. Minimal 180 Millionen Reichsmark (ohne Immobilien) betrug der Wert des konfiszierten jüdischen Eigentums.

Die Vernichtungslager

Im Vernichtungslager Treblinka, im nordöstlichen waldreichen und bevölkerungsarmen Teil des Generalgouvernements, wurden im Zuge der »Aktion Reinhard« vom Juli 1942 bis zur Schließung des Lagers im Herbst 1943 ca. 870.000 Menschen überwiegend jüdischer Herkunft, aber auch Roma und Sinti ermordet. Wie die Lager Sobibor und Belzec maß das Lager 400 mal 600 Meter und war von zwei Stacheldrahtzäunen umgeben, die zur Tarnung mit Zweigen versehen waren. Das Lager war in drei Bereiche aufgeteilt: für Unterkünfte, für die Ankunft der Transporte und für den Vernichtungsprozess.

Der Polizeihauptmann Christian Wirth, der bereits über einschlägige Erfahrungen aus der »Aktion T4« – auch bekannt als Euthanasie-Programm, der Ermordung körperlich und geistig behinderter Menschen – verfügte, wurde erster Kommandant des Lagers Belzec. Auch einen großen Teil des übrigen Personals rekrutierte man aus dem Stab der Euthanasie-Aktion, dem außerdem zwischen 60 und 80 Ukrainer, so genannte »Trawnikis«, zur Unterstützung dienten. Zwischen März 1942 und der folgenden Jahreswende 1942/43 wurden in Belzec in zwei Phasen insgesamt ungefähr 550.000 Menschen ermordet, nachdem im Juni 1942 zur Erhöhung der Mordkapazität neue, größere Gaskammern errichtet worden waren. Die vor allem aus dem Südosten des Generalgouvernements, aber auch aus dem Reich und dem Protektorat kommenden Opfer wurden nach ihrer Ankunft an der Eisenbahnrampe nach Geschlechtern getrennt. Im Frühling 1943 liquidierte man das Lager und beseitigte alle Spuren. Zur Tarnung baute man auf dem Gelände einen Bauernhof.

Größtes KZ und Vernichtungslager war Oswiecim (Auschwitz I) und Oswiecim-Brzezinka (Auschwitz II-Birkenau). Errichtet ab April 1940 und rund 60 km westlich von Krakau, außerhalb des Generalgouvernements, gelegen. Im März 1941 befanden sich in Auschwitz I 10.900 Häftlinge, meist polnische Gefangene. Die Transporte mit den Opfern bestanden aus 40 bis 60 Viehwaggons, nach deren Ankunft die Opfer durch die SS selektiert wurden: die meisten Frauen, Kinder und Nichtarbeitsfähige sofort zur Vergasung, die anderen zu Zwangsarbeit oder zu Sonderkommandos (Beseitigung der Leichen u. a.). Ab Januar 1943 trafen Transporte von deutschen Juden ein. Hinzu kamen ca. 20.000 Zigeuner, russische Kriegsgefangene und polnische politische Häftlinge. Allein am 22. August 1944 betrug die Gesamtzahl der Häftlinge 105.168. Nur die, die nicht gleich in die Gaskammern kamen, wurden als Häftlinge registriert und ihre Häftlingsnummer auf den linken Unterarm tätowiert. Allein die Zahl der Registrierten beträgt 405.000.

Wegen des raschen Vormarsches der Roten Armee erfolgte im Januar 1945 die überstürzte Räumung des restlichen Lagers mit ca. 58.000 Häftlingen, die zum Teil ermordet wurden oder auf den Todesmärschen in Richtung Westen starben. Am 27. Januar 1945 kam die Rote Armee nach Auschwitz und fand noch 7.650 Überlebende.

Auf Befehl von Himmler wurde im Herbst 1941, drei Kilometer von Lublin entfernt, Majdanek als zentrales KZ für das Generalgouvernement errichtet. Ursprünglich plante man es für 750.000 Häftlinge. Infolge des Baus weiterer Konzentrationslager im Generalgouvernement konnte das Projekt nicht vollständig realisiert werden. Trotzdem entwickelte sich Majdanek zu einem der wichtigsten Vernichtungslager: die Zahl der Opfer beträgt ungefähr 360.000. Die Toten, vor allem Polen und Juden sowie russische Kriegsgefangene, wurden in sieben Gaskammern mit CO_2 und Zyklon B vergast. Am 3. November 1943 zählte man an einem einzigen Tag 18.400 ermordete Juden. Ca. 1.100 Mitglieder der SS-Mannschaften nahmen unmittelbar an den Vernichtungsaktionen teil. Im Unterschied zu anderen Vernichtungslagern gelang es der Lagerführung infolge der sowjetischen Sommeroffensive 1944 nicht mehr, das Lager zu vernichten und die Spuren zu verwischen.

Das Lager Treblinka befand sich im nordöstlichen Teil des General-Gouvernements an der Eisenbahnstrecke Warschau-Bialystok, 80 km nordöstlich von Warschau, in einem dünnbesiedelten Gebiet, 1941 als Arbeitslager für polnische und jüdische Zwangsarbeiter errichtet (Treblinka I). Ab Frühjahr 1942 Ausbau als Vernichtungslager (Treblinka II) mit Gaskammern (Kohlenmonoxyd von Dieselmotoren). Die Opfer kamen aus Warschau und anderen Orten in Zügen von 40 bis 50 Viehwagen, d. h. 6.000 bis 7.000 Personen pro Zug, zum Bahnhof des Dorfes Treblinka. Jeweils bis etwa 20 Waggons fuhren auf einem Nebengleis direkt in das vier Kilometer entfernte Lager und wurden sofort zu den Gaskammern geleitet. Die Ankunftsrampe war als Bahnhof getarnt. Anfangs dauerte es drei bis vier Stunden, bis alle Opfer der 20 Waggons ermordet worden waren; mit der Zeit schaffte die SS die Tötung in ein bis zwei Stunden. Treblinka entstand in erster Linie zur Ermordung der Juden aus dem größten polnischen Ghetto – Warschau (mehr als eine halbe Millionen Menschen). Ab 23. Juli 1942 begann die systematische Vernichtungsaktion; in zwei Monaten 366.000 Opfer. Im Winter 1942/43 kamen weitere 479.000 Juden aus den Distrikten Radom, Lublin und Bialystok hinzu. Weitere Opfer waren 29.000 Juden aus europäischen Ländern außerhalb Polens, russische Kriegsgefangene und 2.000 Zigeuner. In den 14 Monaten der Existenz dieses Vernichtungslagers mussten ca. 870.000 Menschen ihr Leben lassen. Im August 1943 kam es zu einem Aufstandsversuch, der niedergeschlagen wurde. Nach dem Aufstand ließ die Wachmannschaft alle Lagereinrichtungen abreißen und vernichtete sie. Das Lagergelände wurde umgepflügt und als Bauernhof einer ukrainischen Bauernfamilie übergeben.

Konzentrations- und Vernichtungslager im Generalgouvernement

Standort	Art	Zeitdauer	Anzahl Tote
Auschwitz*	V	05.40 - 01.45	3–4 Mio.
Belzek**	V	03.42 - 06.43	600.000
Majdanek*	V	04.43 - 07.44	750.000
Sobibór	V	05.42 - 11.43	250.000
Treblinka	V	07.42 - 11.43	700.000 ***
Culm**	V	12.41 - 01.45	160.000
Warschau	KZ	08.43 - 07.44	k. A.
Krakow-Plaszów	KZ	01.44 - 01.45	50.000

Die Vernichtungslager wurden aus Geheimhaltungsgründen ausschließlich im besetzten Polen errichtet.

* Auschwitz-Birkenau und Lublin-Majdanek in Doppelfunktion KZ und Vernichtungslager (Auschwitz befand sich nicht im GG, wird aber hier aufgrund der Nähe mit aufgeführt)

** auch Belzec; Cholmno geschrieben

*** andere Quellen nennen für Treblinka bis zu 3 Millionen Tote

KZ-Transporte mit der Bahn

Die Deutsche Reichsbahn spielte bei der so genannten Endlösung eine entscheidende Rolle. Die jüdischen Bürger wurden in Güterwagen in die Lager deportiert. Und die

Reichsbahn verlangte den Tarif für eine Fahrkarte dritter Klasse.

In den Verwaltungsakten und Planungen wurden die Juden zwar als Menschen geführt, tatsächlich aber wie Vieh verladen. In den Zügen betrug der Platz pro Person weniger als 0,2 m^2. In den dichtbesetzten und verschlossenen Wagen gab es weder Luft noch Essen oder Wasser. Viele der Deportierten starben bevor der Zug seine letzte Station erreicht hatte. Von Oktober 1941 bis Oktober 1944 transportierte die Reichsbahn Millionen Menschen in den Tod.

Unter den nach Kriegsende vor Gericht Gestellten befand sich kein einziger Beamte der Deutschen Reichsbahn.

Der Dortmunder Otto Hermann erlebte einen derartigen Transport: »*Je weiter die Fahrt, Zug rollt durch Gleiwitz, Myslowitz, desto sicherer ist das Ziel: Auschwitz! Ein Arbeitslager? Was wissen wir darüber? Alles und nichts. Und dann noch ein paar Stationen, der Zug hält, wird auf ein anderes Gleis geschoben und bleibt stehen. Die 5000 sehen hinaus: ‚Raus, rasch! Alles Gepäck im Waggon lassen. Mitnehmen verboten!'. Eine schmerzliche Überraschung folgt der anderen. Aufstellen zu zehnt, Stacheldraht mit den weißen Isolierknöpfen. Für die von ihnen, die schon einmal in einem Lager waren, das bekannte Bild: Das Deutsche Konzentrationslager. Das Deutsche Konzentrationslager! Und da steht die Schlange der 5000. Schon willenlos. Eine Herde schaut und schaut. Wir wissen nicht, was mit uns geschieht. Das letzte, was wir an Kleidung und Lebensmitteln besaßen, bleibt zurück. Zur Verfügung der SS. Gut genährte Sträflinge räumen schon die Waggons aus. Kreaturen der SS versorgen sich mit Zigaretten, Armbanduhren, Gold, Trauringen. Wir 5000 schließen auf. Wir*

»1942 Jul 13 Reichsbahn Königsberg, Fahrplananordnung Nr. 62
Deutsche Reichsbahn Reichsbahndirektion Königsberg (Pr[eussen])
33 Bfp 9 Bfsv
Königsberg (Pr[eussen]), den 13.Juli 1942
Nur für den Dienstgebrauch!

Fahrplananordnung Nr 62
An die Ämter und Dienststellen der Strecke Platerow-Czeremcha bis Wolkowysk,
BA 2, MA, VA, Wagenunterverteilungsstelle,
Zugleitung, Bktr 5 Bialystok,
HBD 33 und Bbv Mitte in Minsk, Gedob 33 Krakau
– nach besonderem Verteiler –
Zur Abbeförderung von Aussiedlern verkehren folgende Sonderzüge, Zugg. 30,9 mit je 1000 Personen aus dem Altreich über Platerow-Czeremcha nach Wolkowysk, Ziel Minsk nach folgendem Fahrplan:
Platerow an 10,11, ab 10,30 im Plan 92247 B nach Buchfahrplan Heft 22, Wolkowysk an 16,35. Weiter nach Fahrplan der HBD Mitte.
Im vorstehenden Plan verkehren:
P DA 220 am 16.7. von Theresienstadt,
P Da 219 am 22.7. von Köln-Deutz,
P Da 221 am 30.7. von Theresienstadt,
P Da 222 am 6.8. von Theresienstadt.
Lok und Zub stellt Bf und Bw Czeremcha von Platerow bis Wolkowysk, Bw und Hbf Wolkowysk bis Baranowicze.
In Wolkowysk steigen die Insassen der Sonderzüge in Güterwagenparks um. Gedeckte Güterwagen sind rechtzeitig anzufordern und bereitzustellen. Zur Aufrechterhaltung der Ordnung beim Umsteigen ist erforderlichenfalls Bahnschutz- und örtliche Polizei heranzuziehen. Abfahrbereitschaft nach Minsk gegen 21,00 Uhr sicherstellen.
Hbf Wolkowysk veranlasse Reinigung der Wagen (besenrein) ggf durch die Insassen. Die Personenwagenleerzüge sind in folgendem Plan abzubefördern:
Wolkowysk Hbf ab 9,55 im Plan 92232 B nach Buchfahrplan Heft 22, Platerow an 16,05. Hiernach verkehren:
Lp Da 1220 am 17.7. (aus Da 220) Wolkowysk – Köln-Deutz
Lp Da 1219 am 24.7. (aus Da 219) Wolkowysk – Breslau Odertor,
Lp Da 1221 am 31.7. (aus Da 221) Wolkowysk – Theresienstadt,
Lp Da 1222 am 8.8. (aus Da 222) Wolkowysk – Dresden Hbf
Die Leerzüge führen Zugg. 30,11. Eine Entnahme von Wagen aus diesen Zugparks ist verboten. Für pünktliche Durchführung der Voll- und Leerzüge ist zu sorgen, weil die Wagenzüge in einem festen Umlaufplan mehrfach verwendet werden. Bei Schwierigkeiten ist Rbd Bfp 9, Fernruf 483[,] anzurufen.«

Eine Aufnahme von 1943: Auf dem Verladebahnhof in Litzmannstadt (Lodz) ist ein Transport mit jüdischen Frauen angekommen. Im Vordergrund ein Arbeitstrupp polnischer Häftlinge, die die Waggons reinigen mußten.
Foto: Bildarchiv Preussischer Kulturbesitz

sind in einem Waschraum. Ist das alles wahr? Ist das möglich? Um uns herum der Stacheldraht, elektrisch geladen: Verbrecher, ja, zu Verbrechern wurden wir gestempelt, weil wir Juden sind … Vorbei der Traum von alldem Schönen, was wir noch besaßen. Nur jetzt nicht denken an die Mutter, an die Frau, nur weg, weit weg mit den Gedanken. Wir fühlen, wie sich uns die Kehle zuschnürt, vor Augen das Gesicht unserer Lieben … Wir denken nur: Gott schütze sie vor diesem Schicksal! Dann stehen wir vor dem SS-Mann. ‚Alter?' – ‚37.' – ‚Gesund?' – ‚Ja.' Kurzer forschender Blick, eine Handbewegung nach rechts. ‚Alter?' – ‚52.' – ‚Gesund?' – ‚Kriegsverletzung am Arm'. Der Daumen des SS-Mannes nach links deutend. Und so weiter. Der Sohn wird von dem Vater gerissen, Bruder von Bruder. ‚Kann mein Vater mit mir gehen?' – ‚Nein', sadistisch blickt der SS-Mann. Und weiter pflügt er sich durch den Haufen. Dann Abmarsch in die Blocks […].«

Otto Hermann war einer der wenigen Überlebenden, die Rote Armee befreite ihn.

Nichts gesehen, nichts gewusst

In den Ausführungen Werner Pischels über die Ostbahn ist stets seine Sicht und die der Gedob erkennbar. Lediglich beim Kapitel über die KZ-Transporte hat er keine eigenen Aufzeichnungen, sondern beruft sich auf »*bereits veröffentlichte Unterlagen. Sie sind also nur eine Zusammenstellung bereits bekannter Tatsachen unter dem Gesichtswinkel der Transportfragen.*« Aus diesem Blickpunkt sind es lediglich so genannte Umsiedlungstransporte verschiedenster Art. Dazu zählten die Polenaussiedlungen aus den in das Reich eingegliederten Ostgebieten in das GG, die Polen- und Ukrainerumsiedlungen innerhalb des GG für das geplante »*deutsche Großsiedlungsgebietes in Lublin und im Kreis Zamosc*« und der Abtransport von Juden aus dem Reich, aus den besetzten oder befreundeten Ländern in das Generalgouvernement und »*ihre Überführung zusammen mit den im GG ansässigen Juden in Ghettos und in Lager, die offiziell als Umsiedlungs- oder Arbeitslager bezeichnet wurden.*«

Pischel hält sich weiter bedeckt und schreibt: »*In Durchführung verschiedener Pläne sind aus den in das Reich ein-*

gegliederten Ostgebieten bis Mitte März 1941 365.000 Polen in das Generalgouvernement überführt worden. Die Züge für diese Transporte wurden von der Reichsbahn gestellt und zum großen Teil in die Lager der Umwandererzentralstelle in Litzmannstadt gefahren. Dort wurden die Transporte zu neuen Transportzügen zusammengestellt, die dann von der Ostbahn zu den Zielbahnhöfen gefahren wurden. Die vielfach bestehende Unklarheit über die Zielbahnhöfe, die ausschließlich von den mit der Umsiedlung betrauten Stellen, nicht etwa von der Ostbahn vertreten war, und die vielfache Weigerung deutscher Stellen, nicht angemeldete Transporte aufzunehmen, da die Unterbringung nicht möglich war, führten oft zu erschreckend langen Fahrzeiten.«[1] Pischel zitiert den bekannten Historiker Martin Broszat, vollkommen aus dem Zusammenhang gerissen, aber passend zu diesen Ausführungen, dass die Transportzüge mitunter tagelang ohne Verpflegung umher irrten und Hunger sowie Kälte zahlreiche Opfer forderten.

Die von November 1942 bis Januar 1943 durchgeführte »Großsiedlungsaktion« in den Gebieten von Lublin, Zamosc und Hrubieszow brachte zahlreiche Probleme, vor allem bei der Bereitstellung der Züge. Ein Telegramm vom Chef der Sicherheitspolizei und der Umwandererzentrale (UWZ) in Gotenhafen vom 7. Februar 1942 an das Reichssicherheitshauptamt (RSHA) unterstreicht das: »*Das RVM besteht darauf, dass sämtliche Sonderzüge für den Abtransport von Polen von der UWZ über das RSHA bestellt werden. Es erscheint unmöglich, dass die hiesige RBD für den Abtransport der Polen Sonderzüge stellen kann.*« Ein Rundschreiben des RSHA vom 6. November 1942 regelte die »*Evakuierung von Polen im Distrikt Lublin (Zamosc) zur Platzschaffung für die Ansetzung von Volksdeutschen*«. Es folgte das Telegramm von der Sicherheitspolizei mit dem Inhalt, dass »*die Transporte für den Arbeitseinsatz nach Berlin jeweils 1000 Personen zu umfassen (haben). Die Zuganforderung erfolgt wenigstens fünf Tage vorher bei dem RSHA Berlin. Die Transportmittel nach Litzmannstadt werden von der Gedob auf Anforderung zur Verfügung gestellt.*«

Staatssekretär Ganzenmüller vom RVM schrieb am 28. Juli 1942 dem SS-Obergruppenführer Wolff, dem Adjutanten von Himmler, dass seit dem 22. Juli täglich ein Zug mit 5.000 Juden von Warschau über Malkinia nach Treblinka führe. »*Außerdem zweimal wöchentlich ein Zug mit 5.000 Juden von Przemysl nach Belzec. Gedob steht in ständiger Fühlung mit dem Sicherheitsdienst in Krakau.*« Der SD war auch damit einverstanden, dass die Transporte von Warschau nach Sobibor bis etwa Oktober wegen

[1] Vgl. Pischel, Werner: Die Generaldirektion der Ostbahn in Krakau 1939–1945, S. 44.

Die Bahnstation von Sobibor im Jahr 1946.
Foto: Bildarchiv Preussischer Kulturbesitz

Umbauarbeiten an der Strecke ruhten. Pischel erklärt dagegen, dass ihm »*erst bei Abfassung dieses Aufsatzes bekanntgeworden (ist), dass im Reichsverkehrsministerium eine Gruppe für Sondertransporte bestanden hat.*« Innerhalb der Gedob sprach man nie über die Transporte zu den Vernichtungslagern. Ferner wären dem Wagenbüro niemals der Zweck der Fahrt und die Art des Transports bekannt gewesen, so Pischel. Anders dagegen im Bahnhof Auschwitz. Die dortigen Eisenbahner zählten die eintreffenden Juden, um eine exakte Abrechnung der Tarife zu ermöglichen. Obwohl man Güterwagen einsetzte, wurden »Personen befördert«. Dafür berechnete die Reichsbahn eine Beförderung 3. Klasse, die gegenüber der Sicherheitspolizei geltend gemacht wurde. Später gewährte die Reichsbahn einen Sondertarif; RSHA und Sicherheitspolizei zahlten erst nach Beendigung des Transports.

So wird es auch in der Gedob gewesen sein. Oberinspektor Walther Stier[2] war innerhalb der Gedob für diese Transporte verantwortlich.

Für Pischel war es, »*ganz abgesehen von der der Bahn gesetzlich vorgeschriebenen Beförderungspflicht, in dem mit absoluter Diktatur herrschenden nationalsozialistischen Staat undenkbar, derartige Weisungen (zum Transport) nicht auszuführen.*« Die wenigen Eisenbahner, die von den Transporten Kenntnis hatten, waren in dieser Zeit zum Schweigen verpflichtet. Ob bei Pischels Niederschrift dieser Zeilen 1964, nach dem Ende der Ermittlungsverfahren gegen die Eisenbahner oder später – was hätte man gegen diese Transporte tun sollen? Ein Bericht der SS sprach von »Beanstandungen im Betriebe der Bahn«, vom mangelnden Interesse beim Umrangieren einzelner Wagen oder teilweise von Sabotage. Andere Schriften zeigen, dass beispielsweise Lokpersonale die stehen gelassenen Koffer an den Judenrampen in den Lagern stehlen wollten.

Fürchteten die Reichsbahner sich zu sehr, dass man hinter das Geheimnis der Fahrplananordnungen Nr. 548, 562, 565, 587, 594, 552 oder 567 der Gedob kommen konnte? Was verbarg sich hinter den Zugbezeichnungen, wie Pj, Da oder Sonderzüge mit Arbeitern und Umsiedlern? Die Fplo Nr. 567 vom 26. März 1943 regelte Da-Züge, Sonderzüge mit Umsiedlern aus dem Reich nach Treblinka. Bis nach Tschenstochau fuhren die Züge im Plan der RBD Oppeln, dann nach Regelung der Gedob. 17.54 Uhr ab Tschenstochau, weiter mit Halt u.a. in Petrikau, Skierniewice, Warschau, Tluszcz, Malkinia, an in Treblinka um 6.28 Uhr.

[2] Walther Stier, Beamter bei der späteren DB, Bundesbahndirektor und bis 1971 verantwortlich für Sonderzugfahrten der Bundesregierung

Die Last war mit etwa 600 Tonnen angegeben, die Höchstgeschwindigkeit mit 45 km/h. Zuglokomotiven stellten die Bw Tschenstochau, Petrikau, Skierniewice und Warschau Ost. Ferner waren drei Zugbegleiterbahnhöfe mit der Stellung des weiteren Personals beauftragt.

Treblinka, acht Zugminuten von Malkinia entfernt, war neben Belzec und Sobibor einer dieser gefürchteten Bahnhöfe zu den Vernichtungslagern im Generalgouvernement. Innerhalb der Gedob will auch Pischel diesen Bahnhof nicht gekannt haben. Er bezieht sich auf Unterlagen aus dem Kriegsverbrecherprozess und anderer Zeugenaussagen. Die SS arbeitete mit Täuschungsmitteln, es gab »*auf dem Bahnhof Treblinka zu Anfang noch gar keine Schilder*«, so Pischel weiter. »*Aber nach einigen Monaten habe der Lagerkommandant, ein gewisser Kurt Franz, eine erstklassige Station mit Schildern bauen lassen, auf der gedruckte Fahrpläne für Züge von und nach Grodno, Suwalki, Wien und Berlin gehangen hätten. Dieser ‚Scheinbahnhof' habe, als der Name Treblinka bekannt und berücksichtigt geworden sei, ein riesiges Schild mit dem Namen ‚Obermaidanek' bekommen.*« Letztlich will Pischel erkannt haben, dass alle Unterlagen den Schluss erzwingen würden, »*dass die Verantwortung für das grauenhafte Geschehen nicht untergeordneten Eisenbahnstellen aufgebürdet werden kann, sondern ausschließlich Sache des RVM und des RSHA war […] und die Befugnisse des Staatssekretärs durch den Führerbefehl so ausgeweitet waren, dass der Minister und Generaldirektor Dorpmüller ausgeschaltet werden konnte.*«

Ob Pischel und andere Gedob-Mitarbeiter wenigstens wussten, dass das Vernichtungslager Sobibor zu weiten Teilen auf dem Bahngelände errichtet worden war?

Der Warschauer Aufstand

Nach den Offensiven der Roten Armee von 1943/44 stand sie bereits Ende Juli 1944 vor Warschau. Wird die Stadt rasch befreit? Diese bedeutende Frage quälte nicht nur die Deutschen, sondern auch die Polen. Bereits der so genannte Ghetto-Aufstand von April/Mai 1943 hatte das mit erbitterten Kämpfen deutlich gemacht: Der erste Aufstand vom 19. April bis 16. Mai 1943, ausgelöst durch den Abtransport der Juden aus Warschau, wurde durch die SS niedergeschlagen. Rund 50.000 jüdische Einwohner fanden dabei den Tod.

Im Konzentrationslager Krakau-Plaszów 1944: Frauen müssen Schwerstarbeit verrichten.
Foto: Bildarchiv Preussischer Kulturbesitz

Bei dem Versuch, der anrückenden Roten Armee bei der Befreiung Warschaus zuvorzukommen, löste die der Londoner Exilregierung unterstehende polnische Heimatarmee am 1. August 1944 den 2. Aufstand aus, der ihr gegen die schlecht vorbereitete deutsche Besatzung die weitgehende Kontrolle der Stadt sicherte. Wegen fehlender Unterstützung durch die Rote Armee mussten die polnischen Truppen am 2. Oktober 1944 kapitulieren.[3]

Pischel schreibt: »*Für die Ostbahndirektion, deren Verbleiben in Warschau aus eisenbahndienstlichen Gründen unbedingt erforderlich war, waren Vorbereitungen zu Schutz, Unterkunft und Verpflegung um so nötiger, als das in der Chalubinskiego gelegene Direktionsgebäude, das ehemalige polnische Verkehrsministerium, abseits der beiden gebildeten Blocks, des Regierungsblocks um den Sächsischen Platz und des Polizeiblocks entlang der Ujazdowska Aleja lag. Das Gebäude der Ostbahndirektion war durch Aufbau von Maschinengewehrständen, Anbringung von Stahlblenden an den Fenstern und den Bau von drei Bunkern vor dem Haus zu Verteidigungszwecken hergerichtet worden. Für den nötigen Munitionsbestand war gesorgt. Auch waren ausreichende Lebensmittelvorräte eingelagert worden. Da ein großer Teil der auf der Ostbahndirektion tätigen deutschen Eisenbahner bereits nach Tschenstochau und Koluszki verlegt war, war es möglich, das Personal der Warschauer Ostbahnämter in der Ostbahndirektion zusammenzuziehen. Alle Wohnungen in der Stadt wurden geräumt. Das für die Betriebsführung notwendige Personal der Dienststellen verblieb auf den Bahnhöfen, Bw und Güterabfertigungen. Der Aufstand der sogenannten AK (Armia Krajowa = Heimatarmee) unter General Bor Komorowski brach zwar allgemein erwartet, aber doch zeitlich völlig überraschend am 1.8.1944 um 17 Uhr los. In der Ostbahndirektion befanden sich 465 deutsche Eisenbahner, darunter 18 Frauen, und 51 Angehörige der Transportkommandantur. Zum Kampfkommandanten der Ostbahndirektion wurde vom Präsident Dr. Wiens der im Hause befindliche Major i.G. von Reden (Bevollmächtigter des Generals des Transportwesens Mitte) bestimmt, der zusammen mit Oberreichsbahnrat Becker [ab 1964 Abteilungspräsident BD Kassel; Anmerkung der Autoren] die Verteidigung leitete. In das Haus geflüchtete polnische Zivilpersonen [vmtl. polnische Personen, die mit den Deutschen sympathisierten und letztlich unter polnischer Herrschaft, im Falle eines angenommenen Sieges, (strafrechtlich) verfolgt werden würden; Anmerkung der*

3 Der Brockhaus, Mannheim 2000.

Autoren] wurden als Arbeitskräfte eingesetzt. Die Ostbahndirektion wurde aus den von der AK besetzten Nachbarhäusern (polnisches Krankenhaus, technische Hochschule) stark beschossen. Ein am 1.8. geführter Angriff mit Handgranaten über das Dach des polnischen Krankenhauses wurde abgewiesen. Am 3.8. konnte das Krankenhaus besetzt werden, und am gleichen Tage stellten Panzer erstmalig eine Verbindung mit der Ostbahndirektion her. Trotz ständiger Feuerüberfälle aus den umliegenden Häusern gelang es, die 18 Frauen nach dem Bahnhof Warschau West zu überführen und sie von dort aus Warschau herauszubringen. Am 19.8. wurde die in unmittelbarer Nähe des Direktionsgebäudes gelegene technische Hochschule von deutschen Kampfverbänden erobert.

Damit war eine Seite der Direktion feindfrei. Der eigentliche Direktionsapparat, ungefähr ein Viertel der Besatzung, konnte am 22.8. aus Warschau heraus verlegt werden. Der Hauptbahnhof Warschau war stark bedrängt, konnte aber von den dortigen Eisenbahnern und dem Bahnschutz gehalten werden. Die Strecke Warschau West –Hauptbahnhof war wegen Sprengung nicht befahrbar. Eine Verbindung mit dem Hauptbahnhof wurde aber von Osten her über die Weichsel aufrechterhalten. Erstaunlicherweise gelang es, trotz ständiger Beschießung des Bahnhofs Warschau West und schwerer Kämpfe um den Danziger Bahnhof, bei denen 22 Eisenbahner, darunter der Bahnhofsvorstand, fielen, einen Betrieb von Warschau West über den Danziger Bahnhof nach den östlich der Weichsel gelegenen Bahnhöfen Wilnaer Bahnhof und Warschau Ost während der ganzen Zeit des Aufstandes aufrechtzuerhalten. Östlich der Weichsel, insbesondere im Stadtteil Warschau-Praga, herrschte bis auf einige Tage Schießereien auf den Bahnhöfen Warschau Ost und Wilnaer Bahnhof. Die Bahnhöfe Marki, Rembertow, Zielonka und Praga konnten ständig bedient werden. Die Bahnhöfe östlich der Weichsel sowie das Ausbesserungswerk Warschau-Praga, das Oberbaustofflager Praga und das Brückenlager Marki wurden geräumt und vollständig leergefahren. Das gesamte Personal der Dienststellen östlich der Weichsel war schon vor Beginn des Aufstandes in Räumzügen untergebracht. Diese Züge waren in Warschau West abgestellt. Von dort wurden die Eisenbahner morgens über die Weichsel mit Personalzügen auf ihre Dienststellen gefahren und abends wieder zurückgezogen.«[4]

Auch die Fahrzeuge der Gedob brachten die Eisenbahner analog heraus, kein Wagen blieb zurück. Um den Betrieb im verbliebenden Westteil Warschaus noch zu regeln, bezogen am 5. August der Betriebsleiter und der Transportkommandeur ihren Sitz in einem Befehlszug nach Koluszki. Von dort verkehrte täglich ein Dienstzug nach Warschau West.

Inzwischen rückten die sowjetischen Truppen voran. Aus diesem Grund sprengten die Deutschen am 14. September alle Brücken über die Weichsel, um die Eroberung zu verlangsamen. Über die Weichsel geriet der Danziger Bahnhof vermehrt in Beschuss. Die dortigen Eisenbahner wurden abgezogen, der Bahnhof im Bedarf nur wie ein Anschlussgleis bedient.

In einem Bericht sind 19 tote Eisenbahner verzeichnet, die zuvor die Direktion verteidigten. Gegenüber der OBD begrub man sie im Kasinogarten. Insgesamt sollen 99 deutsche Eisenbahner gefallen sein, weitere 141 wurden verletzt. 41 Eisenbahner erhielten das Eiserne Kreuz. Über die toten polnischen Eisenbahner, über die polnische Bevölkerung überhaupt fehlt jede Notiz.

Pischel weiß, dass die Kämpfe bis zum 2. Oktober 1944 andauerten: »*Sie endeten mit einer ehrenvollen Kapitulation des Generals Bor. Die weitergehende Evakuierung Warschaus stellte die Ostbahndirektion unter schwierigste Verhältnissen vor neue Aufgaben. Das Durchgangslager Pruszkow und drei weitere Lager konnten die Flüchtlingsmassen nur durchschleusen […].*« Nach seinen vorliegenden Angaben seien »*von der Bevölkerung Warschaus insgesamt 330.000 Menschen mit ihrem geretteten Hab und Gut, 16.000 gefangene Aufständische sowie 45.000 Güterwagen mit Räumungsgütern abgefahren worden.*«[5] Wie viele deutsche Flüchtlinge aus dem »verlorenen Ostraum« westwärts flüchteten, kann nur geschätzt werden. Doch in der zuvor genannten Zahl befanden sich neben den 16.000 »Aufständischen« auch viele Tausende, wenn nicht sogar Hunderttausende der Bevölkerung aus Warschau und seinem jüdischen Ghetto. Aus Vergeltung vor dem Aufstand und aufgrund der vorrückenden Roten Armee räumte die SS die Stadt Warschau, brachte die Menschen in Konzentrations- und Vernichtungslager und brannte die Stadt vollständig nieder.

[4] Vgl. Pischel, Werner: Die Generaldirektion der Ostbahn in Krakau 1939–1945, S. 70ff.

[5] Vgl. Pischel, Werner: Die Generaldirektion der Ostbahn in Krakau 1939–1945, S. 73.

Die Flucht

Rasch die Ostbahn rüsten!

»Mit der Näherung der Front an unseren Bereich muß eine erhebliche Änderung in den Forderungen an die Ostbahn erwartet werden«, erklärte der zuständige Sachbearbeiter der Generaldirektion der Ostbahn in Krakau am 18. Januar 1944 gegenüber der Reichsbahn im RVM. *»Um die Ostbahn zu rüsten, ist es notwendig, vor allem den Lokomotivpark der neuen Lage, soweit es irgendwie geht, anzupassen in der Weise, daß Bw und OAW leistungsfähiger werden. Hierzu sollten Splittergattungen, die nicht freizügig verwendbar sind und die Betriebs- und Ausbesserungswerke belasten, Stellen im Reich gegeben werden, die diese Gattungen noch in großer Zahl haben und gut verwenden können. Französische Lok, die der Leistung und Bauart unseren Bedingungen nur wenig entsprechen, sollten zurückgegeben werden. [...] Dafür könnten der Ostbahn von den im Osten frei werdenden Lokomotiven solche der Baureihe 52, G 8 und G 8.1 gegeben werden. Eine derartige Bereinigung des Lokomotivparks würde die Leistungsfähigkeit und Schlagkraft der Ostbahn im Kriegseinsatz erheblich steigern.«*

Der Sachbearbeiter wusste, wovon er schrieb, denn zum Jahresende von 1943 ermittelte er folgende Übernahmen und Abgaben:

Von der RBD Dresden kamen fünf 52, von Königsberg drei 52, zehn 040 B, von Oppeln drei 52 sowie von den Direktionen Osten drei 52, Posen sieben 52 und acht Loko-

Sogar ihrer Zylinderblöcke hatte man 55 5842 beraubt, als der Fotograf den Vierkuppler in Neu Schweinau abgestellt fand. ***Foto: Ott, Slg. Gottwaldt***

Die »Leihlokomotive« 140 G 37 der Ostbahn war nach einigen Kriegstreffern »z-gestellt«. *Foto: Slg. Kubitzki*

motiven der Reihe 58. Die RBD Lemberg »entledigte« sich von insgesamt 35 einst polnischen Typen. Die RBD Warschau sandte 20 Exemplare der Reihe 55, eine 130 und 13 Lokomotiven der Reihe 140. Bis auf die wenigen Maschinen der BR 52 waren das nur wenig brauchbare Fahrzeuge für den Betriebsdienst. Hinzu kamen die neugebauten 52 5175 bis 5184 und 52 6234 bis 6253.

Demgegenüber stehen folgende Abgaben, von denen besonders die Heimführungen von fünf 52 in Richtung OBD Warschau sowie die 52 4770 bis 4789 und 52 5170 bis 5174 an die RBD Posen Probleme aufwarfen. Ferner waren jeweils zehn Maschinen der BR 56 und 57 sowie drei 54 und 55 an die RBD Lemberg abzugeben, und an andere Direktionen fünf 38, 12 Tr 20, 12 Lokomotiven der Reihe 140 und weitere drei 57, zwei 56 und eine Lokomotive der BR 55 zu senden.

Der Postbetrieb mit der Reichsbahn machte es möglich: Bereits am 21. Februar bearbeitete der Ministerialdirektor Bergmann der Deutschen Reichsbahn im RVM die »Verwaltung des Fahrzeugparks der Ostbahn; hier: Austausch von Lokomotiven« und stellte überzeugend fest, daß eine Notwendigkeit des Austausches nicht bestehe (siehe Wiedergabe des Dokuments auf S. 92).

Am 3. März 1944 schrieb der Mitarbeiter der Gedob in Krakau einen Vermerk:

»*1) Das RVM hat mit 34 Bla 253 vom 21. Februar 1944 unseren Antrag auf Austausch von Lokomotiven zur Gattungsbereinigung zum Teil abgelehnt. Die gegebenen Begründungen entsprechen nicht der Wirklichkeit […]. Alle Unterbauarten der Reihe 140, wie 140 A, B, C, D weichen mehr oder weniger von der Baureihe Tr 20 ab, haben keine genormten Teile, sind nur teilweise*

Selbst nahezu schrottreife Lokomotiven fuhren die Reichsbahnen aus den einst besetzten Gebieten weiter westwärts ab. Mit anderen »Ostraum-Lokomotiven« steht die 140 G 37 in Berlin-Lichtenberg. *Foto: Slg. Kubitzki*

verkleidet und somit kälteempfindlich und erfordern in der Erhaltung größere Kosten. Die Rückgabe dieser Lok an Frankreich oder den westlichen RBDen ist begründet.
Die Verwendung der französischen Leihlok 1 D auf weniger wichtigen Strecken kann infolge des hohen Achsdruckes dieser Lok nur bedingt stattfinden.
Die Gedob hat über die im Bezirk vorhandenen Lokgattungen eine bessere Übersicht als die einzelnen OBD'en, die schon früher grundsätzlich jede wirtschaftliche Gattungsbereinigung abgelehnt haben [...].
Auf Grund des RVM-Erlasses 34 Bla 202 vom 3. Februar 1943 wurden von uns 545 Lok im Zuge der Typenbereinigung zum Austausch bezw zur Ausmusterung vorgeschlagen. Das RVM hat mit 31 Fuv 255 vom 25. Mai 1943 aber nur der Ausmusterung von 65 Lok zugestimmt [...]. Vom RVM wird zur Zeit der Austausch der vorhandenen Splittergattungen österreichischer Bauarten geprüft.
Mit Anlieferung der Baureihe 42 kann in nächster Zeit gerechnet werden.
2) Wv 1.6.1944 (Austausch österreichischer Bauarten)«
Dazu sollte es nicht mehr kommen. Die Zeit, die zurückkehrende Front überholte die Gedanken des Sieges.

Den Bezirk auflockern

»Bei der Auflockerung unseres Bezirkes ist uns durch die Lokauffangstellen die Abfuhr folgender Lok nach dem Reich nicht gemeldet worden, so daß wir über den Verbleib derselben im St 10a keine Angaben machen können.« Der Begriff »Auflockerung« umschrieb den Rückzug und die damit verbundene Rückkehr der Lokomotiven, die vor der nahenden Front in Sicherheit gebracht wurden. Der Dezernent 21 der OBD Krakau, der am 29. August 1944 dieses Schreiben verfasste, bat *»alle RBD'en, GDW'en und OBD Warschau in Koluszki, Lokauffangstellen Oderberg, Hindenburg, Koluszki und Ostrowo sowie nachrichtlich GVD Osten in Bromberg«* bei dem allgemeinen Rückzug nach folgenden Maschinen zu suchen: Je eine 35, 37, Tp 15, je drei 38, 91 und 040 sowie je elf 52, 55, 56 und 14 Lokomotiven der BR 58.23.

Allein zwischen dem 20. Juli und 31. August 1944 rollten nach einem Schreiben der OBD Krakau vom 4. September 1944 folgende Schad- und Räumungslokomotiven »nach dem Reich ab« (nachfolgend geben wir die Gesamtübersicht anhand der Gattungen bzw. auch Baureihen-Unterscheidungen bei den Beutelokomotiven wieder):

DRB-BR	poln. BR	Anzahl
12.2	Pu 29	2
13.3	Pd 1	5
19.1	Pt 31	6
35.1	Ol 11	7
35.3	Ol 12	19
35.7	Ol 103	3
37.4	Oi 101	14
38.10	P 8	9
38.45	Ok 22	28
52	»Altreichlok«	69
53.72	Th 24	4
54.1	Ti 11	16
55.0	Tp 1	12
55.7	G 7.2	1
55.16	G 8	3
55.25	G 8.1; Tp 4	42 + 3 (nicht umgezeichnete)
55.57	Tp 15	16 + 2
55.61	Tp 108	6
56.2	G 8.1 u	2
56.31	Tr 11	8
56.39	Tr 21	58
57.2	Tw 12	5
57.4	Tw 12	2
58.23	Ty 23	127 + 1
58.29	Ty 37	13
75.12	Okl 27	6
89.81	Tkh 17	1
90.2	Tki 1	3 + 1
91.3	Tki 3	18
92.22	Tkp 11	1
95.3	Okz 32	5

Französische Leihlokomotiven	
040 B	18
040 G	8
130 A	1
130 B	16
140 B	3
140 D	4
140 G	11

ehemalige Breitspurlokomotiven		
55	G 7.1	6

Bereits nach Bromberg ausgewichen, sandte die GVD Osten am 7. September 1944 an alle Reichs- und Ostbahndirektionen ein Schreiben zur »Erfassung aller im Reich befindlichen DR-Ost-Schad- und DR-Ost-Beutelok.« Bis auf die OBD Krakau waren die OBD Lemberg in Laube-Umschlag bei Tetschen und die OBD Warschau im Befehlszug bei Koluszki bereits »ausgelagert«:

»Ein großer Teil der von den Heimat-Direktionen an den Osten verliehenen DR-Ostlok ist als Schadrückführlok ins Reich zurückgekehrt. Diese Lok sollen gemäß Bezugsverfg von den RBD'en neu erfaßt und im St 10 a nachgewiesen werden, in deren Bereich die Lok z Zt abgestellt sind. Da die bisherigen Heimatdirektionen dieser Lok im Reich den jetzigen Standort nicht kennen, übersenden wir als Anlage eine Zusammenstellung, getrennt nach Gattungen, über im Reich befindliche 2.861 DR-Ost-Schad- und Abstellok, die von jetzt an als ‚Schadrückführlok' bezeichnet werden [...]. Die Angabe der Heimat-RBD für die Lok stützt sich auf Meldungen der RVD'en, FEKdos und RAW'en in deren Bereich die Lok am 31.5.43 erfaßt wurden.

Die Zusammenstellung soll den RBD'en das Auffinden und gegenseitige Umbuchen der Lok erleichtern.

Außerdem enthält die Liste in das Reich abgefahrene 148 DR-Ost-Beutelok. Diese Lok wurden im Verlauf der militärischen Operationen im Osten erbeutet, sie besitzen noch keine Heimat-RBD im Reich und müssen jetzt als Schadrückführlok im St 10a der Standort-RBD aufgenommen werden.

Da bei der GVD Osten kein St 10a geführt wird, ist die Umbuchung der Schadrückführlok uns nicht mitzuteilen, sondern nur zwischen der bisherigen Heimat-RBD und der jetzigen Standort-RBD zu vereinbaren.«

Weiter schrieb der Sachbearbeiter Robrade: »*In der Anlage 2 sind 623 DR-Ostlok nachgewiesen, deren Verbleib bis jetzt nicht geklärt werden konnte. Es handelt sich hier um Lok, die zuletzt im Osten eingesetzt waren. Nach Angabe der aufgelösten RVD'en sollen diese Lok ins Reich abgerollt sein; sie sind aber von den Lokafa nicht erfaßt, auch von keiner OBD oder RBD als Zugang nach hier gemeldet worden. Da die nicht aufzufindenden Lok dem RVM als Totalverlust gemeldet werden müssen, bitten wir, die Anlage 2 sorgfältig und gewissenhaft zu prüfen und uns mitzuteilen, welche Lok im Reich gefunden wurden. Diese sind als Schadrückführlok zu behandeln.«*

Das betraf vom Oktober 1943 aus den Lokauffangstellen Pilawa, Koluszki, Tluszcz

- 13 Lok der BR 38 (P 8),
- vier der BR 55 (G 7.1),
- vier der BR 55 (G 7.2),
- zwölf der BR 55 (G 8) aus den Lokafa Koluszki, Deblin, Pruszkow und Lemberg,
- 53 der BR 55 (G 8.1) aus Koluszki, Pilawa, Stendal, Deblin, Lemberg, Kassel, Hof, Schwerte, Gotenhafen, Wardin,
- neun der BR 56 (G 8.1u) aus den Lokafa Koluszki, Tarnow und Lemberg,
- 25 der BR 57 (G 10) aus Pilawa, Lemberg, Stryj, Wardin, Koluszki, Bütow,
- zehn der BR 52 aus Tarnow, Krakau,
- sechs der BR 56 (G 8.2) aus Pilawa, Wardin,
- fünf der BR 91 (T 9.3) aus Pilawa, Koluszki,
- drei der BR 92 (T 13) aus Pilawa, Koluszki
- sowie 47 Beutelokomotiven polnischer Herkunft (u.a. Pd 2, Pd 4, Pd 5, Oi 1, Tp 1, Tp 2, Tp 4, Ti 2) aus Lemberg, Tarnow, Neu Sandez, Warschau, Stanislau.

Als am 7. Dezember 1944 wieder einmal der Tag des Eisenbahners bei der Deutschen Reichsbahn unter der Überschrift »Wir fahren dennoch« begangen wurde, stand die zurückweichende Front unmittelbar vor den Städten Krakau und Warschau. Auch an diesem Tag versandte die Reichsbahn im RVM an die Reichs- und Ostbahndirektionen, diese teilweise schon in anderen Orten oder in Befehlszügen untergebracht, ein Schreiben zur »Lokzählung« und »Klärung der Zweifelsfälle«. Aus einer aus 18 Seiten bestehenden Auflistung gingen zahlreiche Zweifelsfälle hervor. Diese unterschieden sich nach:

»a) Lok mit doppelter Betriebsnummer,
b) Lok mit zweifelhafter Betriebsnummer,
c) Lok ohne Betriebsnummer,
d) Lok, die bestandsmäßig geführt werden, aber von keiner Stelle gezählt worden sind;
e) Lok, die vorhanden sein müssen, aber weder bestandsmäßig geführt werden noch gezählt worden sind,
f) Lok, die von einer RBD bestandsmäßig geführt und gesucht werden, aber von einer anderen RBD gezählt worden sind,
g) bei den RBD'en vorhandene und gezählte Lok, deren Heimat-RBD unbekannt ist. (Hinter der Betriebs-Nr sind die RBD'en angegeben, bei denen die Lok abgestellt sind).

Wir ersuchen, die Zweifelsfälle eingehend nachzuprüfen und die Aufklärung über den Verbleib der Lok mit allen Mitteln zu betreiben.«

Letztlich sollten sich die Direktionen mit den übrigen »Zweifelsfällen« selbst über den Austausch bei »aufgefundenen« Maschinen einigen.

geführt von RBD/BR	13	33	35	36	37	38	50	52	54	55	56	57	58	74	75	89	91	92	93
Krakau	1		3		1	3		3		20	12	6	11		2			1	
Lemberg			2					28		12	7	5	1						
Warschau	2	3	1	3		9		49	3	17	52		29	2	2		6		

Einen kleinen Überblick vermittelt der Auszug aus der Liste, die als Anlage zum Schreiben 34 Bla 288 vom 7.12.44 beigefügt wurde. In der Tabelle oben geben wir einen Überblick über die nicht erfassten Lokomotiven, aufgeschlüsselt nach Baureihen und Heimat-RBD wieder.

Im gleichen Monat Januar fertigte die RBD Regensburg wiederum ihren Jahresnachweis über ihre Lokomotiven, Berichtsstand 1944, an. Auffallend waren größere Anzahlen von Übernahmen aus verschiedenen Reichsbahndirektionen sowie von den OBD Krakau, OBD Lemberg, OBD Warschau. Während sich bei den RBD die Übernahmen noch jeweils zwischen zehn und zwanzig Lokomotiven bewegten, sind die gewaltigen Übernahmen von den OBD ein Zeichen der näher rückenden Front.

Von der RBD Oppeln übernommen: vier Lokomotiven der BR 19, zwei der BR 38 (P 8), 41 der BR 52, drei der BR 56 sowie je eine 57 und 91.

Von OBD Krakau übernommen: zwei der BR 35, eine der BR 37, 20 der BR 52, drei der BR 54, elf der BR 55, fünf der BR 56, elf der BR 58 (Ty 23), sechs der BR 91 sowie die 95 318 und vier französische 040-B.

Von OBD Warschau übernommen: eine Lokomotive der BR 13, vier der BR 38 (P 8), drei der BR 52, zwölf der BR 55, acht der BR 56, 15 der BR 58 (Ty 23), zwei der BR 75, neun der BR 91 sowie je drei französische Vertreter der Reihen 130 und 140.

An OBD Krakau und Warschau wurden nach der Liste keine Lokomotiven (mehr) übergeben.

Unter dem Abschnitt »Lok, die bestandsmäßig geführt werden, aber von keiner Stelle gezählt worden sind« ersuchte das RVM alle Direktionen am 7. Dezember 1944, Zweifelsfälle bei der Lokzählung zu klären:

»Wir ersuchen, die Zweifelsfälle eingehend nachzuprüfen und die Aufklärung über den Verbleib dieser Lok mit allen Mitteln zu betreiben. Dabei ist wie folgt vorzugehen: Nachprüfung, ob die angegebenen Betriebsnummern richtig sind. Angabe von Fabriknummern der Lok und des Kessels und Mitteilung, ob sich daraus die Betriebsnummer feststellen läßt. Nachprüfung, ob die Lok im Bezirk vorhanden sind. In diesem Falle ist mit der angegebenen Heimat-RBD die Übernahme zu vereinbaren […].«

Folgende Lokomotiven wurden von der OBD Krakau geführt:

13	333
35	364, 370, 387
37	403
38	1180, 4554, 4597
52	538, 612, 7396
54	140, 418
55	055, 061, 097, 108, 178, 232, 3124, 3186, 4485, 2930, 5832, 5837, 5838, 5842, 5845, 5854, 5855, 6133
56	336, 3904, 3931, 3934, 3935, 3941, 3944, 3951, 3981, 3993, 3997, 4003
57	323, 476, 1795, 2344, 2571, 3011
58	2336, 2340, 2349, 2400, 2441, 2443, 2490, 2555, 2611, 2655, 2685
75	1285, 1287
92	2202

OBD Lemberg:

52	271, 412, 2207, 2247, 2383, 2563, 2564, 2589, 3417, 3575, 5147, 5188, 5189, 5275, 5287, 5412, 5454, 5634, 5637, 5886, 6001, 6320, 6321, 7123, 7244, 7245, 7248, 7254
55	262, 1790, 2230, 2733, 2790, 2791, 2904, 3040, 3047, 3206, 3398, 3424
56	672, 734, 799, 843, 3363, 3391, 3392
57	328, 352, 368, 481, 484
58	2438
35	350, 360

OBD Warschau:

13	505, 522
33	204, 205, 214
35	119
36	476, 484, 505
38	1051, 1637, 3900
38	4506, 4509, 4512, 4577, 4599, 4605
52	017, 026, 176, 199, 203, 211, 228, 258, 267, 276, 443, 1138, 1232, 1311, 1313, 1477, 2112, 2115, 2215, 2240, 2263, 2264, 2346, 2372, 2402, 2764, 2772, 5325, 5331, 5432, 5661, 5672, 5894, 5902, 5987, 6023, 6059, 6125, 6152, 6226, 6232, 6273, 6275, 6293, 6318, 7257, 7258, 7262, 7337, 7601

OBD Warschau:	
54	153, 154, 1219
55	080, 265, 734, 757, 835, 884, 2544, 2606*, 2809, 3004, 3291, 3669, 3676, 3677, 5369, 5403
56	3701, 3706, 3708, 3715–3718, 3723, 3727–3729, 3733, 3737, 3741, 3744–3747, 3749, 3751, 3753–3755, 3759, 3760, 3763–3766, 3768–3770, 3774, 3776, 3777, 3779–3781, 3785, 3791, 3792, 3795, 3800, 3805, 3806, 3809, 3813, 3816, 3817, 3823, 3833, 3834
58	2308, 2317, 2319, 2335, 2341, 2350, 2377, 2381, 2395, 2406, 2414, 2432, 2449, 2478, 2480, 2498, 2514, 2559, 2587, 2621, 2627, 2628, 2666, 2673, 2695, 2703, 2705, 2710, 2742
74	113, 182
75	589, 1307
91	439, 509, 515, 572, 765, 951

* in der Liste fälschlich als 55 2506 geführt

Die nächsten Aufstellungen in der erwähnten Liste vom 7. Dezember 1944 umfassen die Baureihen 50 und 52, *»die vorhanden sein müssen, von keiner RBD gezählt sind oder gesucht werden.«* Viele dieser Lokomotiven, wie auch von den zuvor erwähnten, fanden sich später bei den DR in Ost und West, bei den JZ, CSD, ÖBB oder BDZ wieder. Auf der Seite 15 heißt es weiter: *»Lok, die von einer RBD bestandsmäßig geführt und gesucht werden, aber von einer anderen RBD gezählt worden sind.«* Diese Erfassung beginnt gleich mit einem Widerspruch (Auszug):

Lok-Nr.	sucht OBD/RBD	von RBD/OBD gezählt
55 301	Warschau	Warschau
55 487	Essen	Krakau
55 1745	Wuppertal	Warschau
55 1881	Lemberg	Regensburg
55 3247	Lemberg	Halle
55 5843	Krakau	Stettin
55 6120	Krakau	Stettin
56 824	Lemberg	Oppeln
56 3343	Krakau	Krakau
57 341	Krakau	Oppeln
57 2432	Warschau	Dresden
57 2771	Lemberg	Danzig
52 358	Königsberg	Warschau
52 6327	Posen	Warschau
52 4765	Lemberg	Halle
52 280	Warschau	Oppeln
52 336	Warschau	Posen
52 414	Warschau	Oppeln
52 1239	Warschau	Linz
52 1242	Warschau	Oppeln
52 2529	Warschau	Regensburg
52 2538	Warschau	Oppeln
52 2572	Warschau	Regensburg
52 7237	Warschau	Oppeln

Letztlich ist das Verzeichnis jener Lokomotiven wiedergegeben, die zwar gezählt wurden, aber deren Heimat-RBD unbekannt war. Im Bezirk der OBD Warschau waren abgestellt:

55	042, 105,274, 287,497, 534, 734, 775, 822, 835, 854, 2501, 5695
91	438

In den beiden anderen Ostbahndirektionen befanden sich zum Zeitpunkt dieser Zählung keine »Suchlokomotiven«.

Schnellstens westwärts!

Dem technischen Reichsbahninspektor (tRI) Rolle, im Februar 1945 in der RBD Halle zuhause, ist ein *»Bericht über den Verbleib der beim Bw Neu-Bentschen aufgefangenen Lok der RBD Posen und Lok anderer Direktionen«* zu verdanken. Allein die Zeilen der Empfänger bestätigen die Flucht, da die Direktionen »neue Anschriften« hatten: *»An MA des RVM Ref 34 Apr. Monschau in Fischerhütte, Dez 21 der RBD Posen ORR Wentscher z.Zt. RBD Stettin, tRI Götz z.Zt. Oberlokleitung RBD Stettin, nachr. Abwicklungsstelle der OBD Warschau (tRI Bremeyer) in Laube-Umschlag.«*

Mit zwei weiteren Reichsbahnern kam Rolle dem Auftrag des Dezernenten 21 der RBD Posen nach, zum 22. Januar 1945 eine Lokomotiv- und Personalauffangstelle einzurichten. Zwischen dem 22. und 28. Januar wurden insgesamt 242 Lokomotiven gesammelt und gemäß der Weisung der RBD Osten »in Richtung Westen« weitergeleitet. 17 Maschinen aus dem Bezirk der OBD Warschau zählten auch dazu.

Im Bezirk der RBD Hamburg strandeten zur selben Zeit 19 Lokomotiven aus dem Bezirk der OBD Warschau[1], vorrangig Maschinen der BR 58, weitere 46 aus der OBD Krakau, zumeist BR 52 und 58, und vier aus der OBD Lemberg.

[1] Verbleib der Lokomotiven aus der OBD Warschau, siehe auch Anhang ab S. 133.

Die Güterzuglok 56 3960, eine ehemalige Tr 21 der PKP, hatte es 1948 als sowjetische Beutelok ins österreichische Amstetten verschlagen.
Foto: Slg. Töpelmann, Archiv transpress

Zwei Monate zuvor, am 30. November 1944, waren die OBD bereits in »Auflösung« (siehe auch ab S. 92). Im Befehlszug in Koluszki beschäftigte sich zu dieser Zeit der Maschinenbeamte Prasch aus der verlegten OBD Warschau mit der Ausmusterung einer einzigen Lokomotive: der Beutelok Tw 1-89. Ordnung musste sein – und die Lokomotive durfte nicht dem Feind in die Hände fallen! An die Gedob, Dezernate 22/23 in Krakau, hieß es in einem Schreiben: *»Die Ostrückführlok Tw 1-89 (inzwischen umgezeichnet auf 57 2799) ist dem Bw Warschau West am 20.2.44 vom Bw Brest in nicht betriebsfähigem Zustand überwiesen worden und rechnet seitdem zum dortigen Lokbestand. Nach dem Bericht [...] fehlten derzeit an der Lok: Tender, Deckel vom Dampfdom, sämtliche Stangen mit Ausnahme einer Treib- und Kuppelstange, alle Gewerkteile, beide Dampfkolben sowie l. v. Zylinderdeckel, linke Schieber und beide v. Schieberdeckel, sämtliche Armaturen, Bremsgestänge sowie Bremskolben.«*

Die Vormeldung vom 17. April und Anruf, wann die Lok dem RAW zugeführt werden könnte, blieben unbeantwortet. Ein Schild an der Lokomotive mit der Aufschrift »Vom EAW Baronowitsche nach RAW Königsberg« hegte den Verdacht, dass der Tender mit den verlustigen Teilen dem RAW bereits zuging. Das war jedoch nicht der Fall. Nach weiteren Telefonaten rollte die Tw 1-89 am 15. Juli 1944 in Richtung Königsberg ab. Am 30. August kam sie dort endlich an. *»Nach den in dem Ausmusterungsantrag dieser Lok aufgeführten Schäden ist inzwischen durch Feindeinwirkung eine noch schwerere Beschädigung eingetreten. Da es sich im vorliegenden Falle um eine Beutelok handelt, die uns in nicht betriebsfähigem Zustand zugewiesen worden ist, bitten wir unter Bezugnahme auf die Verf. Gedob Krakau 21 M 3 [...] den beigefügten Ausmusterungsantrag zu genehmigen.«*

Gerteis selbst unterschrieb im Dezember 1944 das Schreiben an die ausgelagerte Deutsche Reichsbahn im RVM in Berlin-Fischerhütte, dass das RVM über die Ausmusterung zu entscheiden hätte: *»Die Lokomotive gehört nicht zum Eigentumsbestand der Ostbahn«.*

An die ausgelagerte OBD Lemberg, ebenfalls im Befehlszug unterwegs, schrieb am 25. April 1944 der Werkdirektor von Neu-Sandez den Ausmusterungsantrag zur Ty 23-

148: »*Die Lok wurde uns als Beutelok zugeführt. Der Tender fehlt. Die Lok ist durch Unfall und Feindeinwirkung so schwer beschädigt, daß ihre Wiederherstellung mit ungewöhnlichen Kosten und Löhnen, sowie Stoffen und Ersatzstücken verbunden wäre [...].*«

Kürzer war der Antrag vom OAW Warschau-Praga vom 29. Juni 1944 zur Ty 23-48: »*Die Lok wird zur Heizlok umgebaut und ist daher auszumustern.*«

Direktion geräumt

Nach den Siegen in den bekannten Kesselschlachten um Stalingrad und Woronesh zu Beginn des Jahres 1943 folgt bald der Rückzug der Heeresgruppe Mitte. Doch Stellungskrieg und deutsche Gegenoffensiven verlängern den Krieg. Die Rote Armee rückt vorwärts. Das Jahr endet mit der Offensive der Belorussischen sowie der 1. und 2. Baltischen Front. Den Kanonendonner muss man offenbar auch im Generalgouvernement gehört haben, denn Pischel schreibt[2]: »*Schon auf Grund der Winterschlachten 1943/44 standen die sowjetischen Armeen an der Grenze des Generalgouvernements und teilweise im Generalgouvernement. Die Front verlief Mitte April 1944 hinter der Linie Kolomea–Tarnopol–Brody, also Städten im Bezirk der Ostbahndirektion Lemberg. Im Juli 1944 begann die sowjetische Sommeroffensive. In den Kämpfen vom 14. bis 17.7.1944 konnten die sowjetischen Angriffe aus den Räumen Kolomea und Tarnopol zunächst abgewiesen werden. Die Angriffe der folgenden Tage erreichten aber am 23.7.1944 den Ostrand von Lemberg. Nach schweren Kämpfen ging am 27.7.1944 der Stadtkern von Lemberg verloren. Am 28.7.1944 wurde Lemberg geräumt. Die Ostbahndirektion Lemberg war bereits am 30.3.1944 nach Krakau verlegt worden. Sie bezog Unterkunft in einem Befehlszug. Die Büros waren in Baracken untergebracht, die die Gedob zur Verfügung gestellt hatte. In Lemberg waren nur der Präsident und die Dezernenten 7, 21, 30 und 34 (Wagendienst, Betriebsmaschinendienst, Betriebsleitung, Güterzugfahrplan) mit wenigen Sachbearbeitern aus den dazugehörigen Büros verblieben. Die in Stanislau und Tarnopol befindlichen Ostbahnämter wurden aufgelöst. Ungefähr am 20.7.1944 gingen der Präsident und die Dezernenten 7, 21 und 30 gleichfalls nach Krakau. Die Ostbahnämter in Lemberg setzten sich gleichfalls am 20.7.1944 auf Anordnung des Präsidenten nach Sambor ab. Diese Anordnung erfolgte im Benehmen mit dem General des Transportwesens der Heeresgruppe Nordukraine, später Heeresgruppe Süd genannt, der seinen Sitz am gleichen Tage von Lemberg nach Reszow verlegte. In Lemberg verblieben nur noch der Dezernent 34 [i. e. Völker, später Präsident BD Hannover; Anmerkung der Autoren], ein Beamter der Oberzugleitung und zwei Beamte der Zugleitung Lemberg. Diese verließen Lemberg ungefähr am 25.7.1944 westwärts Richtung Sambor, gingen dann aber wieder ostwärts nach Stryj. Das Ziel der Sowjets war, zum San und zur Weichsel durchzustoßen und die bei Lemberg stehende 1. (deutsche) Panzerarmee gegen die Karpaten zu werfen. Die Lage dieser Armee wurde dadurch erschwert, daß sie die Front Stanislau–Lemberg möglichst lange halten sollte, während die Sowjets im raschen Vorgehen auf den San waren. Ende Juli 1944 standen sie vor Przemysl, bei Jaroslau und westlich Tarnograd am San. Erst am 27.7.1944 setzte sich die Mitte der 1. Panzerarmee von Lemberg auf Sambor ab. Aber der Südflügel war bis Stryj vorgestaffelt, um die Übergänge über die Karpaten und damit nach Ungarn zu schützen. Am 8.8.1944 fiel das Erdölgebiet von Drohobycz in sowjetische Hände. Dagegen blieben die Nordhänge der Karpaten in der Gegend südlich Stryj bis Jaslo in deutscher Hand. In diesem Bezirk, der die westlichen Strecken des Ostbahnbetriebsamtes Stryj umfaßte, wurde von der oben erwähnten und nach Stryj gegangenen Gruppe der Ostbahner zusammen mit dem Betriebsamt Stryj ein Inselbetrieb eingerichtet. Dieser Inselbetrieb war nach Norden und Westen abgeriegelt und nur von Ungarn über diese Eisenbahnstrecke Munkacz–Stryj erreichbar. Die Ungarischen Staatseisenbahnen haben auf Grund von Verhandlungen mit der Betriebsdirektion Misholc Lokomotivhilfe für Wehrmachtstransporte und für das Zurückführen von Lazarettzügen gestellt. Im September 1944 mußte die deutsche Front im Raum Stryj zurückgenommen werden. Der Inselbetrieb kam zum Erliegen. Die letzten Ostbahner der Ostbahndirektion Lemberg setzten sich über Ungarn und über die Slowakei nach Krakau ab. Die Ostbahndirektion Lemberg ging mit ihrem Befehlszug nach Laube (Umschlag) bei Tetschen (Sudetenland) [heute Decin in der Tschechischen Republik; Anmerkung der Autoren]. Das Personal wurde zu den Heimatdirektionen entlassen. Durch Verfügung des Reichsverkehrsministeriums Mineis 2 Ogd wurde die Ostbahndirektion zum 31.10.1944 aufgelöst und ihre Abwicklungsstelle durch Verfügung des Präsiden-*

[2] Vgl. Pischel, Werner: Die Generaldirektion der Ostbahn in Krakau 1939–1945. Ein Beitrag zur Geschichte der deutschen Eisenbahnen im zweiten Weltkrieg. Archiv für Eisenbahnwesen, Berlin, Göttingen, Heidelberg 1964, S. 73 ff.

ten mit Ablauf des 4.11.1944 aufgelöst. Noch kleinere Restarbeiten wurden von dem Befehlszug der Gedob in Gogolin (Oberschlesien) übernommen.

Das Halten der San-Weichsel-Linie erwies sich als nicht möglich. Schon am 3.8.1944 standen die Sowjets westlich des San in Reszow. Die Offensive der Sowjets hatte die mittlere Weichsel und Warschau zum Ziel. Nach Erzwingung des Bugs im Raum Cholm fiel am 24.7.1944 Lublin. Ende Juli standen die sowjetischen Armeen vor Warschau und hatten im Nachstoßen hinter der 4. (deutschen) Panzerarmee auf dem linken Ufer der Weichsel zwei Brückenköpfe gebildet, den einen unmittelbar südlich der Pilica-

Im März 1945 entstand an unbekanntem Ort dieses Foto der schwerbeschädigt abgestellten 58 2455 (ex Ty 23-240).
Foto: Kronawitter; Slg. Töpelmann, Archiv transpress

75 1230 (ex Okl 27-34) gab die Ostbahn am 31. Oktober 1944 an die RBD Posen ab.
Foto: Maey; Slg. Töpelmann, Archiv transpress

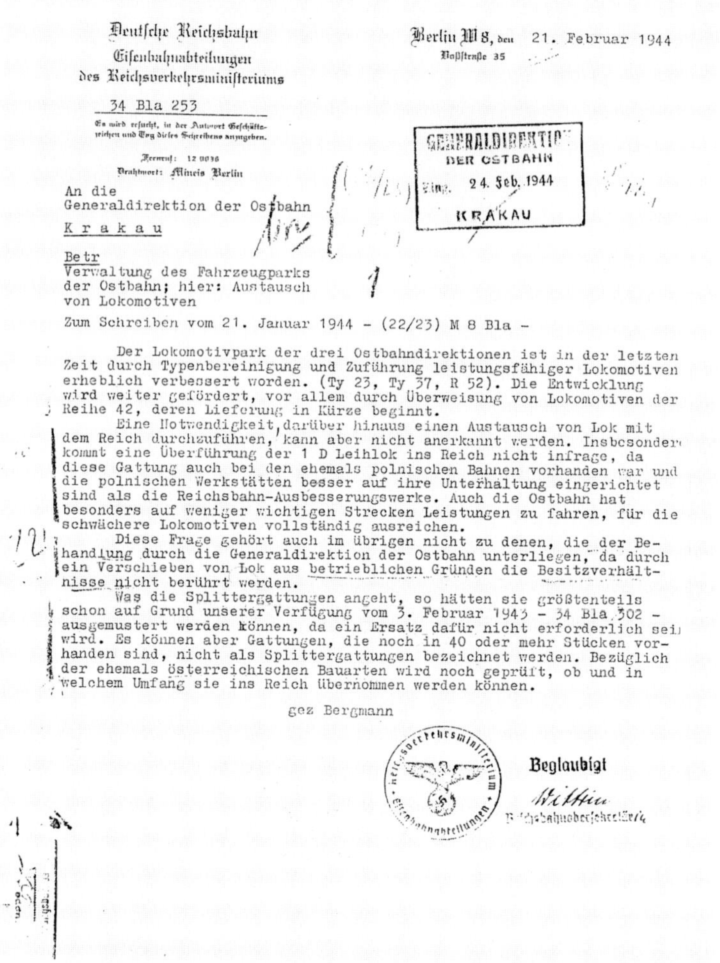

Deutsche Reichsbahn
Eisenbahnabteilungen
des Reichsverkehrsministeriums

34 Bla 253

Es wird ersucht, in der Antwort Geschäftszeichen und Tag dieses Schreibens anzugeben.

Fernruf: 12 0036
Drahtwort: Mineis Berlin

Berlin W 8, den 21. Februar 1944
Voßstraße 35

GENERALDIREKTION DER OSTBAHN
Eing. 24. Feb. 1944
KRAKAU

An die
Generaldirektion der Ostbahn
K r a k a u

Betr
Verwaltung des Fahrzeugparks der Ostbahn; hier: Austausch von Lokomotiven

Zum Schreiben vom 21. Januar 1944 – (22/23) M 8 Bla –

Der Lokomotivpark der drei Ostbahndirektionen ist in der letzten Zeit durch Typenbereinigung und Zuführung leistungsfähiger Lokomotiven erheblich verbessert worden. (Ty 23, Ty 37, R 52). Die Entwicklung wird weiter gefördert, vor allem durch Überweisung von Lokomotiven der Reihe 42, deren Lieferung in Kürze beginnt.

Eine Notwendigkeit, darüber hinaus einen Austausch von Lok mit dem Reich durchzuführen, kann aber nicht anerkannt werden. Insbesondere kommt eine Überführung der 1 D Leihlok ins Reich nicht infrage, da diese Gattung auch bei den ehemals polnischen Bahnen vorhanden war und die polnischen Werkstätten besser auf ihre Unterhaltung eingerichtet sind als die Reichsbahn-Ausbesserungswerke. Auch die Ostbahn hat besonders auf weniger wichtigen Strecken Leistungen zu fahren, für die schwächere Lokomotiven vollständig ausreichen.

Diese Frage gehört auch im übrigen nicht zu denen, die der Behandlung durch die Generaldirektion der Ostbahn unterliegen, da durch ein Verschieben von Lok aus betrieblichen Gründen die Besitzverhältnisse nicht berührt werden.

Was die Splittergattungen angeht, so hätten sie größtenteils schon auf Grund unserer Verfügung vom 3. Februar 1943 – 34 Bla 302 – ausgemustert werden können, da ein Ersatz dafür nicht erforderlich sein wird. Es können aber Gattungen, die noch in 40 oder mehr Stücken vorhanden sind, nicht als Splittergattungen bezeichnet werden. Bezüglich der ehemals österreichischen Bauarten wird noch geprüft, ob und in welchem Umfang sie ins Reich übernommen werden können.

gez Bergmann

Beglaubigt

Mit diesem Schreiben lehnte das Reichsverkehrsministerium eine weitere Typenbereinigung ab (vgl. S. 84). *Foto: Slg. Kubitzki*

Mündung in die Weichsel bei Magnuszew und den anderen 80 km südlich bei Pulawy. Die Ostbahndirektion Warschau hatte in einer Woche, vom 19. bis 26.7.1944, die Hälfte ihres Bereiches vom Bug bis zur Weichsel verloren. Im Süden des Generalgouvernements bestand der große Brückenkopf der Sowjets beiderseits Baranow in der Nähe der Mündung des San in die Weichsel. Die Ostbahndirektion Warschau hatte für die reinen Verwaltungsabteilungen schon rechtzeitig in Tschenstochau eine Ausweichstelle eingerichtet und in Koluszki einen Befehlszug stationiert. Am 23.7.1944 erging für Warschau der allgemeine Räumungsbefehl, in dessen Befolgung die für die Betriebsführung (Betrieb, Maschinendienst, Wagendienst) nicht unmittelbar benötigten Kräfte zu den beiden genannten Stellen übersiedelten. Die durch den Streckenverlust oder sonst überzählig gewordenen Bediensteten wurden zu ihren Heimatdienststellen beordert. Die Ostbahndirektion Krakau hatte durch das Vordringen der Sowjets gleichfalls einen großen Teil ihres Bezirks verloren. Das Nebeneinanderbestehen von Gedob und Ostbahndirektion, die beide ihren Sitz in Krakau hatten, war eine nicht zu rechtfertigende Überorganisation. Mit Wirkung vom 24.10.1944 wurde daher die Ostbahndirektion Krakau aufgelöst und ihre Aufgaben von der Gedob übernommen. Der Präsident der Ostbahndirektion Krakau verließ Krakau am 3.11.1944. Ende Oktober 1944 bestanden daher im Generalgouvernement nur noch die Gedob und die Ostbahndirektion Warschau, die teils in Tschenstochau, teils in Koluszki saß. Die für das Generalgouvernement entscheidende Offensive der Sowjets begann am 12.1.1945 aus dem Brückenkopf bei Baranow, der am 13.1.1945 Stöße aus den beiden anderen Brückenköpfen Magnuszew und Pulawy und nördlich von Warschau folgten. Der mit ungeheurer Übermacht erfolgte Angriff führte zum völligen Zusammenbruch der deutschen Front. Bereits am 13.1.1945 war die Strecke Tunel–Kielce unterbrochen. Der Nordteil des vormals der Ostbahndirektion Krakau, jetzt der Gedob zugehörigen Bezirks mit den Strecken Kielce–Skarzysko Kamiena und Tomaszow–Skarzysko–Ostrowiec war für die Gedob nicht mehr erreichbar, so daß am 14.1.1945 die Ostbahndirektion Warschau für die Gedob die Betriebsführung auf den abgetrennten Strecken übernahm. In der Nacht vom 17. zum 18.1.1945 wurde Warschau geräumt. Schon am 16.1.1945 waren sowjetische Panzer bei Tschenstochau. Die in Tschenstochau stehenden Befehlszüge der Ostbahndirektion Warschau verließen befehlsmäßig Tschenstochau nachmittags und in der Nacht vom 16. zum 17.1.1945 und gelangten über Lodz nach Berent (Westpreußen). Für den Süden des Generalgouvernements meldete der Wehrmachtsbericht vom 17.1.1945, daß feindliche Panzerverbände bis in den Raum nordöstlich Krakau vorgedrungen seien. Am 19.1.1945 gab der Wehrmachtsbericht bekannt, dass ‚in den Straßen von Krakau erbittert gekämpft werde', und am 20.1.1945, daß Krakau ‚nach schwersten Kämpfen' von den Sowjets genommen sei.«

Gab es überhaupt den Krieg, wurde etwas zerstört? Diese Frage ist keineswegs sarkastisch, denn liest man bei Pischel weiter, bezweifelt er die Nachrichten. *»Die Angaben des Wehrmachtsberichtes dürfen auf nicht zutreffenden Meldungen beruhen. Schon kurz nach Beendigung* *des Krieges wurde Krakau völlig unversehrt vorgefunden.«* Was hat Pischel gesehen? Wohl kaum die großen Zerstörungen in Polen.

Die fortschreitende Offensive der Roten Armee brachte nicht nur den Verlust des Lemberger Bezirkes. Aus der Betriebsleitung Osten beim Chef des Transportwesens wurde die Zweigstelle Osten des RVM und schließlich die Generalverkehrsdirektion (GVD) Osten in Warschau. Diese sollte u.a. den Rückzug mit der Eisenbahn regeln. Die OBD Krakau und Warschau unterstellte man im Juli 1944 teilweise der GVD Osten. Andauernde Betriebsschwierigkeiten im Transport führten zur Beschwerde des Feldmarschalls Model. Frank wiegelte ab, die Betriebs- und Verkehrsleitung sei Sache der GVD Osten, also auch des RVM. Am 14. Juli erklärte Ganzenmüller gegenüber Frank den Befehl, dass der gesamte Ostraum transporttechnisch von einer Stelle geleitet werden müsse. Die GVD erhielt mit Zustimmung von Frank und Gerteis Weisungsrecht über die Gedob.

Bereits am 26. Juli 1944 hatte nach einer Sitzung der Regierung des Generalgouvernements der Präsident der Gedob angeordnet, dass Frauen und Kinder der Ostbahner sofort das Generalgouvernement zu verlassen hätten. Die für eine Betriebsführung nicht erforderlichen höheren Beamten wurden mit den zugehörigen Büros mit Befehlszügen nach Gogolin (Oberschlesien) umgesetzt. In der gleichen Sitzung der Regierung des Generalgouvernements hatte Präsident Gerteis erklärt, dass es unmöglich sei »*die Fülle der in den westlichen Teilen des Generalgouvernements lagernden kriegsmäßigen Materials kurzfristig zu räumen*« und »*daß das polnische Personal in steigendem Maße seinen Dienst verlasse*«. Die entstandenen Lücken wurden mit deutschem Personal, das aus dem Osten gekommen war, geschlossen. »*Schlagartig setzte eine Räumung in großem Umfange ein. In Krakau hatte der Präsident der Gedob unmittelbar nach Einsetzen der sowjetischen Januar-Offensive die noch in Krakau verbliebenen und in der Stadt wohnenden Angehörigen der Gedob im Gebäude der Gedob zusammengezogen. In den Arbeitszimmern wurden Feldbetten aufgestellt. Verpflegung erfolgte in dem der Gedob benachbarten Kasino in der Filipa. Mit Fernspruch Nr. 117 Pr (1) A 1 Ogd vom 16.1.1945 an Mineis, Mineis L beim Transportchef OBD Warschau in Koluszki u.a. gab der Präsident der Gedob bekannt: ‚Gedob Krakau wird am 15. mit der ersten Staffel und am 16.1. mit der zweiten Staffel von Krakau nach Oppeln verlegt. In Krakau verbleiben zunächst noch Pr, Dez. 7, 7H, 21, 30, 42A. Erbitte Gesamtschriftwechsel (ausgenommen Fernschreiben für Pr. Betrieb, Betriebsmaschinendienst und Wagendienst) an Gedob in Oppeln zu richten.' Am Mittwoch, den 17.1.1945 um 14 Uhr verließ der Generalgouverneur Frank die Stadt. In der Nacht vom 17. zum 18.1.1945 hatte die Transportkommandantur Krakau verlassen. Am Morgen des 18.1.1945 versammelten sich die Angehörigen der Gedob zum letzten Male bei ihrem Präsidenten und erhielten von ihm die Marschbefehle zum sofortigen Verlassen von Krakau mit dem Ziel Oppeln. Ein gemeinsames Verlassen mit Befehlszug in Richtung Trzebina–Oberschlesien war nicht mehr möglich, da die Strecke schon unterbrochen war.*

Der Verfasser verließ Krakau vom Verschiebebahnhof Krakow-Plaszow mit einem der bis zur letzten Minute abgefertigten Räumungszüge in Richtung Skawina-Spytkowitz–Oberschlesien. Nach einem Aufenthalt von wenigen Tagen in Oppeln brachte ein Befehlszug die Angehörigen der Gedob von Oppeln über Neiße–Liebau–Reichenberg (Sudetenland) nach Laube (Umschlag) bei Tetschen. Ein Fernspruch von Mineis 2 Ogd Nr. 665 vom 23.1.1945 ordnete an: ‚Gedob Krakau und OBD Warschau aufgelöst. Abwicklungsstelle Gedob in Liebau (Schlesien), Abwicklungsstelle Warschau in Waren (Müritz).' Die Abwicklungsstelle in Liebau blieb dort bis 23.1.1945 und siedelte nach Laube über. Mit Bahndienstfernschreiben Nr. 10 vom 9.2.1945 von Laube ordnete der Präsident der Gedob (Verwaltungs- und Abwicklungsstelle) an, ‚Abwicklungsstelle der OBD Warschau mit Abwicklungsstelle der Gedob mit Sitz in Laube (Umschlag) vereinigt.'«

Kaum eine Notiz ist über die vielen Flüchtlingszüge aus den einst deutschen Gebieten, zwischen Generalgouvernement und Schlesien in Richtung Westen zu lesen. Wie viele waren es? Tausende? In der Gegenrichtung, so zum Beispiel nach Oberschlesien, fuhren Züge mit leeren Flaschen. Wer mag diese Ladung kurz vor Kriegsende noch gebraucht haben? Es herrschte Chaos, dennoch versuchte die Reichsbahn einen geordneten Betrieb zu organisieren. Pischel und viele andere Ostbahner erlebten nahezu hautnah die Bombenangriffe vom 13. bis 15. Februar 1945 auf die Stadt Dresden. Er schildert, dass »*die chaotischen Zustände in der nächsten und weiteren Umgebung von Dresden als Folge der Luftangriffe jede Abwicklungsarbeit zum Erliegen*« brachten. Weiter heißt es: »*Die in einem Dienstzug arbeitende Abwicklungsstelle ging nach Bayreuth bis April 1945 und schließlich auf verschiedene Bahnhöfe im Bayrischen Wald nördlich Pilsen. Ende April 1945 wurde der Dienstzug von den Amerikanern überrollt und die Abwicklungsstelle aufgelöst.*

Sowohl von der Ostbahndirektion Warschau als auch von der Gedob war die Räumung des Generalgouvernements von Material aller Art energisch durchgeführt worden. Neben dem Leerfahren der Strecken von bereits beladenen Räumungszügen wurde Räumungsgut laufend neu verladen, Streckengleise, soweit sie nicht unbedingt bis zur letzten Minute von der Wehrmacht benötigt wurden, aufgenommen und abgefahren. Den Umfang und den Wert des abgefahrenen oder stehengelassenen Materials auch nur einigermaßen anzugeben, ist unmöglich. Lediglich aus einem vom Präsidenten der Ostbahndirektion Warschau Dr. Wiens am 23.1.1945 gefertigten Aktenvermerk über die Räumung des westlichen Restbezirks der Ostbahndirektion Warschau ist zu entnehmen, daß die Abfuhr fertiger Räumungszüge fast restlos gelungen ist und daß nur 18 Züge mit der gleichen Anzahl Lokomotiven auf der Strecke Warschau–Leonow–Lowitsch sowie 20 Züge mit 23 Lokomotiven im Raum Skarzysko Kamiena verloren gegangen sind. Die Kassenbestände dürften grundsätzlich gerettet worden sein. Aus einem an die Gedob in Laube gerichteten Bericht des ehemaligen Reichsbahnrats Edgar Krause [ab 1964 Bundesbahnoberrat bei der BD Münster (Westf); Anmerkung der Autoren], der nach der Ermordung des Reichsbahnrats Jürgens am 13.4.1944 durch polnische Partisanen die treuhänderische Verwaltung der Warschauer Eisenbahn AG übernommen hatte, ist aber das Gegenteil zu entnehmen. Bei dem Verlassen von Piaseczno wurden der Warschauer Eisenbahn AG gehörende Gelder in einem Koffer (250000 Zloty) und in einer Aktentasche (100000 Zloty) gerettet. Der Koffer mußte aber im Räumungszug 4 km östlich von Sochaczew stehengelassen werden, da der Räumungszug steckenblieb und die Bediensteten gezwungen waren, den nächsten Bahnhof im Fußmarsch zu erreichen. Derartige Einzelfälle dürften bei dem oft in Flucht ausgearteten Rückzug häufiger vorgekommen sein.«

Die Auflösung der Gedob und Ostbahndirektionen

Gedob in Krakau, im Januar 1945 nach Oppeln verlegt, am 23. Januar 1945 aufgelöst;
OBD Krakau am 24. Oktober 1944 aufgelöst, Aufgaben von Gedob in Krakau übernommen;
OBD Warschau am 23. Januar 1945 aufgelöst (nach dem Warschauer Aufstand bestand lediglich noch eine Ausweichstelle in Tschenstochau und ein Befehlszug in Koluszki);
OBD Radom am 31. März 1943*, Bezirk an OBD'en Krakau und Warschau
OBD Lemberg im Januar dem General des Transportwesen Süd unterstellt, am 30. März 1944 mit Befehlszug nach Krakau verlegt, Ämter Stanislau und Tarnopol aufgelöst, im Juni dann das Amt Lemberg, Befehlszug weiter nach Laube, dort zum 31. Oktober 1944 aufgelöst;
OBD Lublin als Amt im Jahre 1941 zur OBD Warschau

* Umwandlung in drei OBD zum 1. Mai 1943, Erlass vom 19. April 1943

Die Lehren aus jenen Jahren

Deutschland war nach den Konferenzen von Teheran und Jalta aufgeteilt. Die Alliierten eroberten das Land und besetzten bis zum Juli 1945 endgültig ihre Zonen. Die Flucht von Menschen, Fachleuten oder Lokomotiven in die Westzonen ebbte ab.

Im Begleittext zur Fernsehdokumentation »100 Deutsche Jahre« des Südwestrundfunks (SWR) stellte die Redaktion rückblickend fest:

»Nach dem Krieg richten die Alliierten in den Nürnberger Prozessen über die Verantwortlichen. Kaum einer bekennt sich zu seiner Schuld. Damit geben die Täter eine Richtung vor, der sich die Angeklagten späterer Prozesse anschließen werden. Die übrigen Deutschen sind mit dem eigenen Überleben beschäftigt und wollen die Verbrechen möglichst schnell vergessen. Der kalte Krieg macht es ihnen leicht, die Vergangenheit beiseite zu schieben.

Die DDR, als antifaschistischer Staat gegründet, verweigert sich der Erblast. In der jungen Bundesrepublik sitzen viele ehemalige Nazis bald wieder in maßgeblichen Positionen. Zwar gab es seit 1959 in Ludwigsburg eine zentrale Stelle zur Ermittlung von Nazi-Verbrechen, im Selbstverständnis des Wirtschaftswunderlands ist diese aber eher ein Schandfleck.

Erst 1963 kommt es zum ersten großen Prozess, dem so genannten Ausschwitz-Prozess: Zwei Jahre lang wird verhandelt, die Öffentlichkeit aber will von den Gräueltaten nichts hören. Erst die Studentenrevolte, die nach der Schuld der Väter fragt, der politische Wechsel und die vorsichtige Öffnung nach Osten machen 30 Jahre nach Kriegsende den größten Prozess gegen Nazi-Verbrechen möglich. 1975 beginnt in Düsseldorf der Majdanek Prozess, der trotz eines sechsjährigen Verhandlungsmarathons enttäuschend endet. Nach so langer Zeit finden sich kaum mehr verlässliche Spuren, gibt es nur noch wenige überlebende Zeugen.« [1]

[1] Vgl. Begleittext zu Folge 17 »Ausschwitz – das deutsche Verbrechen« unter www.100deutschejahre.de.

Die Lagerkommandanten von Auschwitz waren die SS-Obersturmbannführer Rudolf Höss, Artur Liebehenschel, Richard Baer und zum Schluss wieder Rudolf Höss. Totenkopfverbände der SS dienten als Wachmannschaften, zeitweise bis zu 6.000 Mann. Höss und 23 der 40 Angeklagten wurden in Polen vor Gericht gestellt und 1947 zum Tode verurteilt. 22 weitere kamen in den 60er-Jahren in Frankfurt am Main vor Gericht und erhielten Gefängnisstrafen von drei Jahren bis lebenslänglich.

Die Lagerkommandanten von Treblinka waren der SS-Obersturmführer Irmfried Eberl, SS-Hauptsturmführer Thomala und ab September 1942, zur Beschleunigung der Aktion, SS-Obersturmführer Franz Stangl aus Sobibor. In Gerichtsverfahren in Deutschland wurden gegen SS-Männer aus Treblinka folgende Urteile verhängt: ein Freispruch, fünf Urteile von drei bis zwölf Jahren Haft, viermal lebenslänglich, darunter der 1970 von Brasilien ausgelieferte Franz Stangl.

Seit den 80er-Jahren nehmen antisemitische Übergriffe sowie Anschläge auf Ausländer und Asylsuchende wieder deutlich zu. Das macht deutlich, dass viele Deutsche noch immer keine Lehren aus der Vergangenheit gezogen haben. Die Ostzone unter Aufsicht der Sowjetischen Militäradministration in Deutschland sollte sich sehr rasch anders entwickeln als jene im Westen, die Bi-Zone der Engländer und Amerikaner sowie die französische Besatzungszone. Eisenbahner beispielsweise, die vor 1936/37 freiwillig der NSDAP beitraten, wurden in der sowjetischen Zone entlassen. Sie waren politisch nicht tragbar.

Die Entnazifizierung

Anthony James Nicholls [2] legte dar, dass sich die deutschen Eisenbahnen am Ende des Zweiten Weltkrieges in einem verheerenden Zustand befanden: *»Auch die Berufsmoral*

[2] Vgl. Anthony James Nicholls, Seite 245.

der Eisenbahner hatte beträchtlich gelitten. Die Mehrheit der Reichsbahner hatte sich selbst als uniformierte Hilfstruppe in Hitlers Krieg gesehen.« Doch nach der Teilung Deutschlands in die vier festgelegten Besatzungszonen konnte der Unterschied kaum gravierender sein. In der Sowjetischen Besatzungszone (SBZ) erbrachte man gnadenlos alle Reparationsleistungen. Vor allem die Reichsbahn litt in der SBZ darunter, weil zahlreiche Lokomotiven, Gleise und Fahrleitungen abtransportiert wurden. Rund zehn Jahre verbrachte die DR mit dem Abtransport der Reparationsgüter in die UdSSR. In den britischen und amerikanischen Bereichen zeigte man Bewunderung für die »alte Reichsbahn«: *»Ihre Eisenbahnoffiziere waren der Ansicht, daß die Eisenbahner unpolitisch seien und nicht unbedingt als Nazis angesehen werden sollten, selbst wenn sie dem nationalsozialistischen System gedient hatten. Ein internes Handbuch für die britischen Eisenbahnkontrolloffiziere hob lobend Effizienz und Ausstattung der Reichsbahn vor dem Krieg hervor [...]. Entsprechend waren die Amerikaner und Briten am ehesten bereit, auf deutsche Hilfe zurückzugreifen. Besonders der amerikanische Leiter des Military Railway Service machte kein Hehl aus seiner Bewunderung für seinen deutschen Gegenspieler, Julius Dorpmüller.«*[3]

Dieser letzte Generaldirektor verkündete, dass es möglich sei, innerhalb von sechs Wochen das Verkehrswesen wieder einigermaßen in Gang zu bringen. In der Biographie Dorpmüllers von Alfred B. Gottwaldt heißt es: *»Man dürfe ihm [i. e. Dorpmüller – Anmerkung der Autoren] nicht hineinreden, auch nicht in personeller Hinsicht.«*[4] Auf seine Liste mit empfohlenen Personen für Stellen in einer deutschen Verkehrswaltung griffen die Briten und Amerikaner wiederholt zurück. Dorpmüller selbst sollte, trotz einer Verfolgung wegen nationalsozialistischer Verbrechen, auf Wunsch der Amerikaner die Leitung der Reichsbahn übernehmen. Nach schwerer Krankheit verstarb er allerdings schon am 5. Juli 1945. Dafür übernahmen andere einstige NSDAP-Mitglieder alsbald die Leitung.

Wie widersprüchlich die so genannte Entnazifizierung in den Westzonen durchgeführt wurde, liest sich schließlich zwischen den Zeilen bei Nicholls: *»In den Verkehrsabteilungen der Militärregierungen neigte man dazu, in den Eisenbahnern technische Fachleute zu sehen, die mit Politik wenig zu tun hatten.«*[5] Bald schon gerieten die Verantwortlichen jedoch unter Druck, die Entnazifizierung zu intensivieren. Am umfassendsten wurde sie in der amerikanischen Zone durchgeführt. Am 26. September verabschiedete die Militärregierung Gesetz Nr. 8. Danach machten sich Angehörige schuldig, wenn sie Mitglieder der NSDAP in anderen als untergeordneten Positionen beschäftigten. Am 23.Oktober 1945 erklärte Dr. Max Fromm, Vorsitzender der Personalabteilung der amerikanischen Oberbetriebsleitung: *»Wenn alle Parteigenossen aus dem Reichsbahndienst zu verschwinden haben, dann würde die Lage geradezu zu einer ernsten Krise führen.«*[6] Auffallend, dass sich die Eisenbahner noch immer als Parteigenossen der NSDAP bezeichneten bzw. offenbar nach den Zitaten sogar noch Mitglieder waren. Nicholls findet dazu keine klare Antwort. Fromm schätzte ungefähr ein, dass *»im höheren Dienst etwa 90 %, im gehobenen etwa 80 %, im mittleren Dienst etwa 50 % und im einfachen Dienst etwa 20 % der Beamten der NSDAP angehört haben.«*

»Es besteht kein Zweifel, daß die Effizienz der Bahn unter dem Verlust von Männern in Schlüsselpositionen infolge der Entnazifizierung litt«, erklärt Nicholls. *»Im November 1946 (?) wurde dann dem bizonalen Verwaltungsrat mitgeteilt, daß bis zum 31. Oktober 55 Prozent der Reichsbahnbeamten im höheren Dienst und 54 Prozent im gehobenen Dienst entlassen worden seien.«*[7] Selbst das Wort »entlassen« scheint in diesem Zusammenhang fragwürdig, denn offenbar waren alle Beamten nur beurlaubt. Das Gesetz zur Befreiung von Nationalismus und Militarismus legte die Entnazifizierung in deutsche Hände. So wurde es geradezu zur Auslegungssache, denn zum Beispiel erklärte die Oberbetriebsleitung Frankfurt (Main), dass suspendierte Beamte solange weiterbeschäftigt werden könnten, bis sie von der deutschen Spruchkammer gehört worden seien – und das sollte dauern.

So lange die Ziele der Besatzung nicht gefährdet waren, führten die Briten in ihrer Zone die Entnazifizierung mit wenig Eifer durch. *»Es ist von jedem Standpunkt aus notwendig, Männer, die aktive Nationalsozialisten waren, letztlich aus dem Eisenbahndienst zu entfernen«*, hieß es in einer britischen Weisung vom 8. September 1945. *»Folgende Punkte stellen sich: a) wann man dies tun sollte und b) wie sie gegebenenfalls zu behandeln sind. Im Moment aber ist das Wichtigste, eine effiziente deutsche Organisation am Laufen zu bringen und dem kann eine sofortige Suspendierung schaden.«*[8]

---

[3] Ebd., Seite 246

[4] Vgl. Gottwaldt, Alfred B.: Julius Dorpmüller, die Reichsbahn und die Autobahn. Verkehrspolitik und Leben des Verkehrsministers bis 1945, Berlin 1995, Seite 122 ff.

[5] Vgl. Nicholls, Seite 261.

[6] Vg. Nicholls, Seite 261.

[7] Vgl. Nicholls, Seite 262.

In der amerikanischen Zone wurden 54.000 Eisenbahner entlassen bzw. beurlaubt. 40.000 von ihnen sollten nur Mitläufer gewesen sein und daher »wieder hereingenommen werden«, wie es der Generaldirektor der Reichsbahn in der Bi-Zone Busch ausdrückte.

In dem seit 1947 tätigen Zweimächte Untersuchungsausschuss wurden alle nominierten Personen überprüft. Dr. Fromm und Theodor Kittel, Vorsitzender der Eisenbahnabteilung im Frankfurter Direktorium für Transportwesen, fielen durch, hatten allerdings bald wieder gehobene Positionen inne, wie Nicholls schreibt. Auch Busch sollte aufgrund einer hohen NS-Funktion, seines freiwilligen Parteieintritts sowie zahlreicher NS-Auszeichnungen abgesetzt werden. Die stellvertretenden Militärgouverneure Clay und Robertson übertrugen diese Angelegenheit dem kurz zuvor ernannten geschäftsführenden Direktor für Verkehr, Professor Frohne. Nicholls bemerkt dazu: *»Da der deutsche Verwaltungsrat für Verkehr Busch immer unterstützt hatte, war das Ergebnis ausgemachte Sache: Busch blieb auf seinem Posten.«* [9]

Anthony Nicholls beschreibt schließlich die Entnazifizierung in der sowjetischen Zone als eine Durchführung »mit sanfter Hand« und führt das auf die chronische Knappheit von Fachpersonal zurück. Vergleicht man jedoch bisherige Veröffentlichungen zur Situation [10], zur straff durchgeführten Entnazifizierung, Entlassung und weiteren Abwanderung weiterer Fachkräfte in die Westzonen, liest sich das wie ein Hohn.

Das Magazin »Geo« berichtete in einem Spezialheft über die Nachkriegszeit zur Entnazifizierung: *»Die große Illusion«*. Walter Dorn, Berater der US-Militärregierung in Deutschland schrieb am 11. Mai 1949 an General Clay über den Misserfolg der Entnazifizierung: *»Wenn die Entnazifizierung in ganz Deutschland wirksam werden sollte, hätte sie in allen vier Zonen einheitlich durchgeführt werden müssen [...]. Es genüge ja nicht, ein früheres Parteimitglied in der einen Zone als Belasteten zu verurteilen, wenn es in einer anderen ein hohes öffentliches Amt bekleiden konnte.«* [11]

In der amerikanischen und sowjetischen Zone setzte man die Entnazifizierung um und es kam zu zahlreichen Entlassungen. Für den einstigen Ministerialrat Karl Günther [12] folgte im Mai 1945 die Suspension durch die Sowjetische Militäradministration in Deutschland (SMAD). Im Gegenteil zu den meisten seiner Kollegen setzte er sich nicht in Richtung Westen ab, er blieb in Berlin. Erst 1950 holte ihn Max Baumberg als freier Mitarbeiter zum Aufbau einer Versuchsgruppe für Lokomotiven. Keine Aussagen macht Anthony Nicholls zur Adolf Gerteis. Was wurde aus ihm? Die Antwort folgt im nächsten Abschnitt.

Personen

War jeder Eisenbahner in der Gedob ein Nationalsozialist? Werner Pischel weiß die Antwort: *»Die heute vielfach gehörten Äußerungen, die beteiligten Eisenbahnstellen hätten die Ausführung der Weisungen verweigern sollen, verkennen die damalige Situation. Dem Verfasser ist es überaus zweifelhaft, ob die Kritiker [...] in der damaligen Lage anders gehandelt hätten [...].«* [13] Wie zuvor beschrieben, brauchten die (leitenden) Ostbahner keine Furcht vor ihrer Zukunft zu haben, denn die Entnazifizierung überstanden sie schadlos.

Abschließend erklärt Pischel: *»Die Ostbahner haben ihre Pflicht bis zum bitteren Ende getan. Die Worte vom Generaldirektor Dorpmüller in seinem Dankschreiben an Generaloberst von Brauchitsch [später Generalfeldmarschall; von Hitler im Russlandfeldzug abgelöst; Anmerkung der Autoren] vom 3.10.1939, ‚eisernes Pflichtbewusstsein' und ‚traditionelle Einsatzbereitschaft des deutschen Eisenbahners', wurden voll bestätigt.«* [14]

Bei der Deutschen Bundesbahn gehörte es zum guten Ruf, im Lebenslauf die Jahre »Osteinsatz« und »Ostbahn« besonders zu unterstreichen. So geben es auch die Jahresbücher der DB wieder. Wie könnte es anders sein, dass verschiedene Eisenbahner noch jahrzehntelang hohe Funktionen bei der DB inne hatten. Erst nach der Bahnvereinigung 1994 interessierte sich der Vorstand für die Herkunft der Bahn. Heinz Dürr weihte die Gedenkstätte an der Rampe, von der aus die jüdischen Mitbürger in Berlin-Grunewald deportiert wurden, ein und gab bei bekannten Historikern ein Buch [15] über die Geschichte der deutschen Eisenbahn in Auftrag, in dem, wenn auch fälschlich, die

---

8 Vgl. Nicholls, Seite 262.
9 Vgl. Nicholls, Seite 263.
10 Vgl. auch Reimer u. a. »Kolonne – Die DR im Dienste der SU«, Stuttgart 1998; Gottwaldt »Eisenbahn im Krieg«, München 2/2002; S. 89 und Reimer bzw. Niemann »Eisenbahn in der Nachkriegszeit«, München 6/2003, S. 72 bzw. 80.

11 Vgl. »Information zur politischen Bildung Nr. 259/1998«, Bonn 1998, S. 25.
12 Winkler »Erinnerung an Karl Günther«, Lokmagazin 1/2002, S. 101
13 Pischel, Seite 46.
14 Ebd., Seite 77.

Verzeichnis ausgewählter Reichsbahner und ihr beruflicher Werdegang					
Name	**Geburtstag**	**Anst. Assessor**	**vor Gedob-Berufung**	**Tätigkeit Gedob**	**weiterer Werdegang**
Emil Beck				Präsident der Gedob 1939 – Februar 1940	Präsident RBD Berlin (seit 1940)
Dr.-Ing. E.h. Adolf Gerteis	30.04.1886	22.10.1913	Vizepräsident Gedob (Apr 01.04.1938)	Reichsbahndirektionspräsident (ernannt am 01.04.1940), Leiter der Hauptabteilung Eisenbahn in der Regierung des Generalgouvernements (06.04.1940) 1940–1945	1949 Stv. Generaldirektor (HvB) DRw/DB, 1951 Reichsbahndirektionspräsident als Ständiger Vertreter bei der HVB in Offenbach, † 1957
Robert Krafft	27.01.1890	27.08.1916	Dezernent 34 RBD Hannover (ROR 1935)	Präsident OBD Warschau (Apr 1943)	1954 Bundesbahnoberrat beim BA Freiburg (Brsg) (Vpr?)
Edgar Krause	23.06.1900		(RR 1939)	1944–1945 Leiter der Verwaltung der Warschauer Eisenbahn AG	1965 Bundesbahnoberrat und Dezernent bei der BD Münster (Westf)
Dr. jur. Werner Pischel	02.07.1890	25.04.1917	(RR 1922, ROR 1934) 1939–1943 Referent Güterverkehr, Leiter der Verkehrs- und Tarifabteilung der RBD Dresden[18]	(Apr 1941) 1943 zur Gedob abgeordnet	1955 Ministerialdirektor und Dr. jur., Leiter der Rechtsabteilung der HvB
Dr.-Ing. Friedrich Steinhagen			Ministerialrat	Präsident OBD Lemberg (seit 1943)	Bundesbahndirektionspräsident Münster
Völker				Dezernent 34 OBD Lemberg	Präsident BD Hannover (noch 1964)
Dr.-Ing. Günther Wiens	02.01.1901		Ministerialrat	Präsident OBD Krakau (1943?), OBD Warschau (1943 bis 1945)	Ministerialdirektor Hv DB und Leiter der Maschintechnischen Abteilung der HvDB (bis 1966), † 1975

Entnazifizierung bescheinigt wurde. Mit Hartmut Mehdorn, dem übernächsten Bahnchef, fand sich einer, der die Rolle der Zwangsarbeiter im Reich auch bei der Eisenbahn anerkannte und in den Fonds zur Entschädigung der Zwangsarbeiter einzahlte. Ob der Bahnchef weiß, wer einst alles bei der (alten) DB arbeitete?

Die Ermittlungsverfahren der deutschen Justiz gegen leitende Bahnbeamte, so weiß Alfred Gottwaldt zu berichten[16], setzten erst nach 1960 ein. Staatssekretär Ganzenmüller war viele Jahre auf der Flucht und kam krank aus Argentinien zurück. Sein schlechter Gesundheitszustand bewahrte ihn vor einem Schuldspruch. Der Generaldirektor Dorpmüller war bereits 1945 gestorben.

Adolf Gerteis genoss inzwischen großes Ansehen bei der DRw/DB. Kurzzeitig wegen der Entnazifizierung beurlaubt, war er bereits 1949 Stellvertretender Generaldirektor der Bahn. Auch Ehrenämter bekleidete er, so war er u. a. erster Herausgeber der Eisenbahn-Technischen Rundschau (ETR) von 1952 bis 1957. Sein Tod im Jahr 1957 bewahrte ihn wohl auch vor einem Verfahren. Alfred Gottwaldt berichtet: »*Sämtliche Ermittlungsverfahren gegen*

[15] Gall, Lothar; Pohl, Manfred (Hrsg.): Die Eisenbahn in Deutschland – Von den Anfängen bis zur Gegenwart, München 1999.

[16] Vgl. Alfred B. Gottwaldt, Eisenbahn im Krieg 2/2002, München, S. 89.

diese Bahnbeamten mussten eingestellt werden, weil ihnen ein persönliches Motiv für ihre Beteiligung an den Vorgängen der Kriegsjahre nicht nachgewiesen werden konnte. Sie hatten ‚nur ihre Pflicht' getan. Die Beschuldigten und ihre als Zeugen gehörten Kollegen haben damals eisern geschwiegen; unabhängige Beobachter vermuten sogar Absprachen.« [17]

Andere, die »nur ihre Pflicht« getan hatten, waren in der SBZ ohne berufliche Perspektive. Und ein Vergleich zur Bahnvereinigung von 1994 und deren interne Anhörungen von Mitarbeitern der ehemaligen Deutschen Reichsbahn der DDR würde das Bild nur verzerren und ist hier somit nicht angebracht.

Zu den Beamten, die der Bundesbahn noch lange dienten, gehörten u. a.

- Gustav Dilli, Leiter der Betriebsabteilung im RVM, dann Vizepräsident der BD Essen bis 1956;
- Hans Geitmann, Präsident der RBD Oppeln, »Mitwisser« der Transporte nach Auschwitz, war 1957 Vorstandsmitglied der DB;
- der bereits genannte Oberinspektor Walther Stier, zuständiger Sachbearbeiter der Judentransporte, war bis 1971 Bundesbahndirektor und verantwortlicher Leiter für Sonderzugfahrten der Bundesregierung und
- Dr. jur. Werner Pischel, entgegen seinem DB-ausgedruckten Lebenslauf bereits im Krieg mit der juristischen Arbeit bestens vertraut [18] und schließlich bei der DB Leiter der neuen Rechtsabteilung. Einer seiner Nachfolger nannte ihn einen »harten Hund«, obwohl er ihn eigentlich nicht kennen wollte. Weitere Lebensabschnitte anderer Gedob-Mitarbeiter sind nachfolgend kurz aufgeführt.

Zwei Lebensläufe

Abschließend wollen wir zwei Lebensläufe vorstellen, die gegensätzlicher nicht sein können. Der Name Hans Frank ist eng verbunden mit dem Generalgouvernement. Selbst sein Sohn betrachtet ihn als brutalen Herrscher.

Neben den deutschen Eisenbahnern bei der Gedob arbeiteten dort über viele Jahre noch tausend polnische Eisenbahner. Stellvertretend für diese sei hier kurz das Schicksal eines von ihnen erwähnt: das des Lokomotivführers Jozef Sosnoswski.

Hans Frank

Dr. Hans Frank, geboren am 23. Mai 1900 in Karlsruhe, war Jurist und Politiker (NSDAP). Von 1919 bis 1923 studierte Frank Rechts- und Wirtschaftswissenschaften und promovierte 1924 zum Dr. jur. Im September 1923 trat er in die SA, im Oktober des Jahres in die NSDAP ein. Frank bekleidete innerhalb der NSDAP eine Vielzahl von Ämtern. Im Anschluss an den Reichswehrprozess 1928 erhielt Frank den Auftrag, die Rechtsabteilung für die NSDAP-Reichsleitung aufzubauen und zu leiten. Im selben Jahr zog er für die Partei als Abgeordneter in den Reichstag ein und wurde 1933 im Jahr der nationalsozialistischen Machtergreifung zum Bayerischen Justizminister ernannt. 1935 berief Hitler ihn zum Reichsminister ohne Geschäftsbereich. Im Oktober 1939 wurde Frank zum Generalgouverneur und damit zum alleinigen Verwaltungschef der besetzten ehemals polnischen Gebiete mit Amtssitz in Krakau ernannt. In dieser Position, in der er offiziell ausschließlich Hitler unterstellt war, sah sich Frank im Lauf der Zeit den Reichsbehörden ausgesetzt. Doch es war alles andere als aufgezwungen. Es spornte ihn im Mai 1940 zur Liquidierung der polnischen Intelligenz und des Widerstandes an. Frank sprach sich für eine »geordnete« und »legale« Unterdrückungs- und Ausbeutungspolitik aus und be-

Hans Frank (1900–1946), ab 1939 Generalgouverneur von Polen.
Foto: Hoffman; Bildarchiv Preussischer Kulturbesitz

[17] Ebd., Seite 89.

[18] Nach einem Schriftstück war Pischel bereits im Dezember 1940 in der Abteilung IV A, 48 Ra (Ostbahn) 14 in Berlin tätig.

Rechts oben: Der vorläufige Arbeitsvertrag von Józef Sozowski mit der Gedob vom 15. Juli 1940. *Foto: Slg. Zschage*

Rechts Mitte: Der nationalsozialistische Rassenwahn erfasste auch die Mitarbeiter der Ostbahn. *Foto: Slg. Zschage*

Rechts unten: Im Februar 1942 wurde Józef Sosnowski mit einer Geldbuße belegt, weil man ihm die Schuld für das Ausschmelzen eines Achslager gab. *Foto: Slg. Zschage*

Vorläufiger freier

ARBEITSVERTRAG

zwischen

der Generaldirektion der Ostbahn, vertreten durch den Vorsteher ~~der~~ des Eisenbahn-Betriebswerkes Warschau-Praga ~~in~~ dem Lokführer

und

Józef Sosnowski geb. am 14.1.1892 wohnhaft in Warschau 9

Str. Kupsiowsky Nr. 24 m. 1.

§ 1.

Józef Sosnowski wird ab 28 Dez 1939 auf unbestimmte Zeit gegen jederzeitigen Widerruf als Aushilfskraft

bei

im Lohnverhältnis beschäftigt.

§ 2.

Verpflichtungserklärung.

Ich verpflichte mich, meine Dienstobliegenheiten gewissenhaft und uneigennützig zu erfüllen und die Gesetze sowie die Anordnungen des Generalgouverneurs für die besetzten polnischen Gebiete und der vorgesetzten Eisenbahnstellen zu befolgen.

§ 3.

Vergütung.

Józef Sosnowski erhält eine Vergütung von:

arbeitstäglich: ~~monatlich~~: 10 Zł 40 Gr. (in Worten zehn Zł)

Von der Vergütung werden ~~bis auf weiteres für~~ die vorgeschriebene Lohnsteuer und die sozialen Abgaben ~~10%~~ einbehalten.

§ 4.

Sonstige Bestimmungen.

Der Vertrag wird einfach ausgefertigt. ~~Der Lohnempfänger erhält eine Abschrift.~~

Warschau, den 15 Juli 1940 Warschau, den 15 Juli 1940

Der Vorsteher ~~der~~ des Ostbahn Bahnbetriebswerk Warschau-Praga

Meyer

Name

techn. Rb.-Inspektor

Dienstbezeichnung

Lohnempfänger

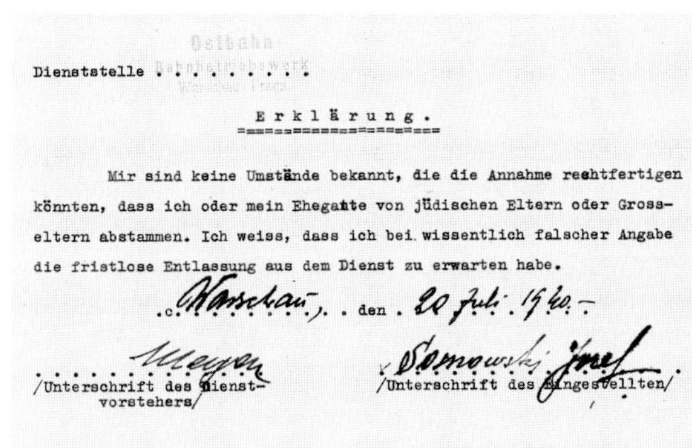

Dienststelle Ostbahn Bahnbetriebswerk . . . .

Erklärung.

Mir sind keine Umstände bekannt, die die Annahme rechtfertigen könnten, dass ich oder mein Ehegatte von jüdischen Eltern oder Grosseltern abstammen. Ich weiss, dass ich bei wissentlich falscher Angabe die fristlose Entlassung aus dem Dienst zu erwarten habe.

Warschau, den 20 Juli 1940.

Meyer Sosnowski Józef

/Unterschrift des Dienstvorstehers/ /Unterschrift des Angestellten/

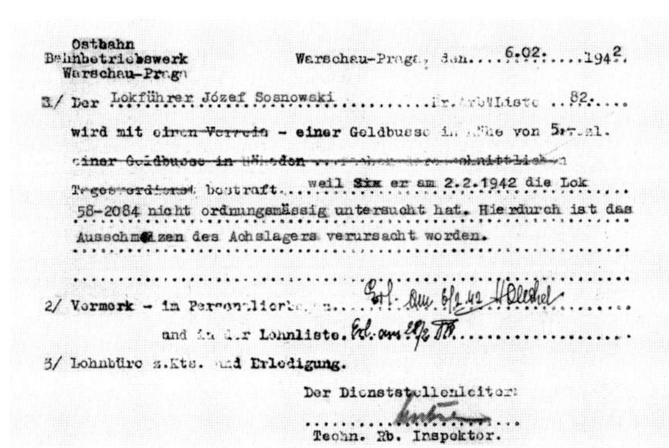

Ostbahn
Bahnbetriebswerk
Warschau-Praga

Warschau-Praga, den 6.02. 1942.

1/ Der Lokführer Józef Sosnowski Nr. Arb.-Liste 82.

wird mit ~~einem Verweis~~ - einer Geldbusse in Höhe von 5,- zl.

~~einer Geldbusse in Höhe von . . . . durchschnittlichen Tagesverdienst~~ bestraft, weil er am 2.2.1942 die Lok 58-2084 nicht ordnungsmässig untersucht hat. Hierdurch ist das Ausschmelzen des Achslagers verursacht worden.

2/ Vermerk - im Personalbogen Erl. am 6/2.42

und in der Lohnliste. Erl. am 20/2

3/ Lohnbüro z.Kts. und Erledigung.

Der Dienststellenleiter:

Techn. Rb. Inspektor.

kannte sich in zahlreichen Reden vorbehaltlos zur Judenverfolgung. Bedingt durch die Kriegsereignisse kam es ab 1944 im GG zu keiner geregelten Verwaltungstätigkeit mehr.

Am 17. Januar 1945 floh Frank vor der Roten Armee aus Krakau. Bei seiner Verhaftung am 4. Mai 1945 in Neuhaus (Bayern) durch die US-Armee übergab er freiwillig seine Diensttagebücher und lieferte versteckte, von den Nazis geraubte polnische Kunstwerke aus. In Nürnberg musste er sich ab dem 18. Oktober 1945 als einer der Hauptkriegsverbrecher vor dem Internationalen Militärgerichtshof wegen Kriegsverbrechen und Verbrechen gegen die Menschlichkeit verantworten. Frank bekannte sich im Laufe des Verfahrens für schuldig. Das Urteil gegen ihn erging am 1. Oktober 1946 und sprach ihn schuldig, »*ein williger und wissender Mitwirkender [gewesen zu sein], sowohl bei der Anwendung von Terror in Polen, bei der wirtschaftlichen Ausbeutung Polens, in einer Weise, die zum Hungertod einer großen Anzahl Menschen führte, bei der Deportation von mehr als einer Million Polen als Sklavenarbeiter nach Deutschland, und einem Programm, das den Mord von mindestens drei Millionen Juden zur Folge hatte.*« Kurz vor seiner Hinrichtung schrieb Frank seine Memoiren, die unter dem Titel »Im Angesicht des Galgens« veröffentlicht wurden. Frank wurde am 16. Oktober 1946 in Nürnberg durch den Strang hingerichtet.[19]

Jozef Sosnoswki

Jozef Sosnoswki wurde am 14. Januar 1892 in Warschau geboren. Nach der Schule, davon drei Jahre in der Mittelschule, lernte er ab 1906 den Beruf eines Schlossers. Am 15. Februar 1908 hatte er als Schlosser seinen ersten »Beschäftigungsgang«, allerdings bei der Russischen Staatseisenbahn, als »sonstigem Rechtsvorgänger der PKP«. Nach 1913 arbeitete er als Lokomotivheizer und schließlich nach 1918 als Lokführergehilfe. Bis 1918 diente er noch der Russischen Bahn, schließlich seit dem 12. November 1918

[19] Auszüge einer Ausarbeitung im Internet von Petra Winheller.

Dieser Befähigungsbericht beurteilte, ob sich Józef Sosnowski für die Übernahme als planmäßiger Eisenbahner eignete.
Foto: Slg. Zschage

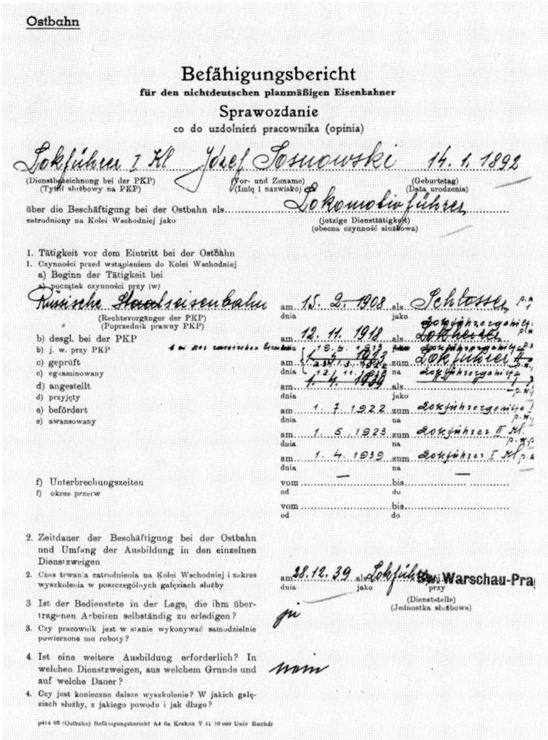
Ostbahn

Befähigungsbericht
für den nichtdeutschen planmäßigen Eisenbahner
Sprawozdanie
co do uzdolnień pracownika (opinia)

Lokführer I Kl ... Józef Sosnowski ... 14. 1. 1892
(Dienstbezeichnung bei der PKP) (Tytuł służbowy na PKP) — (Vor- und Zuname) (Imię i nazwisko) — (Geburtstag) (Data urodzenia)

über die Beschäftigung bei der Ostbahn als ... Lokomotivführer
zatrudniony na Kolei Wschodniej jako — (jetzige Diensttätigkeit) (obecna czynność służbowa)

1. Tätigkeit vor dem Eintritt bei der Ostbahn
1. Czynności przed wstąpieniem do Kolei Wschodniej
a) Beginn der Tätigkeit bei
a) początek czynności przy (w)
Russische Staatseisenbahn ... am 15. 2. 1908 als Schlosser
(Rechtsvorgänger der PKP) (Poprzednik prawny PKP) — dnia — jako
b) desgl. bei der PKP — am 12. 11. 1918 als
b) j. w. przy PKP — dnia — jako
c) geprüft — am — zum
c) egzaminowany — dnia — na
d) angestellt — am — als
d) przyjęty — dnia — jako
e) befördert — am 1. 7. 1922 zum
e) awansowany — dnia — na
am 1. 5. 1923 zum Lokführer II Kl.
am 1. 4. 1939 zum Lokführer I Kl
f) Unterbrechungszeiten — vom ... bis ...
f) okres przerw — od ... do ...
vom ... bis ...
od ... do ...

2. Zeitdauer der Beschäftigung bei der Ostbahn und Umfang der Ausbildung in den einzelnen Dienstzweigen
2. Czas trwania zatrudnienia na Kolei Wschodniej i zakres wyszkolenia w poszczególnych gałęziach służby
am 28.12.39 als Lokführer — Bw. Warschau-Prag
dnia — jako — przy — (Dienststelle) (Jednostka służbowa)

3. Ist der Bedienstete in der Lage, die ihm übertragenen Arbeiten selbständig zu erledigen? — ja
3. Czy pracownik jest w stanie wykonywać samodzielnie powierzone mu roboty?

4. Ist eine weitere Ausbildung erforderlich? In welchen Dienstzweigen, aus welchem Grunde und auf welche Dauer? — nein
4. Czy jest konieczne dalsze wyszkolenie? W jakich gałęziach służby, z jakiego powodu i jak długo?

p414 03 (Ostbahn) Befähigungsbericht A4 6a Krakau V.41 10 000 Univ Buchdr

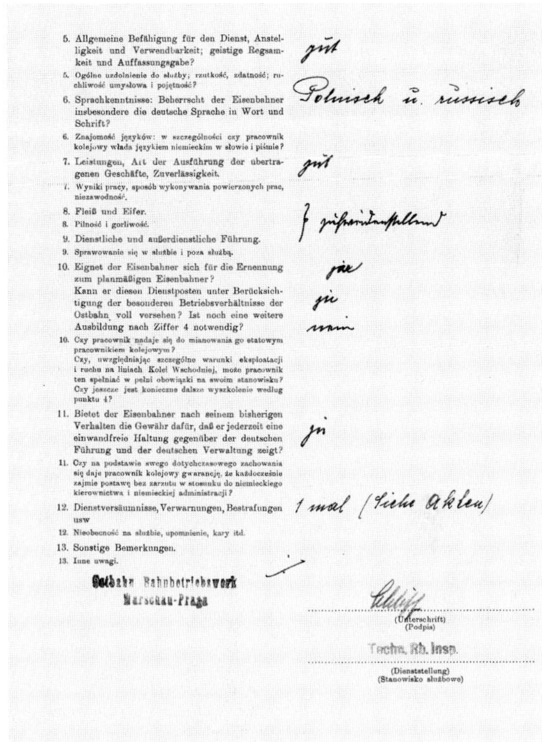
5. Allgemeine Befähigung für den Dienst, Anstelligkeit und Verwendbarkeit; geistige Regsamkeit und Auffassungsgabe? — gut
5. Ogólne uzdolnienie do służby; rzutkość, zdatność; ruchliwość umysłowa i pojętność?
6. Sprachkenntnisse: Beherrscht der Eisenbahner insbesondere die deutsche Sprache in Wort und Schrift? — Polnisch u. russisch
6. Znajomość języków: w szczególności czy pracownik kolejowy włada językiem niemieckim w słowie i piśmie?
7. Leistungen, Art der Ausführung der übertragenen Geschäfte, Zuverlässigkeit. — gut
7. Wyniki pracy, sposób wykonywania powierzonych prac, niezawodność.
8. Fleiß und Eifer.
8. Pilność i gorliwość.
9. Dienstliche und außerdienstliche Führung.
9. Sprawowanie się w służbie i poza służbą.
10. Eignet der Eisenbahner sich für die Ernennung zum planmäßigen Eisenbahner? Kann er diesen Dienstposten unter Berücksichtigung der besonderen Betriebsverhältnisse der Ostbahn voll versehen? Ist noch eine weitere Ausbildung nach Ziffer 4 notwendig? — ja / ja / nein
10. Czy pracownik nadaje się do mianowania go etatowym pracownikiem kolejowym? Czy, uwzględniając szczególne warunki eksploatacji i ruchu na liniach Kolei Wschodniej, może pracownik ten spełniać w pełni obowiązki na swoim stanowisku? Czy jeszcze jest konieczne dalsze wyszkolenie według punktu 4?
11. Bietet der Eisenbahner nach seinem bisherigen Verhalten die Gewähr dafür, daß er jederzeit eine einwandfreie Haltung gegenüber der deutschen Führung und der deutschen Verwaltung zeigt? — ja
11. Czy na podstawie swego dotychczasowego zachowania się daje pracownik kolejowy gwarancję, że każdocześnie zajmie postawę bez zarzutu w stosunku do niemieckiego kierownictwa i niemieckiej administracji?
12. Dienstversäumnisse, Verwarnungen, Bestrafungen usw — 1 mal (siehe Akten)
12. Nieobecność na służbie, upomnienie, kary itd.
13. Sonstige Bemerkungen.
13. Inne uwagi.

Ostbahn Bahnbetriebswerk
Warschau-Praga

(Unterschrift) (Podpis)
Techn. Rb. Insp.
(Dienststellung) (Stanowisko służbowe)

Trotz seines Fehlers wurde Józef Sosnowski im Dezember 1942 zum planmäßigen Eisenbahner der Ostbahn ernannt.
Foto: Slg. Zschage

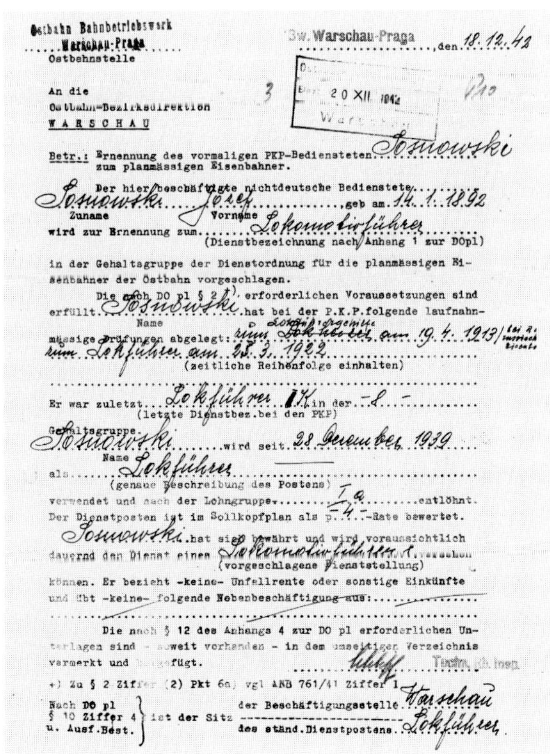
Ostbahn Bahnbetriebswerk
Warschau-Praga
Ostbahnstelle

Bw. Warschau-Praga, den 18.12.42

An die
Ostbahn-Bezirksdirektion
WARSCHAU

20 XII 1942

Betr.: Ernennung des vormaligen PKP-Bediensteten Sosnowski
zum planmässigen Eisenbahner.

Der hier beschäftigte nichtdeutsche Bedienstete
Sosnowski ... Józef ..., geb am 14.1.1892
Zuname — Vorname
wird zur Ernennung zum ... Lokomotivführer ...
(Dienstbezeichnung nach Anhang 1 zur DOpl)
in der Gehaltsgruppe der Dienstordnung für die planmässigen Eisenbahner der Ostbahn vorgeschlagen.

Die nach DO pl § 2 +) erforderlichen Voraussetzungen sind erfüllt. Sosnowski hat bei der P.K.P. folgende laufbahnmässige Prüfungen abgelegt: zum Lokführergehilfe am 19. 4. 1913 / zum Lokführer am 23. 3. 1922
(Name) (zeitliche Reihenfolge einhalten)

Er war zuletzt ... Lokführer I K ... in der -8- ...
(letzte Dienstbez. bei den PKP) Gehaltsgruppe.
Sosnowski ... wird seit 28 Dezember 1939 ...
Name
als ... Lokführer ...
(genaue Beschreibung des Postens)
verwendet und nach der Lohngruppe ... I a ... entlöhnt.
Der Dienstposten ist im Sollkopfplan als p. -4- -Rate bewertet.
Sosnowski ... hat sich bewährt und wird voraussichtlich dauernd den Dienst eines Lokomotivführer ... versehen
(vorgeschlagene Dienststellung)
können. Er bezieht -keine- Unfallrente oder sonstige Einkünfte und übt -keine- folgende Nebenbeschäftigung aus: ...

Die nach § 12 des Anhangs 4 zur DO pl erforderlichen Unterlagen sind - soweit vorhanden - in dem umseitigen Verzeichnis vermerkt und beigefügt.

Techn. Rb. Insp.

+) Zu § 2 Ziffer (2) Pkt 6a) vgl ANB 761/41 Ziffer 1

Nach DO pl § 10 Ziffer 4 u. Ausf. Best. } ist der Sitz — der Beschäftigungsstelle ... Warschau — des ständ. Dienstpostens ... Lokführer

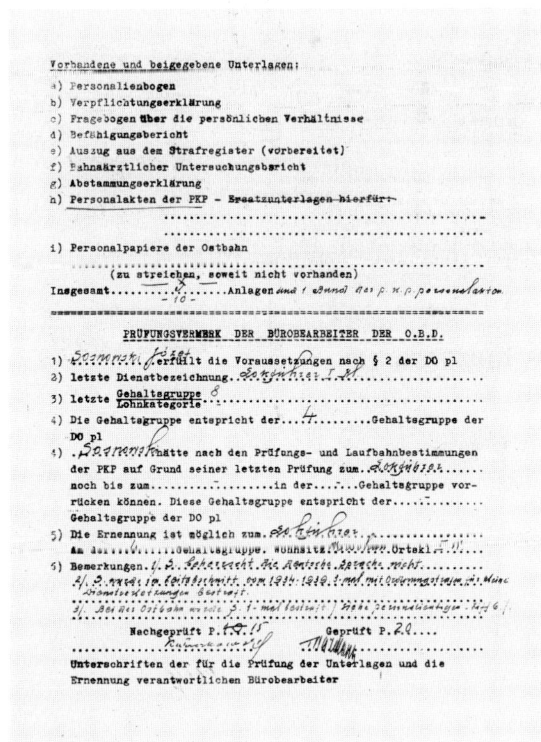
Vorhandene und beigegebene Unterlagen:
a) Personalienbogen
b) Verpflichtungserklärung
c) Fragebogen über die persönlichen Verhältnisse
d) Befähigungsbericht
e) Auszug aus dem Strafregister (vorbereitet)
f) Bahnärztlicher Untersuchungsbericht
g) Abstammungserklärung
h) Personalakten der PKP - ~~Ersatzunterlagen hierfür:~~

i) Personalpapiere der Ostbahn

(zu streichen, soweit nicht vorhanden)
Insgesamt ... -10- ... Anlagen

PRÜFUNGSVERMERK DER BÜROBEARBEITER DER O.B.D.

1) Sosnowski Józef erfüllt die Voraussetzungen nach § 2 der DO pl
2) letzte Dienstbezeichnung ... Lokführer I Kl ...
3) letzte Gehaltsgruppe / Lohnkategorie ... 8 ...
4) Die Gehaltsgruppe entspricht der ... 4 ... Gehaltsgruppe der DO pl
4) Sosnowski hätte nach den Prüfungs- und Laufbahnbestimmungen der PKP auf Grund seiner letzten Prüfung zum ... Lokführer ... noch bis zum ... - ... in der ... - ... Gehaltsgruppe vorrücken können. Diese Gehaltsgruppe entspricht der ... - ... Gehaltsgruppe der DO pl
5) Die Ernennung ist möglich zum ... Lokführer ...
Am der ... 4 ... Gehaltsgruppe. Wohnsitz ... Ortskl ...
6) Bemerkungen ...

Nachgeprüft P. ... Geprüft P. ...

Unterschriften der für die Prüfung der Unterlagen und die Ernennung verantwortlichen Bürobearbeiter der PKP. In dieser Zeit war er auch als Soldat im Ersten Weltkrieg in Charkow (Russland) eingesetzt. Am 1. Juli 1922 erklomm er die Stufe zum Lokführergehilfen Klasse I, am 1. Mai 1923 zum Lokomotivführer II. Klasse und am 1. April 1939 der I. Klasse.

Sosnoswki blieb gesund, hatte keine Schulden, wurde nicht straffällig, war stets in Warschau wohnhaft, heiratete und war seit 1923 Mitglied des Berufsverbandes Polnischer Eisenbahner sowie seit 1935 Mitglied in der Eisenbahn-Militärvorbereitungsorganisation. Ab dem 28. Dezember 1939 war er auf unbestimmte Zeit gegen jederzeitigen Widerruf als Aushilfskraft im Lohnverhältnis für arbeitstäglich von 10 Zloty, 40 Groschy beschäftigt. Wenige Tage später musste er schriftlich erklären, dass weder er noch seine Frau nicht jüdischer Abstammung waren. Am 15. Juli 1940 erhielt der Lokführer Sosnowski einen »Vorläufigen freien Arbeitsvertrag« mit der Gedob, vertreten durch den Vorsteher des Eisenbahn-Betriebswerkes Warschau-Praga.

Ein »Befähigungsbericht für den nichtdeutschen planmäßigen Eisenbahner« von 1942 bescheinigte dem wieder als Lokführer bezeichneten Sosnowski, dass er in der Lage sei, die ihm übertragenen Arbeiten selbständig zu erledigen. Trotzdem er die deutsche Sprache nicht beherrschte – er sprach nur polnisch und russisch – beglaubigte ihm der Technische Reichsbahn-Inspektor im Ostbahn-Bw Warschau Praga außerdem Zuverlässigkeit, gute Leistungen, eine einwandfreie Haltung gegenüber der deutschen Führung und der deutschen Verwaltung.

Zwar waren Fleiß und Eifer mangelhaft, es gab auch ein Dienstversäumnis (siehe Abbildung S. 100), dennoch eignete er sich zur Ernennung zum planmäßigen Eisenbahner. Sosnowski fuhr zumeist als Lokomotivführer auf den Güterzuglokomotiven des Bw Praga. Zum Kriegsende verliert sich seine Spur.

Frank wurde schwer bestraft, andere – darunter auch viele ehemalige Ostbahner – nicht. Für viele Menschen in den zerstörten Ostgebieten begann der mühevoll und lang andauernde Wideraufbau, der allein in der späteren Sowjetisch Besetzten Zone Deutschlands aufgrund der Reparationsleistungen schwierig war. Aber auch für andere Länder, wie Polen oder die UdSSR, blieb dieser Weg ebenso beschwerlich.

Anhang

Die Beutelokomotiven

Zugehörigkeit der polnischen Beutelok zu den einzelnen Bezirken:
Stand 18. April 1940
»Aufgestellt in der Besprechung der G B L – Ost mit den Reichsbahndirektionen Danzig, Königsberg, Oppeln, Posen und der Gedob am 18.4.1940 in Posen.«

Gattung	ehem	Gedob	Oppeln	Posen	Osten*	Danzig	Königsberg	Summe
Pd 1	pr. S 3	3	1	13	2*	17	–	36
Pd 2	pr. S 4	–	1	–	–	–	–	1
Pd 4	pr. S 5.2	3	–	–	–	–	–	3
Pd 5	pr. S 6	12	–	25	–	11	–	48
Pd 14	öst. 206	1	1	–	–	–	–	2
Pk 1	pr. S 10	11	–	12	–	–	–	23
Pk 2	pr. S 10.1	2	–	6	–	10	–	18
Pk 3	pr. S 10.2	–	–	1	–	–	–	1
Pn 11	öst. 210	2	1	–	–	–	–	3
Pn 12	öst. 310	2	2	–	–	–	–	4
Pu 29	–	1	–	–	–	–	–	1
Pt 31	Neubau	34	3	10	–	6	–	53
Pm 36	–	1	–	–	–	–	–	1
Od 2	pr. P 4.2	21	4	25	–	5	5	60
Oi 1	pr. P 6	6	–	–	–	–	–	6
Oi 101	rum. 328	8	4	–	–	–	–	12
Ok 1	pr. P 8	76	21	39	–	20	4	160
Ok 22	Neubau	50	11	34	–	13	4	112
Ol 11	öst. 329	10	6	–	–	–	–	16
Ol 12	öst. 429	26	13	–	–	–	–	39
Ol 103	ung. 324	2	1	–	–	–	–	3
Os 24	Neubau	9	–	–	–	–	–	9
Th 1	pr. G 3	–	–	–	–	2	–	2
Th 3	pr. G 4.2	5	–	–	–	–	–	5
Th 4	pr. G 4.3	–	–	–	–	3	–	3
Th 24	öst. 59	11	1	–	–	–	–	12
Ti 1	pr. G 5.1	2	1	–	–	–	–	3
Ti 3	pr. G 5.3	4	–	–	–	–	1	5
Ti 4	pr. G 5.4	49	9	5	–	14	2	79
Ti 11	öst. 260	12	13	–	–	–	–	25

Gattung	ehem	Gedob	Oppeln	Posen	Osten*	Danzig	Königs-berg	Summe
Ti 12	öst. 60	8	3	–	–	–	–	11
Ti 16	öst. 160	9	15	–	–	–	–	24
Tp 1	pr. G 7.1	32	32	2	–	–	–	66
Tp 2	pr. G 7.2	67	4	41	–	38	2	152
Tp 3	pr. G 8	6	–	17	–	12	–	35
Tp 4	pr. G 8.1	126	63	60	–	35	6	290
Tp 6	russ. CZ.WG	1	–	–	–	–	–	1
Tp 15	öst. 73	20	15	–	–	–	–	35
Tp 17	öst. 174	2	11	–	–	–	–	13
Tp 106	öst. 274	7	6	–	–	–	–	13
Tp 108	russ. CZ.Wh	12	1	–	–	–	–	13
Tp 109	russ. CZ.WPK	2	3	–	–	–	–	5
Tr 11	öst. 170	22	14	–	–	–	1	37
Tr 12	öst. 270	19	11	2	–	1	–	33
Tr 20	amerik.**	72	4	10	–	4	6	96
Tr 21	Neubau	44	62	7	–	4	1	118
Tw 1	pr. G 10	8	–	–	–	1	–	9
Tw 11	öst. 180	1	1	–	–	–	–	2
Tw 12	öst. 80	39	26	–	–	–	–	65
Ty 1	pr. G 12	–	1	–	–	–	–	1
Ty 23	Neubau	161	21	146	–	93	16	437
Ty 37	Neubau	15	–	1	–	2	–	18
Oki 1	pr. T 11	21	9	7	–	12	–	49
Oki 2	pr. T 12	3	–	1	–	15	–	19
Okl 11	öst. 29	2	7	–	–	–	–	9
Okl 12	öst. 229	11	7	–	–	–	–	18
Okl 27	Neubau	39	29	17	–	19	1	105
Okl 101	sä. XIV HT	1	–	–	–	–	–	1
Okm 11	öst. 629	3	–	–	–	–	–	3
Okz 32	Neubau	17	–	–	–	–	–	17
Tkh 1	pr. T 3	–	–	1	–	11	2	14
Tkh 4	Privat	–	2	–	–	–	–	2
Tkh 17	öst. 66	3	–	–	–	–	–	3
Tkh 29	Neubau	–	1	–	–	–	–	1
Tki 1	pr. T 9.1	3	–	–	–	1	–	4
Tki 2	pr. T 9.2	3	–	9	–	2	–	13
Tki 3	pr. T 9.3	59	18	103	–	69	1	250
Tkp 1	pr. T 13	10	4	2	–	21	–	37
Tkp 11	öst. 178	5	4	–	–	–	–	9
Tkp 30	Neubau	–	–	2	–	–	–	2
Tkp 101	öst. 578	5	1	–	–	–	–	6
Tkt 1	pr. T 14	5	–	–	–	4	–	9
Tkt 2	pr. T 14.1	2	–	–	–	–	–	2
Tkw 1	pr. T 16	12	34	–	–	3	–	49

* RBD Osten nur bei Pd 1 im o.g. Verzeichnis aufgeführt, obwohl nicht unmittelbar beteiligt
** amerikanische Baldwin

Einzelverzeichnis für die Lokomotiven der Gedob

(Stand 18.04.1940) (einschließlich der Berichtigungen vom Juni und Juli 1940)

Gattung	Betriebs-nr.	Hersteller FNr/ Baujahr	Umzeichnung*
Reihe polnische Pd 1, ehemalige pr. S 3 (S 24.15), 2B n2v			
Pd 1	18	Hanomag 2940/1897	13 305
	37	Borsig 4717/1899	13 312
	63	Schichau 1266/1903	13 323
Reihe polnische Pd 4, ehemalige pr. S 5.2 (S 24.16), 2B n2v			
Pd 4	6	+ 30.06.1940	
	15	k.A.	keine
	19	Schichau 1838/1910	13 002
Reihe polnische Pd 5, ehemalige pr. S 6 (S 24.17), 2B h2			
Pd 5	5	k.A.	13 503
	8	Henschel 7814/1907	13 505
	19	Henschel 7817/1907	13 511
	22	Linke 550/1908	13 514
	25	Linke 710/1909	13 516
	35	Linke 543/1908	13 520
	44	Linke 697/1909	13 525
	51	Linke 749/1910	13 529
	53	Linke 772/1910	13 531
	58	Henschel 9936/1910	13 535
	71	Henschel 7813/1907	13 545
	76	Linke 995/1913	13 547
Reihe polnische Pd 14, ehemalige österreichische 206 (S 24.14), 2 B n2v			
Pd 14	1	Wiener Lok-fabrik 4562/1904	13 168
Reihe polnische Pk 1, ehemalige pr. S 10 (S 35.17), 2C h4			
Pk 1	4	k.A.	17 154
	7	Vulcan 2733/1912	17 155
	8	Vulcan 2747/1912	17 156
	11	Schwartzkopff 4761/1912	17 159
	13[1]	Vulcan 2736/1912	17 161
	15	Schwartzkopff 4953/1913	17 163
	21	Vulcan k.A./1912	17 167
	24	Vulcan 2782/1913	17 169
	26	Vulcan 2784/1913	17 171
	29	Vulcan 2781/1912	17 172
	31	Schwartzkopff 4968/1913	17 173
	30	k.A.	keine
Reihe polnische Pk 2, ehemalige pr. S 10.1 (S 35.17), 2C h4			
Pk 2	11	Henschel 12010/1914	17 1258
	18	Henschel 12610/1914	17 1216
Reihe polnische Pn 11, ehemalige österreichische 210 (S 36.14), 1C2 n4v			
Pn 11	2	Floridsdorf 1927/1910	16 051
	9	Böhm-Mähr. 359/1910	16 053
Reihe polnische Pn 12, ehemalige österreichische 310 (S 36.14), 1C2 h4v			
Pn 12	11	Steg Wien 4030/1915	16 041
	16	Floridsdorf 2529/1918	16 043
Reihe polnische Pu 29, Neubau (S 46.18/19), 2D1 h2			
Pu 29	2	Cegielski xx/ ab 1929	keine
Reihe polnische Pt 31, Neubau (S 46.18), 1D1 h2			
Pt 31	4	Chrzanow 593/1934	19 102

[1] zugesetzt am 31.07.1940

Gattung	Betriebs-nr.	Hersteller FNr/ Baujahr	Umzeichnung*
	8	Chrzanow 597/1934	19 106
	15	Chrzanow 605/1935	19 108
	20	Chrzanow 613/1935	19 110
	21	Chrzanow 624/1935	19 111
	23	Chrzanow 626/1936	19 113
	24	Chrzanow 628/1935	19 114
	25	Chrzanow 629/1936	19 115
	26	Chrzanow 630/1936	19 116
	30	Chrzanow 638/1936	19 120
	36	Chrzanow 649/1936	19 125
	37	Chrzanow 650/1936	19 126
	39	Chrzanow 652/1937	19 127
	40	Chrzanow 653/1937	19 128
	43	Chrzanow 657/1937	19 129
	46	Chrzanow 660/1937	19 130
	52	Chrzanow 676/1937	19 133
	54	Chrzanow 678/1937	19 134
	55	Chrzanow 679/1937	19 135
	56	Chrzanow 680/1937	19 136
	59	Chrzanow 683/1937	19 139
	60	Chrzanow 695/1937	19 140
	63	Chrzanow 698/1938	19 141

Gattung	Betriebs-nr.	Hersteller FNr/ Baujahr	Umzeichnung*
	65	Chrzanow 700/1938	19 142
	69	Chrzanow 711/1938	19 143
	70	Chrzanow 712/1938	19 144
	73	Chrzanow 715/1938	19 145
	75	Chrzanow 717/1938	19 146
	76	Chrzanow 721/1938	19 147
	77	Chrzanow 722/1938	19 148
	87	Chrzanow 742/1939	19 149
	93	Chrzanow 748/1939	19 151
	96	Chrzanow 753/1939	19 152
	97	Chrzanow 754/1939	19 153
Reihe polnische Pm 36, Neubau			
Pm 36	4	Chrzanow xx/ ab 1937	keine
Reihe polnische Od 2, ehemalige pr. P 4.2 (P 24.15), 2B n2v			
Od 2	14	Schwartzkopff 2799/1900	36 449
	15	Henschel 5447/1900	36 450
	16	Henschel 5902/1902	36 451
	17	Schwartzkopff 2989/1901	36 452
	18	Schwartzkopff 2984/1901	36 453
	29	Schwartzkopff 3154/1903	36 459
	31[1]	k. A.	keine
	34	Henschel 6584/1904	36 461
	35	Linke 218/1904	36 462

[1] + 30.06.1940

Gattung	Betriebs-nr.	Hersteller FNr/ Baujahr	Umzeichnung*
	38	Humboldt 572/1909	36 465
	50	Hanomag 4643/1906	36 476
	51	Henschel 7386/1906	36 477
	60	Hanomag 4787/1907	36 482
	63	Henschel 9085/1908	36 484
	72	Humboldt 562/1909	36 492
	80	Henschel 9368/1909	36 496
	83[1]	Henschel 9682/1910	36 499
	84	Henschel 9683/1910	36 500
	85	Henschel 9684/1910	36 501
	86	Henschel 9685/1910	36 502
	90	Henschel 9681/1910	36 505
	94	Humboldt 466/1908	36 507
Reihe polnische Oi 1, ehemalige pr. P 6 (P 34.15), 1C h2			
Oi 1	1	Schwartzkopff 3442/1905	37 168
	2	Schwartzkopff 3415/1905	37 169
	3	Schwartzkopff 3443/1905	37 170
	7	Schwartzkopff 3450/1905	37 171
	12	Schwartzkopff 3607/1906	37 172
	16	Schwartzkopff 3611/1906	37 173
Reihe polnische Oi 101, ehemalige rumänische 328 (P 34.16), 1C h2			
Oi 101	1	Schwartzkopff 5456/1917	37 401

[1] zugesetzt am 30.06.1940

Gattung	Betriebs-nr.	Hersteller FNr/ Baujahr	Umzeichnung*
	3	Schwartzkopff 5457/1917	37 402
	8	Schwartzkopff 5463/1917	37 408
	10	Schwartzkopff 5465/1917	37 409
	15	Schwartzkopff 5470/1917	37 410
	16	Schwartzkopff 5471/1917	37 411
	17	Schwartzkopff 5472/1917	37 412
	19	Schwartzkopff 5474/1917	37 413
Reihe polnische Ok 1, ehemalige pr. P 8 (P 35.17), 2C h2			
Ok 1	2	Schwartzkopff 4309/1909	38 1009
	4	Schwartzkopff 4446/1909	38 1018
	9	Borsig 6400/1908	38 1022
	10	Borsig 6405/1908	38 1025
	13	Schwartzkopff 4248/1908	38 1041
	14	Schwartzkopff 4261/1909	38 1046
	16	Schwartzkopff 4297/1909	38 1051
	25	Schwartzkopff 4810/1912	38 1069
	26	Schwartzkopff 4813/1912	38 1070
	29	Humboldt 836/1912	38 1089
	36	Schwartzkopff 5181/1913	38 1113
	37	Humboldt 946/1914	38 1114
	38	Schichau 2063/1913	38 1115
	45	Humboldt 979/1914	38 1133
	47	Linke 1109/1914	38 1138
	50	Schwartzkopff ?	38 1142
	51	k. A.	38 1143

Gattung	Betriebs-nr.	Hersteller FNr/ Baujahr	Umzeichnung*
	52	Henschel 10213/1910	38 1144
	53	Schichau 2370/1916	38 1147
	62	Schwartzkopff 5893/1916	38 1162
	66	k. A. K** 2394/1916	38 1168
	68	k. A. K** 4512/1916	38 1170
	70	Henschel 13840/1918	38 1173
	71	Henschel 13846/1916	38 1174
	72	Henschel 13709/1916	38 1177
	75	Schichau 2509/1917	38 1183
	76	Schichau 2511/1917	38 1188
	81	Schichau 2514/1917	38 1195
	83	Schwartzkopff 6398/1918	38 1197
	86	Linke 1417/1917	38 1200
	88	Linke 1483/1917	38 1201
	91	Schichau 2484/1917	38 1202
	94	Schichau 2501/1917	38 1206
	96	Schichau 2503/1917	38 1211
	98	Henschel 14721/1917	38 1224
	100	Linke 1476/1917	38 1226
	101	Humboldt 1273/1917	38 1227
	102	Linke 1478/1917	38 1229
	103	Schartzkopff 6212/1917	38 1230
	105	Henschel K** 15693/1918	38 1239
	106	Schwartzkopff K** 6545/1918	38 1259
	108	Schwartzkopff 6556/1918	38 1261
	109	Schwartzkopff 6407/1918	38 1270
	112	k. A. K** 16202/1918	38 1281
	115	Henschel 16212/1918	38 1282
	116	Henschel 16207/1918	38 1285
	121	Henschel 16212/1918	38 1291
	122	Henschel 16213/1918	38 1294
	126	k. A.	38 1305
	128	Schwartzkopff 6650/1918	38 1309
	132	Schwartzkopff 6600/1918	38 1313
	134	Schwartzkopff 6627/1918	38 1316
	140	Schwartzkopff 6571/1918	38 1341
	141	Schichau 2754/1919	38 1342
	143	Linke 1807/1918	38 1343
	153	Henschel 16903/1919	38 1366
	157	Schichau 2727/1918	38 1396
	161	Schichau 2751/1919	38 1411
	164	Schichau 2754/1919	38 1421
	167	Schichau 8796/1919	38 1456
	176	Schichau 2809/1920	38 1488
	177	Schichau 2816/1920	38 1490
	178	Schichau 2817/1920	38 1492
	201	Schwartzkopff 7837/1922	38 1637
	202	Schwartzkopff 7838/1922	38 1669
	205	Schwartzkopff 7841/1922	38 1670
	209	Schwartzkopff 7845/1922	38 1874
	212[1]	Schwartzkopff 78xx/1922	keine
	215	Schwartzkopff 7856/1922	38 2145
	216	Schwartzkopff 7857/1922	38 2351

[1] + 31.08.1940

Gattung	Betriebs-nr.	Hersteller FNr/ Baujahr	Umzeichnung*
	228	Hanomag 9672/1921	38 2574
	243	Schwartzkopff 8107/1923	38 3877
	244	Schwartzkopff 8108/1923	38 3878
	249	Schwartzkopff 8113/1923	38 3880
	261	Linke 2602/1923	38 3881

* Umzeichnung nach dem Plan vom 29. August 1941

** K – Kessel, Lieferer und Fabriknummer der Lok unbekannt, daher Nummer und Baujahr des Kessels angegeben

Gattung	Betriebs-nr.	Hersteller FNr/ Baujahr	Umzeichnung
Reihe polnische Ok 22, Neubau (P 35.17), 2C h2			
Ok 22	3	Hanomag 10146/1923	38 4501
	5	Hanomag 10148/1923	38 4503
	6	Chrzanow 275/1928	38 4505
	11	Chrzanow 280/1929	38 4507
	12	Chrzanow 281/1929	38 4508
	16	Chrzanow 285/1929	38 4511
	18	Chrzanow 287/1929	keine
	19	Chrzanow 288/1929	38 4513
	37	Chrzanow 332/1929	38 4524
	43	Chrzanow 338/1929	38 4529
	45	Chrzanow 340/1929	38 4531
	48	Chrzanow 353/1929	38 4534
	51	Chrzanow 356/1929	38 4536
	54	Chrzanow 359/1929	38 4539
	56	Chrzanow 361/1929	38 4541
	58	Chrzanow 363/1929	38 4543
	67	Chrzanow 372/1929	38 4549
	71	Chrzanow 376/1930	38 4550
	72	Chrzanow 377/1930	38 4551
	75	Chrzanow 380/1930	38 4554
	78	Chrzanow 383/1930	38 4557
	85	Chrzanow 390/1930	38 4558
	90	Chrzanow 395/1930	38 4560
	92	Chrzanow 276/1928	38 4562
	116	Chrzanow 437/1931	38 4566
	119	Chrzanow 440/1931	38 4567
	120	Chrzanow 441/1931	38 4568
	127[1]	Chrzanow 450/1931	38 4571
	130	Chrzanow 453/1931	38 4572
	133	Chrzanow 473/1931	38 4573
	134	Chrzanow 474/1931	38 4574
	138	Chrzanow 506/1931	38 4578
	139	Chrzanow 507/1931	38 4579
	141	Chrzanow 509/1931	38 4581
	143	Chrzanow 511/1931	38 4583
	148	Chrzanow 290/1931	38 4586
	149	Chrzanow 517/1931	38 4587
	150	Chrzanow 521/1931	38 4588
	168	Chrzanow 544/1933	38 4593
	170	Chrzanow 546/1933	38 4594
	172	Chrzanow 548/1933	38 4595
	175	Chrzanow 551/1933	38 4597
	177	Chrzanow 553/1933	38 4598
	179	Chrzanow 555/1933	38 4600
	181	Chrzanow 557/1934	38 4602
	184	Chrzanow 560/1934	38 4605
	186	Chrzanow 585/1934	38 4607
	187	Chrzanow 586/1934	38 4608
	188	Chrzanow 587/1934	38 4609
	189	Chrzanow 588/1934	38 4610
	190	Chrzanow 589/1934	38 4611
Reihe polnische Ol 11, ehemalige österreichische 329 (P 35.14), 1C1 n2v			
Ol 11	2	Böhm-Mähr. 273/1908	35 116
	3	Wiener Neust. 4889/1909	35 117
	4	Wiener Neust. 4891/1909	35 118
	7	Steg Wien 36xx/1909	keine
	12	Steg Wien 3696/1909	35 123

[1] von RBD Königsberg 1940

Gattung	Betriebs-nr.	Hersteller FNr/ Baujahr	Umzeichnung
	14	Steg Wien 3699/1909	35 124
	15	Böhm-Mähr. 317/1909	35 125
	17	Böhm-Mähr. 324/1909	35 127
	20	Böhm-Mähr. 335/1909	35 128
	21	Böhm-Mähr. 338/1909	35 129

Reihe polnische Ol 12, ehemalige österreichische 429 (P 35.14), 1C1 h2v/1C1 h2

Gattung	Betriebs-nr.	Hersteller FNr/ Baujahr	Umzeichnung
Ol 12	18	Steg-Wien 3776/1910	35 353
	19	Steg-Wien 3802/1911	35 354
	20	Steg-Wien 4156/1917	35 355
	21	k. A.	35 356
	22	Böhm-Mähr. 1645/1911	35 357
	28	Floridsdorf 2002/1911	35 358
	32	Floridsdorf 2015/1911	35 361
	36	Wiener Neust. 5092/1912	35 362
	40	Steg-Wien 3842/1912	35 363
	42	Steg-Wien 3848/1912	35 364
	48	Floridsdorf 2115/1913	35 366
	53	Floridsdorf 2245/1915	35 367
	54	k. A.	35 368
	57	k. A.	35 369
	62	Floridsdorf 2278/1915	35 370
	70	Böhm-Mähr. 562/1915	35 372
	71	Böhm-Mähr. 563/1915	35 373
	73	k. A.	35 374
	81	Steg-Wien 4089/1916	35 375
	89	k. A.	35 377
	91	Steg-Wien K** 4118/1916	35 378
	93	Steg-Wien 4128/1916	35 380
	97	Steg-Wien 4136/1916	35 382
	98	k. A.	35 383
	104-	Böhm-Mähr. 653/1917	35 386
	106	Wiener Neust. 5452/1918	35 388

** K – Kessel, Lieferer und Fabriknummer der Lok unbekannt, daher Nummer und Baujahr des Kessels angegeben

Reihe polnische Ol 103, ehemalige ungarische 324 (P 35.15), 1C1 h2

Gattung	Betriebs-nr.	Hersteller FNr/ Baujahr	Umzeichnung
Ol 103	2	Geygyara Budapest 3829/1915	35 701
	4	Geygyara Budapest 3976/1916	35 703

Reihe polnische Os 24, Neubau (P 46.15), 2D h2

Gattung	Betriebs-nr.	Hersteller FNr/ Baujahr	Umzeichnung
Os 24	2	Chrzanow 116/1926	33 201
	4	Chrzanow 118/1926	33 202
	6	Chrzanow 120/1926	33 203
	13	Chrzanow 127/1926	33 204
	21	Chrzanow 129/1926	33 206
	27	Chrzanow 135/1926	33 207
	32	Chrzanow 140/1926	33 208
	45	Chrzanow 157/1927	33 209
	46	Chrzanow 158/1927	33 210

Reihe polnische Th 3, ehemalige pr. G 4.2 (G 33.14), C n2v

Gattung	Betriebs-nr.	Hersteller FNr/ Baujahr	Umzeichnung
Th 3	46	Jung k. A./1904	53 7701
	67	Henschel 4895/1898	53 7702
	78	Henschel 4977/1898	53 7703
	89	Schwartzkopff 2743/1899	53 7704
	102	Borsig 1224/1904	53 7705

Reihe polnische Th 24, ehemalige österreichische 59 (G 33.14), C n2v

Gattung	Betriebs-nr.	Hersteller FNr/ Baujahr	Umzeichnung
Th 24	12	Krauss Linz 3145/1895	53 7205

Gattung	Betriebs-nr.	Hersteller FNr/ Baujahr	Umzeichnung
	49	Böhm-Mähr. 39/1901	53 7206
	50	Böhm-Mähr. 45/1901	53 7207
	54	Böhm-Mähr. 53/1901	53 7208
	55	Böhm-Mähr. 56/1901	53 7209
	56	Steg-Wien 2560/1897	53 7210
	57	Böhm-Mähr. 89/1902	53 7211
	59	Böhm-Mähr. 93/1902	53 7212
	60	Böhm-Mähr. 94/1902	53 7213
	72	Steg-Wien 2566/1897	53 7214
	74	Floridsdorf 1283/1899	53 7215
Reihe polnische Ti 1, ehemalige pr. G 5.1 (G 34.13), 1C n2			
Ti 1	15	Schichau 1113/1900	54 601
	17	Schichau 1116/1900	54 602
Reihe polnische Ti 3*, ehemalige pr. G 5.3 (G 34.14), 1C n2			
Ti 3	4[1]	k. A.	54 651
	6	Hanomag 4084/1903	54 652
	7	k. A.	keine
	13[1]	k. A.	54 654

* Anmerkung im Plan: Ti 3-8, 12, 16 bei Wehrmacht

Gattung	Betriebs-nr.	Hersteller FNr/ Baujahr	Umzeichnung
Reihe polnische Ti 4, ehemalige pr. G 5.4 (G 34.14), 1C n2v			
Ti 4	2	Henschel 9035/1908	54 1111
	4	Borsig 5588/1906	54 1112
	5	Hanomag k. A./1901	54 1113
	6	Hanomag 3784/1902	54 1114
	11	Hohenzollern 1509/1903	54 1116
	15	Hanomag 3787/1902	54 1117
	20	Hohenzollern 1501/1902	54 1120
	23	Borsig 5064/1902	54 1123
	30	k. A.	54 1129
	39	Hanomag 3922/1903	54 1131
	49	Hanomag 3935/1903	54 1134
	54	Henschel 6933/1904	54 1136
	55	Schwartzkopff 3386/1904	54 1137
	58	Henschel 7144/1905	54 1138
	60	Humboldt 2227/1899	54 1139
	61	Henschel 7133/1905	54 1140
	64	Humboldt 655/1910	54 1141
	67	Humboldt 358/1906	54 1143
	68	Humboldt 247/1905	54 1144
	75	Henschel 7115/1905	54 1145
	78	Henschel 7702/1906	54 1146
	83	Henschel K** 736/1906	54 1147
	100	Borsig 5819/1906	54 1153
	104	Schwartzkopff 2605/1899	54 1155
	105	Henschel 7139/1905	54 1156
	113	Borsig K** 7528/1910	54 1157
	115	Henschel 8037/1907	54 1158
	116	k. A. /1907	54 1159
	121	Grafenstaden 6051/1909	54 1160
	129	Grafenstaden 7893/1907	54 1162
	134	Henschel 8024/1907	54 1163
	136	Henschel 8028/1907	54 1164
	137	Borsig 6085/1907	54 1165
	141	Borsig 6333/1907	54 1168
	142	Borsig 6334/1907	54 1169
	143	Borsig 6335/1907	54 1170
	145	Henschel 8773/1908	54 1171
	150	Henschel 9037/1908	54 1172
	157	Henschel 9024/1908	54 1175
	160	k. A.	keine
	163	Borsig 8743/1908	54 1176

[1] Panzerlok

Gattung	Betriebs-nr.	Hersteller FNr/ Baujahr	Umzeichnung
	164	Henschel 8745/1908	54 1177
	166[1]	k. A.	keine
	169	Borsig 7209/1909	54 1178
	177	Henschel 5998/1909	54 1180
	178	Borsig 7052/1909	54 1181
	179	Grafenstaden 6051/1910	54 1182
	188	Borsig 7525/1910	54 1185
	192	Grafenstaden k. A./1910	54 1186

** K – Kessel, Lieferer und Fabriknummer der Lok unbekannt, daher Nummer und Baujahr des Kessels angegeben

Reihe polnische Ti 11, ehemalige österreichische 260 (G 34.14), 1C n2v

Ti 11	6	Wiener Neust. 3767/1894	54 143
	7	Wiener Neust. 3809/1895	54 144
	13	Floridsdorf 1098/1897	54 145
	28	Floridsdorf 1389/1900	54 146
	34	Wiener Neust. 4441/1901	54 149
	36	Floridsdorf 1442/1901	54 150
	42	Floridsdorf 1597/1905	54 152
	45	Floridsdorf 1657/1906	54 154
	54	Floridsdorf 1722/1907	54 158
	55	Floridsdorf 1724/1907	54 159
	57	Floridsdorf 1734/1907	54 161
	60	Böhm-Mähr. 231/1908	54 163

Reihe polnische Ti 12, ehemalige österreichische 60 (G 34.14), 1C n2v

Ti 12	15	Floridsdorf 1161/1898	54 031

[1] + 31.07.1940

Gattung	Betriebs-nr.	Hersteller FNr/ Baujahr	Umzeichnung
	47	Floridsdorf 1262/1899	54 032
	109	Steg-Wien 3471/1908	54 035
	118	Steg-Wien 3414/1907	54 036
	132	Böhm-Mähr. 6041/1909	54 037
	138	Steg-Wien 3626/1909	54 038
	150	Steg-Wien 3397/1907	54 039
	156	Sigl-Wien 1264/1899	54 040

Reihe polnische Ti 16, ehemalige österreichische 160 (G 34.14), 1C h2v

Ti 16	2	Wiener Neust. 4900/1909	54 052
	7	Wiener Neust. 500x/1910	keine
	8	Wiener Neust. 5005/1910	54 056
	26	Böhm-Mähr. 362/1910	54 061
	30	Böhm-Mähr. 366/1910	54 063
	32	Böhm-Mähr. 368/1910	54 065
	36	Böhm-Mähr. 373/1910	54 067
	39	Böhm-Mähr. 376/1910	54 068
	40	Böhm-Mähr. k. A./19109	54 06

Reihe polnische Tp 1, ehemalige pr. G 7.1 (G 44.13), D n2

Tp 1	8	Vulcan 1832/1900	55 036
	10[1]	Schwartzkopff 2832/1901	55 055
	14[1]	Schwartzkopff 3026/1901	55 061
	15	Henschel 8692/1908	55 064
	24	Schichau k. A./1903	55 080
	26[1]	Schwartzkopff k. A./1902	55 082

[1] Breitspur

	29[1]	Schichau k. A./1904	55 086
	32	Vulcan 2104/1904	55 093
	33	Vulcan 2115/1904	55 096
	36	Linke 249/1904	55 098
	37[1]	Linke 250/1904	55 099
	38[1]	Linke 251/1904	55 100
	39[1]	Vulcan 2074/1904	55 108
	41	Linke K 252/1904	55 111
	42	Henschel 6789/1904	55 119
	43	Linke 255/1904	55 123
	47	Henschel 6793/1904	55 140
	53	Linke T* 204/1903	55 141
	54	Schwartzkopff 3560/1905	55 144
	56	Linke 1373/1916	55 146
	61	Schwartzkopff 3654/1906	55 156
	68	Vulcan 2329/1907	55 161
	70	Schwartzkopff 3805/1907	55 163
	83	Schwartzkopff 3818/1907	55 167
	93	Henschel 8720/1908	55 171
	105	Schichau 2147/1913	55 190
	109	Borsig 9579/1918	55 193
	118	Borsig 9599/1918	55 208
	123	Schwartzkopff T* 2026/1916	55 231
	128[1]	Henschel 14055/1916	55 232
	136[1]	k. A. /1917	55 263
	138	Linke K 331/1905	55 269

Auf Breitspur umgebaute Lokomotiven erhielten neue Betriebsgattung GB 44.13

* T – Weder Fabriknummer am Rahmen (Lok) noch am Kessel zu ermitteln, daher Fabriknummer des Tenders verwendet

[1] Breitspur

Gattung	Betriebs-nr.	Hersteller FNr/ Baujahr	Umzeichnung
Reihe polnische Tp 2, ehemalige pr. G 7.2 (G 44.13), D n2v			
Tp 2	11	Henschel k. A.	55 702
	14	Henschel 6153/1902	55 703
	18	Vulcan 1683/1898	55 704
	19[1]	k. A.	keine
	29	Vulcan 1967/1902	55 707
	33	Henschel 5943/1901	55 708
	34	Schichau T 1409/1905	55 709
	36	Vulcan 1794/1900	55 710
	37	Vulcan 1795/1900	55 711
	42	Henschel K 014986/1917	55 713
	43	Henschel 5549/1900	55 714
	47	Linke 128/1902	55 716
	52	Henschel 5942/1901	55 719
	54	Henschel 5947/1901	55 720
	62	Linke 119/1902	55 723
	70	Vulcan 1987/1902	55 727
	72	Vulcan 1989/1902	55 728
	79	Linke k. A./1902	55 730
	84[2]	Linke 101/1902	55 732
	86	Linke 114/1902	55 733
	92	Schwartzkopff 3101/1902	55 735
	93[2]	Schwartzkopff 3102/1902	55 736
	95	Schwartzkopff k. A.	55 737
	97	Hanomag 3967/1903	55 739
	98	Hanomag 3974/1903	55 740
	105	Henschel 6174/1903	55 742
	107	Schichau 1425/1905	55 744
	114	Schichau 1413/1905	55 748
	115	Schichau 1006/1899	55 749
	116	k. A.	55 750
	135	Hanomag 4802/1907	55 759
	148[3]	k. A.	keine

[1] + 30.06.1940

[2] zugesetzt am 31.07.1940

[3] + 31.07.1940

Gattung	Betriebs-nr.	Hersteller FNr/ Baujahr	Umzeichnung
	150	Henschel 8230/1907	55 766
	169	Hanomag k. A./1908	55 772
	181	Hohenzollern 2192/1907	55 779
	184	Hanomag 5058/1907	55 780
	186	Henschel 8239/1907	55 781
	190	Schichau 1580/1907	55 784
	196	Henschel 8155/1907	55 786
	197	Henschel 8639/1908	55 787
	200	Henschel 8644/1908	55 790
	202	Henschel 8648/1908	55 792
	203	Henschel 8646/1908	55 793
	204	Linke k. A./1908	55 794
	206	Hanomag 5307/1908	55 795
	207	Hanomag 5312/1909	55 796
	224	Hanomag 5300/1909	55 803
	229	Hanomag 5295/1908	55 805
	232	Henschel 9118/1908	55 807
	237	Linke k. A./1900	55 812
	239	Hanomag 5310/1909	55 813
	240	Henschel 9141/1909	55 814
	244	Linke 716/1909	55 815
	246	k. A.	55 816
	248	Henschel 722/1908	55 817
	250	Schichau 1415/1905	55 818
	251	Henschel 8669/1908	55 819
	266	Union 1744/1909	55 824
	267	Union 1745/1909	55 825
	272	k. A.	55 828
	274	Henschel 9120/1909	55 830
	277	Schwartzkopff 4520/1910	55 832
	278	Linke 761/1910	55 833
	281	Orenstein 3910/1910	55 835
	285	Hanomag 9609/1909	55 838
	287	k. A.	keine

Gattung	Betriebs-nr.	Hersteller FNr/ Baujahr	Umzeichnung
	288	Orenstein 4609/1911	55 840
	294	Hanomag 6590/1911	55 845
	297	k. A.	keine
Reihe polnische Tp 3, ehemalige pr. G 8 (G 44.14), D h2			
Tp 3	11	Schichau 1684/1908	55 1616
	23	k. A.	55 1623
	51	k. A.	55 1638
	56	Schichau 1994/1912	55 1642
	65	Henschel 11238/1912	55 1650
	79	Hanomag 6589/1912	55 1673
Reihe polnische Tp 4, ehemalige pr. G 8.1 (G 44.17), D h2			
Tp 4	5	Schichau 2090/1913	55 2509
	7	Schichau 2092/1913	55 2524
	8	k. A.	55 2526
	15	Henschel K 11883/1913	55 2532
	17[1]	Henschel 11884/1913	55 2541
	18	Henschel 11886/1919	55 2543
	23	Schichau 2110/1913	55 2548
	26	Schichau 2113/1913	55 2557
	29	Schichau 2116/1013	55 2567
	33	Schichau K 2149/1913	55 2578
	39	Schichau 2173/1913	55 2604
	49	Hanomag k. A./1915	55 2618
	56	Schichau 2234/1914	55 2625
	57	Schichau 2146/1913	55 2628
	59	Hanomag 8618/1918	55 2633
	64	Schichau K 2251/1914	55 2641
	72	Henschel 13145/1914	55 2645
	74	Schichau T 2308/1915	55 2650
	80	Schichau 2352/1915	55 2657

[1] zugesetzt am 31.07.1940

Gattung	Betriebs-nr.	Hersteller FNr/ Baujahr	Umzeichnung
	83	Schichau 2359/1916	55 2687
	90	Hanomag 7649/1915	55 2690
	100	Schwartzkopff k. A./1915	55 2712
	105	A.E.G. 2102/1919	55 2715
	107	Schichau 2300/1915	55 2716
	112	Borsig 9303/1915	55 2728
	113	k. A.	55 2733
	114	Orenstein 8053/1915	55 2734
	116	Linke 2189/1921	55 2737
	118	Orenstein 8060/1915	55 2743
	122	Linke k. A./1916	55 2779
	123	Linke 1240/1915	55 2786
	127	Hanomag 8178/1914	55 2788
	130	Schichau K 2415/1916	55 2791
	131	Schichau 2417/1916	55 2795
	134	Schichau 2424/1916	55 2801
	136	Schichau 2426/1916	55 2803
	137	Schichau 2457/1916	55 2809
	142	Schwartzkopff 5798/1916	55 2817
	144	Schwartzkopff 5921/1916	55 2843
	147	Schwartzkopff 5691/1915	55 2844
	160	Borsig 9628/1916	55 2856
	161	Henschel k. A./1916	55 2860
	162	Orenstein 8101/1916	55 2863
	164	Borsig 9635/1916	55 2867
	168	Borsig k. A./1916	55 2877
	170	Orenstein 8112/1916	55 2882
	180	Linke 1694/1198	55 2891
	187	Hanomag 8222/1917	55 2904
	192	Schichau K 2544/1917	55 2909
	193	Schichau 2546/1917	55 2910
	194	Schichau 2548/1917	55 2911
	198	k. A.	keine
	200	Vulcan 3251/1917	55 2912
	211	Schichau 2381/1915	55 2919
	214	Borsig 10018/1917	55 2922
	217	Hanomag 8517/1917	55 2927
	220	Schichau 2565/1917	55 2930
	221	Schichau 2566/1917	55 2933
	224	Schichau 2235/1914	55 2937
	225	Schichau 2575/1917	55 2938
	229	Schichau 2580/1917	55 2948
	233	Schichau 2587/1917	55 2950
	237	Schichau 2424/1916	55 2966
	246	Borsig 9737/1917	55 2975
	251	Schichau 2528/1917	55 2986
	253	Orenstein 8317/1917	55 2988
	254	Wolf-Hagans 892/1917	55 2990
	256	Vulcan 2855/1917	55 2996
	259	Orenstein 8214/1917	55 3001
	260	Hanomag 8259/1917	55 3003
	263	Vulcan 3327/1917	55 3008
	266	Linke 1457/1917	55 3022
	273	Borsig 9991/1917	55 3043
	277	Vulcan 3196/1917	55 3048
	278	Hanomag 8330/1918	55 3049
	288	Orenstein K 8505/1917	55 3091
	291	Schichau 2596/1918	55 3096
	293	Schichau 2600/1918	55 3108
	297	Schichau 2713/1918	55 3112
	300	Hanomag 8618/1918	55 3121
	307	Schichau 2631/1918	55 3127
	311	Schichau 2635/1918	55 3156
	313	Orenstein 8521/1918	55 3182
	314	Schichau 2674/1918	55 3186
	316	Orenstein 8523/1918	55 3193
	317	k. A.	55 3206

Gattung	Betriebs-nr.	Hersteller FNr/ Baujahr	Umzeichnung
	320	Schichau k.A./1918	55 3209
	325	Schichau 2706/1918	55 3226
	327	Schichau 2656/1918	55 3229
	330	Schichau 2668/1918	55 3231
	339	Vulcan 3442/1918	55 3247
	340	Wolf-Hagans 902/1917	55 3248
	346	Wolf-Hagans 913/1918	55 3256
	352	Linke 1679/1918	55 3265
	358	Linke 1694/1918	55 3268
	359	Linke 1698/1918	55 3269
	368	Hohenzollern 3848/1918	55 3274
	374	Vulcan 3461/1918	55 3285
	375	Vulcan 3462/1918	55 3286
	376	Vulcan 3463/1918	55 3287
	383	Hanomag 8365/1918	55 3291
	384	Hanomag 8380/1918	55 3293
	385	Hanomag 8381/1918	55 3298
	396	Vulcan 3473/1919	55 3308
	398	Vulcan 3476/1919	55 3311
	399	Hohenzollern 8908/1919	55 3312
	414	Linke 2192/1921	55 3338
	416	Linke 2194/1921	55 3341
	418	Linke 2196/1921	55 3347
	419	Linke 2197/1921	55 3350
	421	Linke K 2199/1921	55 3359
	423	Linke 2201/1921	55 3371
	426	Linke 2204/1921	55 3381
	427	Linke 2205/1921	55 3398
	429	Linke 2207/1921	55 3410
	431	Linke 2209/1921	55 3414
	434	Linke 2212/1921	55 3424
	439	Linke 2217/1921	55 3443
	442	Linke 2500/1921	55 3446
	446	Linke 2504/1921	55 3455
	447	Linke 2505/1921	55 3456
	448	Linke 2506/1921	55 3461
	450	Linke 2508/1921	55 3465
	453	Linke 2511/1921	55 3472

Gattung	Betriebs-nr.	Hersteller FNr/ Baujahr	Umzeichnung
	456	Linke 2514/1921	55 3485
	472	k.A.	unbekannt
Reihe polnische Tp 6, ehemalige russische Cz W/G (G 44.13), D n2			
Tp 6	8	k.A.	55 6101
Reihe polnische Tp 15, ehemalige österreichische 73 (G 44.14), D n2			
Tp 15	6	Wiener Neust. 2976/1885	55 5832
	16	Wiener Neust. 3027/1885	55 5833
	36	Wiener Neust. 3129/1886	55 5834
	47	Floridsdorf 675/1888	55 5835
	53*	Floridsdorf 681/1888	55 5836
	92	Floridsdorf T 974/1895	55 5837
	128	Wiener Neust. 4142/1898	55 5840
	130	Wiener Neust. 4144/1898	55 5841
	131	k.A.	keine
	176	Böhm-Mähr. 163/1906	55 5845
	184	Wiener Neust. 4851/1908	55 5847
	185	Böhm-Mähr. 295/1909	55 5848
	188	Böhm-Mähr. 300/1909	55 5849
	189	Böhm-Mähr. 301/1909	55 5850
	190	Böhm-Mähr. 303/1909	55 5851
	192	Böhm-Mähr. 306/1909	55 5852
	200[1]	k.A.	keine
	201	Floridsdorf 1876/1909	55 5855
	202	Floridsdorf 1877/1909	55 5856

[1] zugesetzt 1940; + 31.08.1940

Gattung	Betriebs-nr.	Hersteller FNr/ Baujahr	Umzeichnung
	208	Floridsdorf 1886/1909	55 5859
	217	Floridsdorf 1900/1909	55 5862

* vmtl. Tp 15-52, nicht -53

Gattung	Betriebs-nr.	Hersteller FNr/ Baujahr	Umzeichnung
Reihe polnische Tp 17, ehemalige österreichische 174 (G 44.14), D n2			
Tp 17	7	Floridsdorf 1959/1910	55 5917
	11	Floridsdorf 1964/1910	55 5919
Reihe polnische Tp 106, ehemalige österreichische 274 (G 44.13), D n2			
Tp 106	3	Henschel 14119/1916	55 5951
	4	Henschel 14123/1916	55 5952
	9	Henschel 141xx/1916	55 5954
	12	Henschel 14131/1916	55 5955
	13	Henschel 14132/1916	55 5956
	22	Henschel 14143/1916	55 5961
	26	Henschel 14147/1916	55 5963
Reihe polnische Tp 108, ehemalige russische Cz W/h (G 44.15), D n2v			
Tp 108	1	k.A.	55 6111
	3	Charkow 1031/1904	55 6113
	4	k.A.	55 6114
	6	k.A.	55 6115
	7	Charkow k.A./1906	55 6116
	8	k.A.	55 6117
	9	k.A.	55 6118
	10	k.A.	55 6119
	11	Charkow 1656/1909	55 6120
	12	k.A. /1909	55 6121
	13	k.A.	keine
	14	Charkow 1661/1909	55 6122
Reihe polnische Tp 109, ehemalige russische Cz WP/K (G 44.13), D h2			
Tp 109	4	k.A.	55 6134
	5	Charkow k.A./1912	55 6135

Gattung	Betriebs-nr.	Hersteller FNr/ Baujahr	Umzeichnung
Reihe polnische Tr 11, ehemalige österreichische 170 (G 45.14), 1D n2v			
Tr 11	6	Wiener Neust. 5134/1913	56 3336
	9	Wiener Neust. 5157/1913	56 3338
	22	Steg-Wien 3912/1913	56 3339
	30	Böhm-Mähr. 470/1913	56 3340
	43	Steg-Wien 3669/1914	56 3342
	44	Wiener Neust. 5192/1914	56 3343
	46	Wiener Neust. 5201/1914	56 3345
	47	k.A.	keine
	54	Steg-Wien 4060/1916	56 3348
	64	Wiener Neust. 5333/1916	56 3351
	66	Wiener Neust. 5336/1916	56 3352
	67	Böhm-Mähr. 575/1916	56 3353
	89	Floridsdorf 2355/1916	56 3355
	90	Floridsdorf 2356/1916	56 3356
	95	Floridsdorf 2371/1916	56 3358
	106	Floridsdorf 2412/1917	56 3361
	112	Wiener Neust. 5368/1917	56 3363
	117	Böhm-Mähr. 597/1916	56 3364
	121	Böhm-Mähr. 614/1916	56 3365
	126	k.A.	keine
	134	Floridsdorf 2462/1917	56 3368
	143	Floridsdorf 1369/1916	56 3371

Gattung	Betriebs-nr.	Hersteller FNr/ Baujahr	Umzeichnung
Reihe polnische Tr 12, ehemalige österreichische 270 (G 45.14), 1D h2			
Tr 12	18	Floridsdorf 2683/1920	56 3501
	25	Floridsdorf 2786/1922	56 3505
	27	Floridsdorf 2788/1922	56 3507
	38	Floridsdorf 2799/1922	56 3510
	40	Floridsdorf 2831/1922	56 3511
	41	Floridsdorf 2832/1922	56 3512
	44	Floridsdorf 2xxx/192x	keine
	46	Floridsdorf 2844/1923	56 3514
	48	Floridsdorf 2696/1921	56 3515
	49	Floridsdorf 2847/1923	56 3516
	51	Floridsdorf 2849/1923	56 3518
	52	Floridsdorf 2xxx/192x	56 3519
	54	Floridsdorf 2667/1920	56 3520
	60	Floridsdorf 2698/1921	56 3524
	62	Floridsdorf 2700/1921	56 3525
	65	Floridsdorf 2716/1921	56 3527
	112	Warschau 28/1926	56 3531
	126	Warschau 042/1926	56 3532
	136	Warschau 052/1926	56 3533

Gattung	Betriebs-nr.	Hersteller FNr/ Baujahr	Umzeichnung
Reihe polnische Tr 20, ehemalige amerikanische Baldwin (G 45.17), 1D h2			
Tr 20	1	Baldwin 52421/1919	56 3701
	3	Baldwin 52451/1919	56 3703
	4	Baldwin 52452/1920	56 3704
	7	Baldwin 52484/1919	56 3706
	8	Baldwin 52485/1919	56 3707
	10	Baldwin 52563/1919	56 3709
	13	Baldwin 52616/1920	56 3711
	20	Baldwin 52678/1920	56 3717
	21	Baldwin 52679/1919	56 3718
	23	Baldwin 52715/1919	56 3720
	24	Baldwin 52728/1920	56 3721
	25	Baldwin 52729/1919	56 3722
	26	Baldwin 52730/1919	56 3723
	28	Baldwin 52732/1919	56 3724
	29	Baldwin 52737/1919	56 3725
	30	Baldwin 52738/1919	56 3726
	39	Baldwin 52748/1919	56 3731
	40	Baldwin 52749/1919	56 3732
	41	Baldwin 52750/1919	56 3733
	42	Baldwin 52751/1920	56 3734
	43	Baldwin 52752/1920	56 3735

Gattung	Betriebs-nr.	Hersteller FNr/ Baujahr	Umzeichnung
	47	Baldwin 52770/1920	56 3739
	49	Baldwin 52772/1920	56 3740
	50	Baldwin 52773/1920	56 3741
	52	Baldwin 52775/1920	56 3742
	54	Baldwin 52797/1920	56 3743
	55	Baldwin 52798/1920	56 3744
	61	Baldwin 52804/1920	56 3746
	62	Baldwin 52805/1920	56 3747
	63	Baldwin 52806/1920	56 3748
	64	Baldwin 52807/1920	56 3749
	73	Baldwin 52835/1920	56 3750
	75	Baldwin 52837/1920	56 3751
	76	Baldwin 52838/1920	56 3752
	79	Baldwin 52841/1920	56 3753
	81	Baldwin 52843/1920	56 3754
	82	Baldwin 528xx/1920	56 3755
	83	Baldwin 52860/1920	56 3756
	86	Baldwin 52878/1920	56 3757
	87	Baldwin 528xx/1920	keine
	88	Baldwin 52881/1920	56 3758
	90	Baldwin 52882/1920	56 3759
	91	Baldwin 52883/1920	56 3760

Gattung	Betriebs-nr.	Hersteller FNr/ Baujahr	Umzeichnung
	93	Baldwin 52885/1920	56 3761
	95	Baldwin 52887/1920	56 3762
	96	Baldwin 52888/1920	56 3763
	101	Baldwin 52897/1920	56 3765
	102	Baldwin 52898/1920	56 3766
	103[1]	Baldwin 52899/1920	keine
	106	Baldwin 52902/1920	56 3767
	112	Baldwin 52930/1920	56 3768
	113	Baldwin 52931/1920	56 3769
	115	Baldwin 52933/1920	56 3771
	118	Baldwin 52597/1920	56 3772
	122	Baldwin 52961/1920	56 3773
	124	Baldwin 52963/1920	56 3774
	125[2]	Baldwin 52964/1920	56 3775
	126	Baldwin 52965/19206	56 377
	132	Baldwin 53015/1920	56 3778
	133	Baldwin 53016/1920	56 3779
	136	Baldwin 53041/1920	56 3781
	137	Baldwin 53028/1920	56 3782
	138	Baldwin 53057/1920	56 3783
	140	Baldwin 53092/1920	56 3784

[1] + 31.08.1940
[2] zugesetzt 31.05.1940

Gattung	Betriebs-nr.	Hersteller FNr/ Baujahr	Umzeichnung
	142	Baldwin 53174/1920	56 3785
	146	Baldwin 53227/1920	56 3786
	150	Baldwin 53313/1920	56 3787
	157	Baldwin 55701/1920	56 3788
	161	Baldwin 55705/1922	56 3789
	162	Baldwin 55706/1922	56 3790
	167	Baldwin 55790/1922	56 3792
	168[1]	Baldwin 55xxx/1922	keine
	174	Baldwin 55861/1922	56 3794
	175	Baldwin 55868/1922	56 3795
Reihe polnische Tr 21, Neubau (G 45.17), 1D h2			
Tr 21	1	Chrzanow 1/1922	56 3901
	3	Chrzanow 3/1922	56 3903
	7	Chrzanow 7/1922	56 3906
	12	Chrzanow 12/1923	56 3911
	13	Chrzanow 13/1923	56 3912
	23	Chrzanow 23/1924	56 3919
	26	Steg-Wien 4718/1924	56 3922
	27	Chrzanow 27/1924	56 3923
	28	Chrzanow 26/1924	56 3924
	31	Chrzanow 31/1924	56 3927
	32	Chrzanow 32/1924	56 3928
	47	Chrzanow 47/1924	56 3939
	50[2]	Chrzanow 50/1924	56 3942
	54	Chrzanow 54/1924	56 3945
	56[3]	k.A.	keine
	59	St Arne Tubise 1943/1924	3948
	60	St Arne Tubise 1944/1924	56 3949

[1] zugesetzt 30.06.40; + 31.07.1940

[2] zugesetzt am 31.05.1940

[3] + 31.08.1940

Gattung	Betriebs-nr.	Hersteller FNr/ Baujahr	Umzeichnung
	74	St Arne Tubise 1958/1924	56 3961
	77	de Haine St. Pierre 1387/1924	56 3963
	78	de Haine St. Pierre 1388/1924	56 3964
	79	de Haine St. Pierre 1389/1924	56 3965
	81	de Haine St. Pierre 1391/1924	56 3966
	89	de Haine St. Pierre 1399/1924	56 3971
	91	de Haine St. Pierre 1401/1924	56 3973
	100	Chrzanow 60/1925	56 3977
	101	Chrzanow 61/1925	56 3978
	103	Chrzanow 63/1925	56 3980
	105	Chrzanow 65/1925	56 3982
	107	Chrzanow 67/1925	56 3984
	109	Chrzanow 69/1925	56 3985
	110	Chrzanow 70/1925	56 3986
	111	Chrzanow 71/1925	56 3987
	114	Chrzanow 74/1925	56 3989
	115	Chrzanow 75/1925	56 3990
	116	Chrzanow 76/1925	56 3991
	119	Chrzanow 79/1925	56 3992
	124	Chrzanow 84/1925	56 3995
	126	Chrzanow 86/1925	56 3997
	128	Chrzanow 88/1925	56 3999
	129[1]	Chrzanow 89/1925	56 4000
	130	Chrzanow 90/1925	56 4001
	136	Chrzanow 96/1925	56 4007
	137	Chrzanow 97/1925	56 4008
	138	Chrzanow 98/1925	56 4009
	145	Chrzanow 105/1925	56 4016
	146	Chrzanow 106/1925	56 4017
Reihe polnische Tw 1, ehemalige pr. G 10 (G 55.15), E h2			
Tw 1	15	Borsig 8644/1913	57 2764
	18	Borsig 8996/1914	57 2765
	30	Henschel K 15189/1917	57 2766
	42	Henschel 15301/1917	57 2767

[1] zugesetzt am 31.05.1940

Gattung	Betriebs-nr.	Hersteller FNr/ Baujahr	Umzeichnung
	45	Henschel 15304/1917	57 2768
	74	Schwartzkopff 7795/1922	57 2769
	85	Schwartzkopff 7806/1922	57 2770
	91	Schwartzkopff 7812/1922	57 2771

Reihe polnische Tw 11, ehemalige österreichische 80 (G 55.14), E h2v

Gattung	Betriebs-nr.	Hersteller FNr/ Baujahr	Umzeichnung
Tw 11	1	Steg-Wien 3018/1902	57 010

Reihe polnische Tw 12, ehemalige österreichische 80 (G 55.14), E h2 (* E h2v)

Gattung	Betriebs-nr.	Hersteller FNr/ Baujahr	Umzeichnung
Tw 12	9	Steg-Wien 4305/1919	57 324
	12	Steg-Wien 4308/1919	57 325
	14	Steg-Wien 4311/1919	57 326
	21	Floridsdorf T 1711/1922	57 330
	22	Steg-Wien 4320/1919	57 331
	25	Steg-Wien 4368/1920	57 333
	28	Steg-Wien 4372/1920	57 335
	29	k. A.	57 336
	41	Steg-Wien 4406/1920	57 340
	43	Steg-Wien 4412/1920	57 341
	46	Steg-Wien 4415/1920	57 342
	48	Steg-Wien 4422/1920	57 343
	51	Steg-Wien 4420/1920	57 345
	52	Steg-Wien 44xx/1920	keine
	55	Steg-Wien 4432/1920	57 346
	58	Steg-Wien 4xxx/1920	57 347
	60	Steg-Wien K 4373/1920	57 348
	62	Steg-Wien 4316/1919	57 349
	66	Steg-Wien 4444/1920	57 350
	67	Steg-Wien 4445/1921	57 353
	73*	Wiener Neust. K 5245/1914	57 477
	77	Wiener Neust. 5421/1917	57 355
	85	Steg-Wien 4459/1921	57 358
	91	Wiener Neust. 5545/1920	57 359
	97*	Wiener Neust. 5623/1921	57 481
	98*	Wiener Neust. 5624/1921	57 482
	99*	Wiener Neust. 5625/1921	57 483
	100*	Wiener Neust. 5626/1921	57 484
	101*	Wiener Neust. 5627/1921	57 485
	112	Steg-Wien 4295/1919	57 362
	114	Wiener Neust. 5660/1921	57 363
	117	Wiener Neust. 5663/1922	57 365
	124	Wiener Neust. 5670/1922	57 370
	125	Wiener Neust. 5671/1922	57 371
	126	Wiener Neust. 5672/1922	57 372
	127	Steg-Wien 4583/1923	57 373
	128	Steg-Wien 4584/1923	57 374
	136	k. A.	57 375
	137	Steg-Wien 4593/1923	57 376

* Lok mit E h2v

Gattung	Betriebs-nr.	Hersteller FNr/ Baujahr	Umzeichnung
Reihe polnische Ty 23, Neubau (G 56.17), 1E h2			
Ty 23	1	Cockerill 3029/1924	58 2303
	2	Schwartzkopff 8240/1923	58 2304
	9	Schwartzkopff 8247/1923	58 2308
	10	Schwartzkopff 8248/1923	58 2309
	12	Schwartzkopff 8250/1923	58 2311
	13	Schwartzkopff 8251/1923	58 2312
	14	Schwartzkopff 8252/1923	58 2313
	15	Schwartzkopff 8253/1923	58 2314
	17	Cockerill 3032/1924	58 2316
	18	Cockerill 3033/1924	58 2317
	21	Cockerill 3036/1924	58 2319
	23	Cockerill 3038/1924	58 2320
	24	Cockerill 3039/1924	58 2321
	27	Cockerill 3042/1924	58 2323
	41	St Leonard 1970/1924	58 2330
	47	St Leonard 1976/1924	58 2335
	49	St Leonard 1978/1924	58 2336
	50	St Leonard 1979/1924	58 2337
	51	St Leonard 1980/1924	58 2338
	55	St Leonard 1984/1924	58 2340
	58	St Leonard 1987/1924	58 2343
	59	St Leonard 1988/1924	58 2344
	62	Franco-Belge 2322/1924	58 2347
	63	Franco-Belge 2323/1924	58 2348
	65	Franco-Belge 2325/1924	58 2349

Gattung	Betriebs-nr.	Hersteller FNr/ Baujahr	Umzeichnung
	67	Franco-Belge 2327/1924	58 2350
	69	Franco-Belge 2329/1924	58 2351
	70	Franco-Belge 2330/1924	58 2352
	71	Franco-Belge 2331/1924	58 2353
	73	Franco-Belge 2333/1924	58 2355
	75	Franco-Belge 2335/1924	58 2357
	76	Cegielski 1/1926	58 2358
	77	Cegielski 2/1926	58 2359
	78	Cegielski 3/1926	58 2360
	81	Cegielski 6/1926	58 2362
	84	Cegielski 9/1926	58 2363
	86	Cegielski 11/1926	58 2364
	88	Cegielski 13/1926	58 2366
	90	Cegielski 15/1926	58 2368
	91	Cegielski 16/1927	58 2369
	92	Cegielski 17/1927	58 2370
	96	Cegielski 21/1927	58 2373
	97	Cegielski 22/1927	58 2374
	100	Cegielski 25/1927	58 2376
	101	Cegielski 26/1927	58 2377
	102	Cegielski 27/1927	58 2378
	105	Cegielski 30/1927	58 2380
	108	Chrzanow 203/1927	58 2382
	109	Chrzanow 204/1927	58 2383
	110	Chrzanow 205/1927	58 2384
	111	Chrzanow 206/1927	58 2385
	112	Chrzanow 207/1927	58 2386
	117	Chrzanow 212/1927	58 2389
	118	Chrzanow 213/1927	58 2390
	119	Chrzanow 214/1927	58 2391
	120	Chrzanow 215/1927	58 2392
	122	Chrzanow 217/1927	58 2393
	123	Chrzanow 218/1927	keine
	126	Cegielski 31/1927	58 2395
	127	Cegielski 32/1927	58 2396
	128	Cegielski 33/1927	58 2397
	130	Cegielski 35/1927	58 2398
	133	Cegielski 38/1927	58 2399
	142	Cegielski 47/1927	58 2400

Gattung	Betriebs-nr.	Hersteller FNr/ Baujahr	Umzeichnung
	143	Cegielski 48/1927	58 2401
	155	Cegielski 60/1927	58 2402
	156	Warschau 62/1927	58 2403
	167	Warschau 74/1927	58 2410
	168	Warschau 74/1927	58 2411
	171	Warschau 77/1927	58 2413
	172	Warschau 78/1927	58 2414
	177	Chrzanow 222/1927	58 2419
	182	Chrzanow 227/1927	58 2420
	190	Chrzanow 235/1927	58 2421
	191	Chrzanow 236/1928	58 2422
	192	Chrzanow 237/1928	58 2423
	197	Warschau 83/1927	58 2425
	200	Warschau 86/1927	58 2427
	202	Warschau k.A./1927	keine
	205	Warschau 97/1928	58 2429
	206	Warschau 98/1928	58 2430
	209	Warschau 101/1928	58 2432
	211	Warschau 103/1928	58 2434
	212	Warschau 104/1928	58 2435
	220	Cegielski 65/1928	58 2443
	222	Cegielski 67/1928	58 2444
	224	Cegielski 69/1928	58 2446
	229	Cegielski 74/1928	58 2447
	235	Cegielski 80/1928	58 2450
	236	Chrzanow 241/1928	58 2451
	237	Chrzanow 242/1928	58 2452
	240	Chrzanow 245/1928	58 2455
	260	Warschau 110/1928	58 2471
	266	Warschau 116/1928	58 2476
	276	Chrzanow 266/1928	58 2486
	289	Cegielski 85/1928	58 2496
	293	Cegielski 89/1928	58 2500
	298	Warschau 130/1928	58 2505
	300	Warschau 132/1928	58 2507
	301	Warschau 133/1928	58 2508
	303	Warschau 135/1928	58 2510
	307	Warschau 139/1928	58 2512
	308	Warschau 140/1928	58 2513
	316[1]	Chrzanow 299/1928	58 2518
	324	Warschau 146/1928	58 2521
	336	Warschau 164/1929	58 2528

[1] zugesetzt am 30.06.1940

[2] später in 58 2763

Gattung	Betriebs-nr.	Hersteller FNr/ Baujahr	Umzeichnung
	341	Warschau 169/1929	58 2532
	345	Warschau 173/1929	58 2535
	352	Warschau 180/1929	58 2540
	354	Warschau 182/1929	58 2542
	356	Cegielski 113/1929	58 2543
	357	Cegielski 114/1929	58 2544
	359	Cegielski 116/1929	58 2545
	361	Cegielski 118/1929	58 2546
	362	Cegielski 119/1929	58 2547
	363	Cegielski 120/1929	58 2548
	364	Cegielski 135/1929	58 2549
	365	Cegielski k. A. /1929	keine[2]
	375	Cegielski 130/1929	58 2558
	376	Cegielski 131/1929	58 2559
	377	Cegielski 132/1929	58 2560
	379	Cegielski 134/1929	58 2561
	380	Cegielski 136/1929	58 2562
	383	Cegielski 140/1929	58 2564
	385	Cegielski 142/1929	58 2565
	386	Cegielski 143/1929	58 2566
	388	Cegielski 145/1929	58 2568
	390	Cegielski 147/1929	58 2570
	391	Cegielski 148/1929	58 2571
	395	Cegielski 152/1930	58 2574
	400	Warschau 197/1929	58 2578
	404	Warschau 201/1929	58 2581
	405	Warschau 202/1929	58 2582
	410	Warschau 207/1929	58 2587
	412	Warschau 209/1930	58 2588
	420	Warschau 217/1930	58 2593
	428	Warschau 225/1930	58 2599
	431	Warschau 228/1930	58 2602
	437	Warschau 234/1930	58 2605
	445	Cegielski 154/1930	58 2613
	450	Cegielski 159/1930	58 2618
	454	Cegielski 163/1930	58 2621
	459	Chrzanow 411/1930	58 2625
	483	Warschau 267/1930	58 2644
	484	Warschau 268/1930	58 2645
	487	Warschau 271/1930	58 2648
	490	Warschau 274/1930	58 2649
	508	Warschau 292/1931	58 2662
	509	Warschau 293/1931	58 2663
	510	Warschau 294/1931	58 2664
	610	Chrzanow 481/1931	58 2671

Gattung	Betriebs-nr.	Hersteller FNr/ Baujahr	Umzeichnung
	620	Warschau 303/1931	58 2677
	625	Warschau k. A. /1931	keine[1]
	639	Cegielski 242/1931	58 2691
	641	Cegielski 244/1932	58 2692
	642	Cegielski 245/1932	58 2693
	654	Warschau 320/1932	58 2703
	675	Warschau 341/1932	58 2715
	683	Warschau 349/1932	58 2723
	686	Warschau 352/1932	58 2726
	688	Warschau 354/1932	58 2728
Reihe polnische Ty 37, Neubau (G 56.17), 1E h2			
Ty 37	3	Cegielski 330/1937	58 2902
	5	Cegielski 332/1937	58 2903
	9	Cegielski 336/1937	58 2905
	14	Cegielski 341/1937	58 2907
	15	Cegielski 342/1937	58 2908
	16	Cegielski 347/1938	58 2909
	17	Cegielski 348/1938	58 2910
	18	Cegielski 349/1938	58 2911
	19	Cegielski 350/1938	58 2912
	20	Cegielski 351/1938	58 2913
	21	Cegielski 352/1938	58 2914
	22	Cegielski 353/1938	58 2915
	23	Cegielski 354/1938	58 2916
	24	Cegielski 355/1938	58 2917
	27	Cegielski 358/1938	58 2918
Reihe polnische Oki 1, ehemalige pr. T 11 (Pt 34.16),1C n2			
Oki 1	1	Union 1256/1903	74 037
	3	Union 1257/1903	74 052
	9	Union 1268/1903	74 086
	10	Union 1694/1909	74 097
	11	Borsig 5435/1904	74 098
	12	**Union 1349/1904**	**74 101**
	13	Borsig 5423/1904	74 102
	15	Union 1412/1905	74 106
	17	Union 1416/1905	74 108
	20	Union 1380/1905	74 117
	21	Union 1395/1905	74 118
	22	Union 1283/1903	74 120
	25	Union 1475/1905	74 134
	29	Union 1573/1907	74 155
	30	Borsig k. A./1904	74 156
	32	Union 1561/1907	74 164

Gattung	Betriebs-nr.	Hersteller FNr/ Baujahr	Umzeichnung
	33	Union 1563/1907	74 169
	34	Union 1564/1907	74 180
	35	Union 1525/1907	74 182
	36	Union 1526/1907	74 183
	50	Union 1693/1907	74 264
Reihe polnische Oki 2, ehemalige pr. T 12 (Pt 34.17), 1C h2			
Oki 2	3 Dz*	Borsig 8890/1914	74 1324
	5	Borsig 7203/1909	74 1331
	11	Grafenstaden 6857/1915	74 1337

* Dz – Danzig, in den polnischen Nummernplänen gab es zusätzlich die Gruppe von Lokomotiven der Direktion Danzig, die zumeist ausschließlich im Raum Danzig beheimat waren (dadurch gab es auch eine Art von Doppelbesetzungen, da es u. a. eine Oki 1-3 Dz (74 1324) und Oki 1-3 (74 1329) gab). Oki 1-3 Dz gehörte zur Gedob, Oki 1-3 tat im Gegensatz Dienst im Bezirk der RBD Danzig.

[1] später in 58 2772

Gattung	Betriebs-nr.	Hersteller FNr/ Baujahr	Umzeichnung
Reihe polnische Okl 11, ehemalige österreichische 29 (Pt 35.14), 1C1 h2v			
Okl 11	3	Böhm-Mähr. 413/1912	75 829
	6	Böhm-Mähr. 442/1912	75 832
Reihe polnische Okl 12, ehemalige österreichische 229 (Pt 35.14), 1C1 n2v			
Okl 12	2	Sigl-Wien 4550/1904	75 852
	6	Sigl-Wien 3230/1906	75 853
	9	Floridsdorf 1683/1907	75 856
	10	Sigl-Wien 1685/1907	75 857
	12	Steg-Wien 3507/1908	75 859
	14	Böhm-Mähr. 450/1913	75 861

Gattung	Betriebs-nr.	Hersteller FNr/ Baujahr	Umzeichnung
	15	Böhm-Mähr. 1784/1913	75 862
	16	Sigl-Wien 5254/1913	75 863
	17	Sigl-Wien 5127/1912	75 864
	21	Kraus Linz 5259/1917	75 867
	22	Kraus Linz 5260/1917	75 868
Reihe polnische Okl 27, Neubau (Pt 35.17), 1C1 h2			
Okl 27	5	Cegielski 97/1928	75 1205
	7	Cegielski 99/1929	75 1207
	8	Cegielski 100/1929	75 1208
	12	Cegielski 104/1929	75 1212
	21	Cegielski 168/1930	75 1221
	25	Cegielski 172/1930	75 1225
	27	Cegielski 174/1930	75 1227
	32	Cegielski 179/1930	75 1228
	34	Cegielski 181/1930	75 1230
	36	Cegielski 183/1930	75 1232
	37	Cegielski 184/1930	75 1233
	39	Cegielski 186/1930	75 1235
	40	Cegielski 187/1930	75 1236
	42	Cegielski 189/1930	75 1238
	51	Cegielski 213/1931	75 1247
	52	Cegielski 214/1931	75 1248
	53	Cegielski 215/1931	75 1249
	59	Cegielski 221/1931	75 1251
	60	Cegielski 222/1931	75 1252
	65	Cegielski 227/1931	75 1254
	81	Cegielski 260/1932	75 1269
	82	Cegielski 261/1932	75 1270
	83	Cegielski 262/1932	75 1271
	84	Cegielski 263/1932	75 1272
	86	Cegielski 265/1932	75 1274
	89	Cegielski 268/1932	75 1277
	91	Cegielski 270/1932	75 1278
	93	Cegielski 272/1932	75 1279
	95	Cegielski 274/1932	75 1280
	96	Cegielski 275/1932	75 1281
	97	Cegielski 276/1932	75 1282
	99	Cegielski 278/1933	75 1284
	100	Cegielski 279/1933	75 1285
	101	Cegielski 280/1933	75 1286

Gattung	Betriebs-nr.	Hersteller FNr/ Baujahr	Umzeichnung
	102	Cegielski 281/1933	75 1287
	103	Cegielski 282/1933	75 1288
	111	Cegielski 290/1933	75 1296
	118	Cegielski 297/1933	75 1303
	119[1]	Cegielski 298/1933	75 1304
	122	Cegielski 301/1933	75 1307
Reihe polnische Okl 101, ehemalige sä. XIV HAT (Pt 35.16), 1C1 h2			
Okl 101	3	Sä. Maschinenf. k.A./1912	75 506
Reihe polnische Okm 11, ehemalige österreichische 629 (Pt 36.15), 2C1 h2			
Okm 11	4	Kraus Linz 1283/1922	77 286
	6	Kraus Linz 1285/1922	77 287
	7	Kraus Linz 542/1922	77 288
Reihe polnische Tkh 17, ehemalige österreichische 66 (Gt 33.14), C n2			
Tkh 17	5	Steg Wien 2969/1901	89 8101
	7	Steg Wien 7305/1906	89 8102
	11	Steg Wien 3510/1906	89 8103
Reihe polnische Tki 1, ehemalige pr. T 9.1 (Gt 34.14), C1 n2			
Tki 1	9	Union 813/1895	90 247
	17	Union 862/1896	90 248
	40	Union 1155/1901	90 249
Reihe polnische Tki 2, ehemalige pr. T 9.2 (Gt 34.14), 1C n2			
Tki 2	2 Dz*	Union 908/1897**	91 137
	6	Union 909/1897	91 140

* Dz – Danzig

** Angaben fraglich, evtl. Zahlenverwechselung mit Tki 2-7 Dz

Gattung	Betriebs-nr.	Hersteller FNr/ Baujahr	Umzeichnung
Reihe polnische Tki 3, ehemalige pr. T 9.3 (Gt 34.15), 1C n2			
Tki 3	3	Schichau 1179/1901	91 331
	5	Schichau 1181/1901	91 334

[1] zugesetzt am 31.05.1940

Gattung	Betriebs-nr.	Hersteller FNr/ Baujahr	Umzeichnung
	14	Jung 527/1902	91 345
	18	Jung 680/1904	91 361
	27	Schichau 1282/1903	91 370
	36	Jung 568/1902	91 375
	37	Jung 639/1903	91 376
	39	Hohenzollern 1659/1903	91 379
	43	Union 1188/1902	91 383
	44	Henschel 6830/1904	91 386
	49	Hanomag 4221/1904	91 402
	52	Hohenzollern 2297/1908	91 405
	77	Orenstein 1805/1906	91 424
	78	Hohenzollern 1855/1905	91 427
	82	Henschel 7668/1906	91 433
	85	Union 1445/1906	91 439
	95	Orenstein 1903/1906	91 452
	96	Henschel 7650/1906	91 453
	110	Schwartzkopff 2502/1908	91 476
	134	Union 1644/1908	91 531
	136	Wolf-Hagans 586/1908	91 536
	138	Hohenzollern 2280/1908	91 539
	139	Hohenzollern 2221/1908	91 543
	144	Orenstein 3007/1908	91 556
	147	Wolf-Hagans 578/1908	91 565
	151	Orenstein 2715/1908	91 571
	152	Orenstein 2716/1908	91 572
	154	Orenstein 2720/1908	91 581
	155	Henschel 8281/1907	91 583
	156	Hohenzollern 2290/1908	91 584

Gattung	Betriebs-nr.	Hersteller FNr/ Baujahr	Umzeichnung
	158	Orenstein 2722/1908	91 590
	163	Henschel 9157/1909	91 602
	169	Henschel 9163/1908	91 611
	171	Henschel 8306/1908	91 617
	174	Henschel 8294/1908	91 624
	177	Henschel 9040/1908	91 628
	185	Hohenzollern k.A./1909	91 639
	188	Orenstein 3384/1909	91 643
	197	Jung 1317/1909	91 664
	203	Union 1765/1909	91 676
	207	Orenstein 3220/1909	91 682
	209	Orenstein 3394/1909	91 685
	216	Orenstein 3566/1909	91 700
	233	Henschel 9891/1910	91 725
	234	Henschel 9894/1910	91 726
	236	Hohenzollern 1639/1904	91 728
	241	Wolf-Hagans 658/1910	91 734
	242	Wolf-Hagans 659/1910	91 735
	249	Wolf-Hagans 655/1910	91 754
	250	Wolf-Hagans 656/1910	91 765
	264	Grafenstaden 6270/1911	91 794
	265	Orenstein 4604/1911	91 796
	268	Wolf-Hagans 679/1911	91 808
	275	Hohenzollern 2852/1911	91 824
	281	Jung 1472/1912	91 864
	284	Orenstein 5007/1912	91 865
	294	Union 2007/1912	91 893
	295	Jung 1738/1912	91 896
	298	Union 2085/1913	91 917

Gattung	Betriebs-nr.	Hersteller FNr/ Baujahr	Umzeichnung
Reihe polnische Tkp 1, ehemalige pr. T 13 (Gt 44.15), D n2			
Tkp 1	13	Union 19xx/1911	91 960
	14	Union 19xx/1911	91 961
	15	Union 1959/1911	91 962
	16	Union 2134/1914	91 963
	17	Union 2081/1913	91 964
	27	Union k. A.	91 974
	30	Union 2178/1915	91 977
	34	Wolf-Hagans 842/1916	91 981
	35	Wolf-Hagans 843/1916	91 982
	38	Wolf-Hagans 844/1916	91 985
Reihe polnische Tkp 11, ehemalige österreichische 178 (Gt 44.11), D n2v			
Tkp 11	2	Floridsdorf 1492/1902	92 2202
	12	Steg-Wien 3538/1908	92 2205
	19	Kraus-Linz 6353/1910	92 2207
	22	Kraus-Linz 6689/1913	92 2208
	24	Kraus-Linz 6869/1914	92 2209
Reihe polnische Tkp 101, ehemalige österreichische 578 (Gt 44.14), D n2			
Tkp 101	1	Henschel 14103/1916	92 2113
	2	Henschel 14104/1916	92 2114
	5	Henschel 14107/1916	92 2115
	7	Henschel 14109/1916	92 2116
	10	Henschel 14112/1916	92 2118
Reihe polnische Tkt 1, ehemalige pr. T 14 (Gt 46.16),1D1 h2			
Tkt 1	1	Henschel 13405/1915	93 422
	3	Union 2275/1916	93 423
	16	Union 2359/1917	93 424

Gattung	Betriebs-nr.	Hersteller FNr/ Baujahr	Umzeichnung
	17	Union 2360/1917	93 425
	19	Union 2415/1918	93 426
Reihe polnische Tkt 2, ehemalige pr. T 14.1 (Gt 46.17),1D1 h2			
Tkt 2	3	Union 2515/1919	93 1262
	5	Hohenzollern 4031/1920	93 1263
Reihe polnische Tkw 1, ehemalige pr. T 16 (Gt 55.15), D h2			
Tkw 1	1	Schwartzkopff 3909/1907	94 469
	2	Schwartzkopff 4101/1908	94 470
	9	Schwartzkopff 4824/1912	94 477
	17	Schwartzkopff 4922/1912	94 483
Reihe polnische Tkw 1, ehemalige pr. T 16.1 (Gt 55.17), E h2			
Tkw1	24	Schwartzkopff 5119/1913	94 1388
	38	Schwartzkopff 5719/1915	94 1399
	42	Schwartzkopff 6180/1917	94 1400
	45	Schwartzkopff 02119/1921	94 1402
	47	Schwartzkopff 6712/1918	94 1404
	48	Schwartzkopff 6702/1919	94 1405
	54	Schwartzkopff 7451/1921	94 1409

Übersicht über die Bahnbetriebswerke der Gedob

(Stand 1. April 1943)

Ostbahndirektion Krakau

Maschinenamt	Bw	Gefolgschaft*	unterstellte Bww/ Lokbahnhöfe	Gerätewagen	beheimatete BR
Krakau 4403 (4140)	Krakau Hbf	988 (955)	Bww Krakau mit 521 (500)	Arztwagen, Gerätewagen	12.2, 19.1, 35.1, 35.3, 38.10, 38.45, 52, 53.72, 54.1, 55, 91.3, 040, Pu 29
	Krakau Plaszow	1232 (1178)		Gerätewagen, Kran	13.3, 37.4, 38, 52, 55.25, 55.57, 55.58, 56, 58.10, 93, 95.3
	Krakau Kraftwagen betriebswerk	203 (143)			Lkw, Pkw
	Neu Sandez	380 (361)	Stroze, Muszyna	Arztwagen, Gerätewagen	35.3, 52, 54, 55, 56.31, 57.3, 91.3, 95.3, 040
	Tarnow	989 (916)		Gerätewagen	13.3, 35.3, 38, 52, 55.0, 55.25, 55.58, 56.2, 56.31, 57, 58.10, 58.23, 75.12, 91.3, 92.22, 94.5
	Zakopane	90 (87)	Neumarkt (Dunajec), Chabowka	Ortsgeräte-wagen	55.58, 56.31, 57.3, 91.3, 92.22, 040
Reichshof 4948 (4652)	Reichshof	1292 (1232)		Arztwagen, Gerätewagen, Kran	13.3, 16.0, 35.7, 38, 52, 55.25, 55.58, 56.39, 57.3, 37.10, 58.10, 58.23, 040
	Przemysl	1104 (1046)	Chyrow		13.3, 37.4, 38, 52, 55.0, 55.25, 75.12, 91.3, 93.4
	Zurawica	689 (577)		Ortsgeräte-wagen	13.3, 55, 57, 58.10, 58.23, 75.12, 040
	Przeworsk	297 (287)	Jaroslau	Ortsgeräte-wagen	38, 52, 55.25, 55.58, 75.12, 91.3, 93.5, 040
	Debica	467 (455)		Ortsgeräte-wagen	37.4, 54.1, 56.31, 91.3, 040, 140
	Jaslo	289 (283)	Zagorzany		13.3, 35.3, 35.7, 54.1, 56.3, 57.3, 91.3
	Neu Zagorz	191 (186)	Nowy Lypkow (760 mm)	Gerätewagen, Ortsgeräte-wagen	13.3, 35.3, 54.1, 56.31, 90.2, 91.3, 99.25
	Rozwadow	619 (586)		Gerätewagen	38, 56.9, 57.3, 58.23, 91.3, 040, 140, 130
Kielce 3015 (2863)	Kielce Herbskie	526 (499)		Ortsgeräte-wagen	38.10, 38.45, 55.61, 91.3, 140
	Sedziszow	587 (555)		Ortsgeräte-wagen	42, 54.1, 55, 58.10, 58.23, 140

Maschinenamt	Bw	Gefolgschaft*	unterstellte Bww/ Lokbahnhöfe	Gerätewagen	beheimatete BR
	Skarzysko Kamiena	1784 (1709)	Ostrowiec (Swiet)	Arztwagen, Gerätewagen, Ortsgeräte-wagen	38.10, 38.45, 57, 58.10, 58.23, 58.29, 89.91, 90.2, 0140, 140
	Tomaszow Maz	118 (100)			55.7, 55.25, 74.0, 91.3, 140
Schmalspuramt Jedrzejow	Jedrezejow	179 (176)	600 mm Chariszinica, Kazimierza, Bogoria		99.15

Ostbahndirektion Lemberg

Maschinenamt	Bw	Gefolgschaft*	unterstellte Bww/ Lokbahnhöfe	Gerätewagen	beheimatete BR
Lemberg 4191 (3835)	Lemberg Ost	860 (776)	Stojanow, Bww Lemberg mit 442 (418)	Arztwagen, Gerätewagen	13.1, 13.3, 35.3, 35.8, 38, 50, 52, 55.0, 55.25, 55.58, 56.2, 56.3, 74.0, 92.2, Tkp 12
	Lemberg West	1919 (1738)		Arztwagen, Gerätewagen, Kran	12.2, 13, 19.1, 38, 50, 52, 55, 56.2, 56.3, 56.4, 57, 58.10, 58.23, 74.0, 77.2, 91.3
	Lemberg Kbw	108 (84)			Lkw, Pkw
	Rawa Ruska	439 (422)	Sokal	Ortsgeräte-wagen	13.3, 35.3, 35.8, 37.4, 54.0, 55.25, 55.57, 56.3, 57.0, 57.10, 77.2
	Krasne	214 (204)		Ortsgeräte-wagen	55.25, 56.37
	Brody	209 (193)			13.3, 52, 55.25, 56.37
Stanislau 2671 (2567)	Stanislau	743 (708)	Delatyn	Arztwagen, Gerätewagen	16.0, 35.3, 38, 50, 52, 54.1, 55.0, 55,6, 55.25, 56.35, 91.3, 92.22
	Sambor	428 (417)	Sianki	Ortsgeräte-wagen	13.3, 35.3, 54.0, 55.0, 55.7, 56.2, 57.3
	Drohebycz	391 (302)		Ortsgeräte-wagen	52, 55.0, 77.2
	Chodorow	311 (302)		Ortsgeräte-wagen	13.3, 35.3, 35.7, 55.25, 55.69, 57.3
	Stryi (Stryj)	413 (388)		Arztwagen, Gerätewagen	13.3, 35.3, 52, 55.0, 55.58, 56.2, 56.3, 57.3, 57.10, 90.2
	Kolomea	385 (369)	Sniatyn	Ortsgeräte-wagen	35.1, 54.1, 5525, 55.5, 56.37, 89.75, 92.22
Tarnopol 1611 (1526)	Tarnopol	1238 (1162)	Zloczow, Potutory, Podwoloczyska, Kopyczynce	Arztwagen, Gerätewagen	35.3, 52, 55, 56.3, 57, 58.10, 58.23, 89.75, 94.4, Tp 102-104
	Czortkow	373 (364)		Gerätewagen	52, 53, 55.58, 56.31, 57

Ostbahndirektion Warschau

Maschinenamt	Bw	Gefolgschaft*	unterstellte Bww/ Lokbahnhöfe	Gerätewagen	beheimatete BR
Warschau 1 6149 (5835)	Warschau West	1720 (1664)	Bww Warschau West mit 548 (483)	Arztwagen, Gerätewagen	13.5, 17.1, 19.1, 36.4, 38.10, 38.45, 50, 52, 53, 55, 56, 57, 58.10, 58.23, 91.3, 140
	Warschau Danz Bf	257 (249)			36.4, 74.0, 91.3
	el Bw Grochow	250 (249)			ET
	Fahrleitungs-inspektion	417 (399)			
	Koloszki	267 (251)	Rogow 600 mm	Gerätewagen	38, 75.12, 91.3, 140, 99.16
	Petrikau	860 (795)		Arztwagen, Gerätewagen	54.1, 55.0, 55.7, 58.5, 58.10, 58.23, 140
	Skierniewice	636 (608)		Ortsgeräte-wagen	13.5, 38, 55.7, 58.10, 58.23, 140
	Sochaczew	423 (402)			50, 52, 55.0, 55.7, 56.3, 74.0, 91.3, 140
	Tschen-stochau	667 (638)		Ortsgeräte-wagen	35,1, 38.10, 38.45, 52, 55.0, 55.25, 57, 91.3, Tp 15, 140
Warschau 2 5710 (5449)	Warschau Ost	1325 (1274)	Pilawa, Bww Warschau Ost mit 463 (446)	Arztwagen, Gerätewagen, Ortsgeräte-wagen	13.5, 19.1, 38.10, 38.45, 50, 52, 55.0, 55.7, 55.25, 56, 57, 75.12, 91.3, 140
	Warschau Praga	1163 (1078)		Ortsgeräte-wagen	38, 50, 52, 54.12, 55.0, 55.7, 55.25, 56.41, 57, 91.3, 140
	Warschau Wilnaer Bf	178 (170)			13.5, 58.23, 75.12, 91.3
	Lukow	477 (456)			52, 54.1, 55.0, 55.25, 56.3, 140
	Malaszewice	394 (371)	Bila Podlaska 750 mm	Ortsgeräte-wagen	55.0, 55.25, 56.3, 57, 75.12, 040, 140, 99.25
	Malkinia	349 (328)			36.4, 50, 52, 55.0, 55.7, 55.25, 56, 57, 75.5, 75.12, 91.3, 140
	Minsk Maz	122 (116)			55.7, 55.16, 55.25, 140
	Siedlce	1079 (1030)		Arztwagen, Gerätewagen, Kran	38.10, 38.45, 50, 52, 54.1, 55.0, 55.7, 55.25, 56.2, 56.37, 57, 58.10, 58.23, 58.29, 74.0, 75.12, 140
	Tluszcz	190 (180)			38, 52, 55.7, 55.25, 75.12, 140
Lublin 3988 (3786)	Lublin	1746 (1676)	Karczmiska 750 mm	Arztwagen, Gerätewagen	35.2, 38, 52, 54.0, 55.7, 55.25, 56.2, 56.37, 57, 58.10, 58.23, 91.3, 92.5, 130, 140, 99.25

Maschinenamt	Bw	Gefolgschaft*	unterstellte Bww/ Lokbahnhöfe	Gerätewagen	beheimatete BR
	Cholm	843 (810)		Arztwagen, Gerätewagen	38.10, 38.45, 52, 54.0, 55.25, 56.37, 74.0, 130, 140
	Deblin	866 (819)		Ortsgeräte-wagen	38, 50, 54.1, 55.0, 55.7, 55.25, 56.37,57, 58.10, 58.23, 040, 140, 230
	Radom	236 (203)		Ortsgeräte-wagen	38, 52, 55.7, 57, 58.23, 91.3, 040, 140
	Zamose	297 (278)	Zwierzyniec 600 mm	Ortsgeräte-wagen	52, 55.7. 55.25. 56.37, 57.3, 74.0, 91.3, 99.15
Schmalspur-nebenamt Hrubieszow	Hrubieszow	56 (56) 750 mm	Gozdow, Laszczow, Werbkowice		99.25

Lokomotivbestand und Verbleib 1944

OBD Krakau

Zusammenstellung der vom 20. Juli 1944 bis 31. August 1944 nach dem Reich abgerollten Schad- und Räumungslokomotiven der OBD Krakau:
(Lokomotiven ohne weitere Hinweise sind »Eigentumslok der Ostbahn«, mit A gekennzeichnet, Lokomotiven aus dem »Altreich«, mit RB für »Russische Beutelok«)

BR	einst PKP	Ordnungsnummern
12	Pu 29	201, 202
13	Pd 1	312, 313, 321, 333, 337
19	Pt 31	137, 142, 154, 161, 175, 177
35.1	Ol 11	102, 103, 110, 112–114, 130
35.3	Ol 12	327, 353, 354, 359, 361, 362, 368, 370, 371, 373–375, 377, 378, 381, 382, 386–388
35.7	Ol 103	702, 703, 704
37.4	Oi 101	401 - 406, 408, 409, 411, 412
	Oi 101	–11, 13, 14, 18
38.10	Ok 1	1070, 1396, 1502A, 1732A, 1839A, 1845A, 3896, 3897, 4051A
38.45-46	Ok 22	4503, 4505, 4510, 4517, 4519, 4527, 4536, 4552, 4554, 4558–4560, 4566, 4572, 4576, 4578, 4579, 4585, 4588, 4589–4591, 4595, 4600, 4603, 4606, 4609, 4610
52*	A	038, 059, 072, 148, 232, 351, 400,460, 464, 465, 467, 550, 1156, 1234, 1369, 1470, 2100, 2121, 2136, 2226, 2251, 2415, 3155, 3156, 3392, 3393,3403, 4786, 4802, 4875, 4988, 5127, 5169, 5175, 5176, 5179, 5180, 5183, 5196, 5201, 5231, 5274, 5313, 5314, 5458, 5459, 5511, 5512, 5543, 5558, 5639, 5669, 5670, 5672, 5796, 5811, 6028, 6236, 6237, 6241, 6245, 6246, 6248, 6251, 6308, 6310, 6704, 6809, 7396
53.72	Th 24	7212, 7215–7217
54.1	Ti 11	105–107, 111, 143, 145–147, 149, 151, 155–157, 159, 163, 164
55.0	Tp 1	036, 099, 119, 123, 140, 167, 190, 208, 279, 287, 294, 647
55.7		760A

BR	einst PKP	Ordnungsnummern
55.16-22		1667A, 2130A, 2136A
55.25-56	Tp 4	2527, 2558, 2578, 2620, 2712, 2716, 2724, 2787, 2789, 2795, 2876, 2905, 2930, 2937, 2938, 2948, 2950, 2966, 2970, 2971, 3003, 3022, 3096, 3140, 3186, 3210, 3229, 3231, 3254, 3256, 3272, 3274, 3286, 3298, 3324, 3358, 3381, 3403, 3511, 3520, 3622A, 3890A
	Tp 4	60RB, 227RB, 400
55.57-58	Tp 15	5832, 5834, 5837, 5838, 5842–5845, 5848, 5850, 5854, 5855, 5860, 5862–5864
	Tp 15	181, 211
55.61	Tp 108 v. Tp 109	6113, 6115, 6120, 6121, 6131, 6133
56.2-9		336A, 444A
56.31-33	Tr 11	3226, 3344 - 3347,3355, 3356, 3367
56.39-40	Tr 21	3901, 3904, 3905, 3907–3912, 3914, 3916–3920, 3923, 3925, 3928–3931, 3933–3941, 3943–3947, 3949, 3951, 5953, 3956, 3958, 3961, 3965, 3970, 3972, 3977, 3981, 3986–3988, 3990–3993, 3997, 4003, 4006, 4009, 4022
57.2-3	Tw 12	323, 326, 339–341
57.4	Tw 12	400, 476
58.23-27	Ty 23	2310, 2311, 2313–2315, 2322, 2324, 2330, 2331, 2333, 2334A, 2335–2338, 2340, 2343, 2347, 2350, 2353, 2355, 2358, 2362, 2366, 2370–2372, 2374, 2376, 2380, 2389, 2396, 2400, 2401, 2411, 2413, 2419, 2425, 2427, 2428, 2439–2441, 2443, 2444, 2446, 2450, 2455, 2457, 2458, 2461, 2468, 2470, 2471, 2475, 2479, 2483, 2484, 2486, 2487, 2489, 2490, 2496, 2499, 2504, 2505, 2513, 2522, 2525A, 2530, 2533, 2555, 2557, 2562, 2564–2567, 2573, 2588, 2591A, 2594A, 2605, 2610, 2611, 2613, 2614, 2617A, 2618, 2624–2626, 2634–2636, 2638, 2639A, 2641, 2646, 2651, 2655, 2657–2659, 2668A, 2670A, 2680A, 2681A, 2682, 2685, 2689, 2693, 2694, 2708, 2710A, 2712, 2714, 2718, 2724, 2725, 2728, 2732, 2738, 2758RB, 2760, 2762RB, 2764
	Ty 23	348RB
58.29	Ty 37	2901, 2902?, 2906, 2908, 2911, 2912, 2914, 2915, 2921–2923, 2927, 2929RB
75.12-13	Okl 27	1205, 1235, 1274, 1285, 1287, 1303
89.81	Tkh 17	8104
90.2	Tki 1	246–248
	Tki 1	30
91.3-18	Tki 3	398, 406, 456A, 531, 534, 536, 539, 560, 606, 626, 636, 710, 822, 864, 877, 1402A, 1671A, 1711A
92.22	Tkp 11	2207
95.3	Okz 32	304, 307, 312, 314, 315
Französische Leihlokomotiven		
040 B-		04, 12–14, 24, 28, 35, 38, 41, 55, 62–64, 74, 75, 80, 735, 744
040 G-		268, 270, 275, 280, 284, 287–289
130 A-		377
130 B-		254, 256, 260, 272, 310, 335, 357, 439, 442, 443, 451, 452, 480, 710, 732, 733
140 B-		106, 180, 225
140 D-		351, 461, 594, 622
140 G-		37, 83, 184, 341, 496, 514, 530, 640, 665, 686, 698
ehemalige Breitspurlokomotiven		
55		055, 061, 097, 108, 178, 232

* BR 52 alle »Altreichlok«

OBD Warschau

Lok-Nr.	Abgabe am/an (tw. Übernahme)
13 503	30.09.44 RBD Oppeln
13 505	im Einsatz OBD Warschau
13 506	30.09.44 RBD Hannover
13 509	2 3.09.44 RBD Stettin
13 511	24.09.44 RBD Osten
13 513	30.09.44 RBD Hannover
13 514	30.09.44 RBD Hannover
13 516	im Einsatz OBD Warschau
13 520	30.09.44 RBD Hannover
13 522	abgestellt (Ausbesserung) OAW/OBD
13 525	im Einsatz OBD Warschau
13 529	24.09.44 RBD Osten
13 531	01.11.44 RBD Osten
13 535	30.09.44 RBD Stettin
13 536	30.09.44 RBD Regensburg
13 544	im Einsatz OBD Warschau
13 545	30.09.44 RBD Erfurt
13 547	31.12.44 RBD Breslau
17 180	21.08.44 RBD Mainz
19 102	04.44
19 103	16.05.44 RBD Danzig
19 104	04.44
19 106	16.05.44 RBD Danzig
19 110	16.05.44 RBD Danzig
19 111	16.05.44 RBD Oppeln
19 113	14.05.44 RBD Danzig
19 114	04.44
19 115	05.44
19 116	19.05.44 RBD Danzig
19 120	21.05.44
19 126	14.05.44
19 127	06.05.44 RBD Oppeln
19 128	05.44
19 129	19.05.44
19 130	19.05.44
19 131	14.05.44
19 132	19.05.44
19 133	19.05.44 RBD Danzig
19 134	12.05.44
19 135	05.44 RBD Oppeln
19 136	13.05.44 RBD Danzig
19 138	05.44
19 150	05.44
19 156	05.44

Lok-Nr.	Abgabe am/an (tw. Übernahme)
19 157	01.05.44 RBD Oppeln
19 158	01.05.44 RBD Oppeln

Anmerkung: In den Archivunterlagen sind die Empfängerdaten nicht eindeutig lesbar. Da nur Fragmente der RBD Oppeln bzw. Danzig entzifferbar waren, wurden der Wahrheit zuliebe diese Spalte unvollständig gelassen. Vermutlich gelangte der Großteil an die RBD Oppeln.

Lok-Nr.	Abgabe am/an (tw. Übernahme)
33 201	27.09.44 RBD Osten
33 202	30.09.44 RBD Erfurt
33 203	30.09.44 RBD Dresden
33 204	im OAW/OBD Warschau
33 205	im OAW/OBD Warschau
33 206	30.09.44 RBD Stettin
33 207	24.09.44 RBD Osten
33 208	30.09.44 RBD Berlin
33 209	30.09.44 RBD Erfurt
33 210	30.09.44 RBD Hannover
33 214	im OAW/OBD Warschau
35 115	24.09.44 RBD Osten
35 116	im Einsatz OBD Warschau
35 118	im OAW/OBD Warschau
35 119	im OAW/OBD Warschau
35 120	im Einsatz OBD Warschau
35 121	30.09.44 RBD Stettin
35 122	im Einsatz OBD Warschau
35 123	24.09.44 RBD Osten
35 124	30.09.44 RBD Dresden
35 126	30.09.44 RBD Stettin
35 127	01.10.44 RBD Dresden
35 128	im Einsatz OBD Warschau
35 129	01.10.44 RBD Dresden
35 133	im Einsatz OBD Warschau*

* Vermerk: russische Beutelok

GVD-Reserve (geführt im November und Dezember 1944):	
35 353	28.12.44 RBD Villach
35 371	28.12.44 RBD Villach
35 374	28.12.44 RBD Villach
35 375	31.12.44 RBD Breslau
35 377	31.12.44 RBD Breslau
36 450	23.09.44 RBD Stettin
36 451	23.09.44 RBD Stettin
36 452	30.09.44 RBD Hannover
36 453	30.09.44 RBD Dresden

Lok-Nr.	Abgabe am/an (tw. Übernahme)
36 465	30.09.44 RBD Stettin
36 476	01.11.44 RBD Osten
36 482	30.09.44 RBD Oppeln
36 484	01.11.44 RBD Osten
36 492	+ 26.05.44
36 496	24.09.44 RBD Hannover
36 497	30.09.44 RBD Dresden
36 499	30.09.44 RBD Stettin
36 500	30.09.44 RBD Stettin
36 501	30.09.44 RBD Stettin
36 502	30.09.44 RBD Stettin
36 505	im OAW/OBD Warschau
36 507	23.09.44 RBD Stettin
36 508	24.09.44 RBD Osten
36 519	30.09.44 RBD Osten
38 1041	23.09.44 RBD Stettin
38 1046	30.09.44 RBD Stettin
38 1051	im Einsatz OBD Warschau
38 1089	30.09.44 RBD Essen
38 1113	30.09.44 RBD Dresden
38 1114	29.08.44 RBD Osten
38 1115	31.10.44 RBD Berlin
38 1143	im OAW/OBD Warschau
38 1147	30.09.44 RBD Oppeln
38 1162	31.08.44 RBD Essen
38 1177	31.10.44 RBD Berlin
38 1195	30.09.44 RBD Wien
38 1197	im Einsatz OBD Warschau
38 1201	30.09.44 RBD Regensburg
38 1226	30.09.44 RBD Posen
38 1239	30.09.44 RBD Erfurt
38 1282	20.09.44 RBD Nürnberg
38 1285	30.09.44 RBD Regensburg
38 1294	24.09.44 RBD Osten
38 1309	30.09.44 RBD Oppeln
38 1313	20.09.44 RBD Nürnberg
38 1316	30.09.44 RBD Erfurt
38 1341	30.09.44 RBD Hannover
38 1366	30.09.44 RBD Hannover
38 1490	31.10.44 RBD München
38 1593	30.09.44 RBD Regensburg
38 1669	31.08.44 RBD Posen
38 1670	30.09.44 RBD (gestrichen)
38 2222	30.09.44 RBD Halle
38 3070	30.09.44 RBD Erfurt
38 3878	30.09.44 RBD Erfurt

Lok-Nr.	Abgabe am/an (tw. Übernahme)
38 3646	30.09.44 RBD Regensburg
38 3272	31.10.44 RBD Posen
38 1637	im OAW/OBD Warschau
38 3889	im OAW/OBD Warschau
38 2935	30.09.44 RBD Dresden
Ok 1-21	im Einsatz OBD Warschau
38 3900	im OAW/OBD Warschau
38 2276*	im Einsatz OBD Warschau
38 2315*	im Einsatz OBD Warschau
38 3781*	im Einsatz OBD Warschau

* von RBD Königsberg im November 1944

Lok-Nr.	Abgabe am/an (tw. Übernahme)
38 4501	30.09.44 RBD Münster
38 4502	31.10.44 Feindverlust (seit Mai z)
38 4504	31.08.44 RBD Posen
38 4506	im OAW/OBD Warschau
38 4507	30.09.44 RBD Stettin
38 4509	im OAW/OBD Warschau
38 4511	30.09.44 RBD Erfurt
38 4512	im OAW/OBD Warschau
38 4514	im OAW/OBD Warschau
38 4516	31.10.44 Feindverlust (seit Mai z)
38 4518	24.09.44 RBD Osten
38 4520	31.10.44 Feindverlust (seit Mai z)
38 4521	24.09.44 RBD Osten
38 4524	31.08.44 RBD Posen
38 4529	30.09.44 RBD Posen
38 4532	30.09.44 RBD Erfurt
38 4533	im Einsatz OBD Warschau
38 4534	31.08.44 RBD Posen
38 4537	15.09.44 RBD Hannover
38 4538	01.11.44 RBD Osten
38 4539	30.09.44 RBD Stettin
38 4540	24.09.44 RBD Osten
38 4541	24.09.44 RBD Osten
38 4543	im Einsatz OBD Warschau
38 4545	30.09.44 RBD Stettin
38 4546	01.11.44 RBD Osten
38 4547	30.09.44 RBD Erfurt
38 4549	31.12.44 RBD (unbekannt)
38 4551	30.09.44 RBD Dresden
38 4556	30.09.44 RBD Essen
38 4557	im Einsatz OBD Warschau
38 4561	15.09.44 RBD Hannover
38 4564	23.09.44 RBD Stettin
38 4565	11.44 z

Lok-Nr.	Abgabe am/an (tw. Übernahme)
38 4567	30.09.44 RBD München
38 4568	23.09.44 RBD Stettin
38 4569	30.09.44 RBD Stettin
38 4570	im Einsatz OBD Warschau
38 4571	30.09.44 RBD München
38 4575	im OAW/OBD Warschau
38 4577	im OAW/OBD Warschau
38 4580	30.09.44 RBD Stettin
38 4581	im Einsatz OBD Warschau
38 4583	30.09.44 RBD Hannover
38 4584	30.09.44 RBD Erfurt
38 4586	21.09.44 RBD Posen
38 4596	08.44 RBD Mainz
38 4598	30.09.44 RBD Posen
38 4599	im OAW*
38 4602	+ 26.05.44
38 4605	im OAW/OBD Warschau
38 4621	30.09.44 RBD Stettin
38 4622	30.09.44 RBD Stettin
38 4623	30.09.44 RBD Stettin
38 4624	im OAW/OBD Warschau
38 4625	31.10.44 RBD Berlin
Ok 22-49	30.09.44 RBD Augsburg**
38 4527***	30.09.44 RBD Stettin
38 4579***	im Einsatz OBD Warschau
38 4510****	im Einsatz OBD Warschau
38 4595****	30.09.44 RBD Stettin
38 4603****	im Einsatz OBD Warschau
38 4606****	im Einsatz OBD Warschau
38 4576	gestrichen
38 4588*****	im Einsatz OBD Warschau
38 4536******	im Einsatz OBD Warschau

* OAW Warschau-Praga (04.–12.44), an Ostrowiec
** Ok 22-49 im Bestand seit 08.44
*** von OBD Krakau seit 08.44
**** von OBD Krakau seit 09.44
***** von OBD Krakau seit 10.44
****** von OBD Krakau seit 11.44

Lok-Nr.	Abgabe am/an (tw. Übernahme)
50 001	26.02.44 RBD Hannover
50 015	01.05.44 RBD Köln
50 094	im Einsatz OBD Warschau*
50 166	19.03.44 RBD
50 194	25.05.44 RBD Köln
50 280	29.04.44 RBD Stuttgart
50 342	03.05.44 RBD Augsburg
50 393	19.05.44 RBD Augsburg
50 439	09.03.44 RBD Wuppertal
50 476	31.01.44 RBD
50 569	Im Einsatz OBD Warschau*
50 593	19.05.44 RBD Nürnberg
50 596	19.05.44 RBD Nürnberg
50 744	15.06.44 RBD
50 746	19.04.44 RBD Wuppertal
50 763	08.02.44 RBD Hannover
50 828	10.07.44 RBD Saarbrücken
50 844	13.03.44 RBD Wuppertal
50 845	07.02.44 RBD Hannover
50 847	04.06.44 RBD Saarbrücken
50 873	03.05.44 RBD Augsburg
50 932	31.01.44 RBD
50 941	19.05.44 RBD München
50 1026	09.03.44 RBD Wuppertal
50 1095	19.05.44 RBD Nürnberg
50 1099	15.06.44 RBD Saarbrücken
50 1164	15.06.44 RBD Saarbrücken
50 1165	10.07.44 RBD Saarbrücken
50 1166	15.06.44 RBD Saarbrücken
50 1170	01.44 RBD Hannover
50 1171	07.05.44 RBD
50 1234	30.03.44 RBD Stuttgart
50 1256	15.06.44 RBD Saarbrücken
50 1258	15.06.44 RBD Saarbrücken
50 1381	15.06.44 RBD Saarbrücken
50 1412	21.04.44 RBD Köln
50 1424	04.05.44 RBD Köln
50 1427	02.02.44 RBD Hannover
50 1476	13.04.44 übergeben …
50 1511	04.06.44 RBD Saarbrücken
50 1542	15.06.44 RBD Saarbrücken
50 1555	23.05.44 RBD
50 1559	14.03.44 RBD
50 1571	30.09.44 RBD Posen**
50 1572	31.12.44 RBD Breslau***
50 1621	06.02.44 RBD Hannover
50 1622	06.02.44 RBD Hannover
50 1625	01.04.44 RBD Hannover
50 1631	15.06.44 RBD Köln
50 1645	03.06.44 RBD
50 1649	02.08.44 RBD
50 1652	13.04.44 RBD Hannover
50 1653	15.06.44 RBD Saarbrücken

Lok-Nr.	Abgabe am/an (tw. Übernahme)
50 1654	17.04.44 RBD Hannover
50 1701	01.04.44 RBD Hannover
50 1761	25.03.44 RBD Münster
50 1764	28.04.44 RBD Stuttgart
50 1765	25.03.44 RBD Münster
50 1766	19.03.44 RBD Münster
50 1767	01.05.44 RBD Stuttgart
50 2173	01.05.44 RBD Köln
50 2174	09.03.44 RBD Karlsruhe
50 2175	03.05.44 RBD Augsburg (?)
50 2176	30.09.44 RBD München**
50 2177	01.05.44 RBD Stuttgart
50 2178	27.04.44 RBD Köln
50 2179	09.03.44 RBD Karlsruhe
50 2180	02.02.44 RBD Hamburg
50 2181	20.01.44 RBD Stuttgart
50 2191	04.06.44 RBD Saarbrücken
50 2192	22.06.44 RBD Saarbrücken
50 2225	25.03.44 RBD Münster
50 2226	12.06.44 RBD Saarbrücken
50 2227	11.03.44 RBD Hannover
50 2228	02.44 RBD Hannover
50 2229	24.04.44 RBD Köln (?)
50 2230	25.06.44 RBD Saarbrücken
50 2231	10.07.44 RBD Saarbrücken
50 2232	30.03.44 RBD Stuttgart
50 2233	12.06.44 RBD Saarbrücken
50 2234	25.03.44 RBD Münster
50 2235	10.07.44 RBD Saarbrücken
50 2236	30.03.44 RBD Stuttgart
50 2237	05.03.44 RBD
50 2238	08.02.44 RBD Hannover
50 2239	09.03.44 RBD Hannover
50 2240	10.07.44 RBD Saarbrücken
50 2241	03.06.44 RBD Frankfurt (M)
50 2242	19.02.44 RBD Hannover
50 2243	10.07.44 RBD Saarbrücken
50 2244	02.44 an ?
50 2245	02.44 RBD Hannover
50 2246	09.03.44 RBD Hannover
50 2247	02.44 an ?
50 2248	07.05.44 RBD
50 2249	02.44 RBD Hannover
50 2250	02.44 an ?
50 2251	05.03.44 RBD Hannover
50 2252	02.44 an ?

Lok-Nr.	Abgabe am/an (tw. Übernahme)
50 2253	02.44 RBD Hannover
50 2254	02.44 RBD Münster
50 2255	02.44 an ?
50 2256	19.03.44 RBD
50 2257	14.03.44 RBD
50 2258	02.44 an ?
50 2259	02.44 an ?
50 2268	25.06.44 RBD
50 2294	24.04.44 RBD
50 2295	25.06.44 RBD
50 2304	25.03.44 RBD Wuppertal
50 2459	31.07.44 RBD Saarbrücken****
50 2574	13.02.44 RBD Hannover
50 2584	18.04.44 RBD
50 2585	01.04.44 RBD Hannover
50 2586	22.05.44 RBD Hannover
50 2587	25.03.44 RBD Wuppertal
50 2588	22.06.44 RBD Saarbrücken
50 2589	25.01.44 RBD Hamburg
50 2590	01.44 RBD Hamburg
50 2591	24.01.44 RBD Hamburg
50 2592	01.44 RBD Hamburg
50 2593	15.01.44 RBD Hamburg
50 2594	01.44 RBD Hamburg
50 2595	02.44 RBD Hannover
50 2596	07.01.44 RBD Hannover
50 2597	06.02.44 RBD Hannover
50 2598	30.01.44 RBD Hamburg
50 2602	15.06.44 RBD Frankfurt (M)
50 2603	15.06.44 RBD Saarbrücken
50 2604	04.06.44 RBD Saarbrücken
50 2797	01.05.44 RBD Stuttgart
50 2824	13.03.44 RBD Wuppertal
50 2830	30.03.44 RBD Stuttgart
50 2993	25.03.44 RBD Wuppertal
50 390	28.03.44 RBD Hannover

* kein Nachweis mehr ab 05.44
(50 094 Abgabe 03.44, 50 569 Abgabe 04.44)

** als Schadlok

*** im RAW

an ? – kein Austrag in den Unterlagen

**** RBD Saarbrücken übernahm 50 2459
erst am 01.09.44 in Bestand

Lok-Nr.	Abgabe am/an (tw. Übernahme)
52 017	im OAW
52 023	15.08.44 RBD Posen

Lok-Nr.	Abgabe am/an (tw. Übernahme)
52 026	im OAW
52 029	30.09.44 RBD Stuttgart
52 048	30.09.44 RBD Schwerin
52 068	31.10.44 RBD Königsberg
52 074	im OAW
52 155	31.10.44 RBD Königsberg
52 110	in OBD Warschau abgst.
52 167	11.08.44 RBD München
52 184	31.10.44 RBD Königsberg
52 111	01.08.44 OBD Krakau
52 118	01.08.44 RBD Danzig
52 122	31.12.44 RBD Breslau
52 155	30.09.44 RBD Erfurt
52 151	30.09.44 RBD Erfurt
52 176	im OAW
52 177	30.09.44 RBD Erfurt
52 199	im OAW
52 152	im Einsatz OBD Warschau
52 203	im OAW
52 211	im OAW
52 228	im OAW
52 231	01.10.44 OBD Krakau
52 258	im OAW
52 267	im OAW
52 276	im OAW
52 280	30.09.44 RBD Oppeln
52 272	im Einsatz OBD Warschau
52 302	im Einsatz OBD Warschau
52 306	31.08.44 RBD Posen
52 330	im Einsatz OBD Warschau
52 336	im OAW*
52 386	31.10.44 Feindverlust**
52 328	im Einsatz OBD Warschau
52 387	31.10.44 RBD Königsberg
52 413	31.12.33 RBD Breslau
52 414	30.09.44 RBD Oppeln
52 431	30.09.44 RBD Hannover
52 452	24.09.44 RBD Osten
52 457	30.09.44 RBD Oppeln
52 471	31.10.44 Feindverlust**
52 477	30.09.44 RBD Hannover
52 483	im Einsatz OBD Warschau
52 492	30.09.44 RBD Regensburg
52 514	31.10.44 RBD Königsberg
52 506	im Einsatz OBD Warschau
52 511	01.09.44 RBD Posen

Lok-Nr.	Abgabe am/an (tw. Übernahme)
52 527	30.09.44 RBD Dresden
52 533	02.08.44 RBD Posen
52 548	im Einsatz OBD Warschau
52 606	31.10.44 RBD Königsberg
52 608	im Einsatz OBD Warschau
52 472	31.10.44 RBD Königsberg
52 660	15.08.44 RBD Posen
52 661	31.07.44 RBD München
52 662	im Einsatz OBD Warschau
52 663	im Einsatz OBD Warschau
52 664	30.09.44 RBD Hannover
52 665	21.09.44 RBD Posen
52 666	im Einsatz OBD Warschau
52 657	im Einsatz OBD Warschau
52 658	im Einsatz OBD Warschau
52 659	21.08.44 RBD Danzig
52 691	31.08.44 RBD (?)
52 763	im Einsatz OBD Warschau
52 766	im Einsatz OBD Warschau
52 605	im OAW
52 1130	01.08.44 RBD Danzig
52 1138	im OAW
52 1139	06.09.44 RBD Wien
52 1224	im Einsatz OBD Warschau
52 1225	23.09.44 OBD Krakau
52 1226	30.09.44 RBD Stuttgart
52 1228	01.08.44 RBD Danzig
52 1229	im Einsatz OBD Warschau
52 1230	im Einsatz OBD Warschau
52 1231	05.09.44 OBD Krakau
52 1232	im Einsatz OBD Warschau
52 1233	31.08.44 RBD Posen
52 1235	01.08.44 RBD Danzig
52 1236	30.09.44 RBD Posen
52 1237	im Einsatz OBD Warschau
52 1239	31.08.44 RBD Regensburg
52 1240	im Einsatz OBD Warschau
52 1241	01.09.44 RBD Oppeln
52 1242	30.09.44 RBD Oppeln
52 1243	im Einsatz OBD Warschau
52 1304	31.09.44 RBD Danzig
52 1305	01.08.44 RBD Frankfurt (M)
52 1306	30.09.44 RBD München
52 1307	im Einsatz OBD Warschau
52 1308	31.10.44 RBD Königsberg
52 1309	31.10.44 RBD Königsberg

Lok-Nr.	Abgabe am/an (tw. Übernahme)
52 1310	im Einsatz OBD Warschau
52 1311	im OAW
52 1312	31.08.44 RBD Posen
52 1313	im OAW
52 1354	01.09.44 RBD Oppeln
52 1368	01.08.44 RBD Breslau
52 1376	13.09.44 RBD Villach
52 1477	30.11.44 OBD Krakau
52 1531	im Einsatz OBD Warschau
52 2095	im Einsatz OBD Warschau
52 2098	15.08.44 RBD Posen
52 2112	im OAW
52 2115	im OAW
52 2116	15.08.44 RBD Posen
52 2117	31.08.44 RBD Königsberg
52 2137	im Einsatz OBD Warschau
52 2139	15.08.44 RBD Posen
52 2145	01.09.44 RBD Oppeln
52 2146	24.09.44 RBD Osten
52 2185	im Einsatz OBD Warschau***
52 2205	23.09.44 RBD Stettin
52 2215	im OAW
52 2240	im OAW
52 2253	01.11.44 RBD München
52 2259	31.10.44 Feindverlust**
52 2264	im Einsatz OBD Warschau
52 2265?	27.10.44 OBD Krakau
52 2263	im OAW
52 2279	im Einsatz OBD Warschau (OAW)
52 2288?	im Einsatz OBD Warschau (OAW)
52 2254	30.09.44 RBD Osten
52 2306	18.10.44 OBD Krakau**
52 2310	im Einsatz OBD Warschau
52 2317	01.08.44 RBD Königsberg
52 2333	30.09.44 RBD Halle
52 2346	im OAW
52 2372	im OAW
52 2376	01.09.44 RBD Breslau
52 2402	im OAW
52 2446?	01.08.44 RBD Königsberg
52 2443	31.08.44 RBD Königsberg
52 2444	im Einsatz OBD Warschau
52 2451	30.09.44 RBD München
52 2529	im RAW****
52 2538	im RAW*****
52 2572	im OAW

Lok-Nr.	Abgabe am/an (tw. Übernahme)
52 2510	31.08.44 RBD Danzig
52 2755	im Einsatz OBD Warschau
52 2756	im Einsatz OBD Warschau
52 2757	im Einsatz OBD Warschau
52 2758	im Einsatz OBD Warschau
52 2759	30.09.44 RBD Erfurt
52 2760	im Einsatz OBD Warschau
52 2761	30.09.44 RBD München
52 2762	im Einsatz OBD Warschau
52 2763	im Einsatz OBD Warschau
52 2764	im Einsatz OBD Warschau (OAW)
52 2765	31.12.44 RBD Breslau
52 2766	01.10.44 OBD Krakau
52 2767	im Einsatz OBD Warschau
52 2768	31.08.44 RBD Danzig
52 2769	im Einsatz OBD Warschau
52 2770	31.08.44 RBD Posen
52 2771	15.08.44 RBD Frankfurt (M)
52 2772	im OAW
52 2773	im Einsatz OBD Warschau
52 2774	im Einsatz OBD Warschau
52 2775	im Einsatz OBD Warschau
52 2778	im Einsatz OBD Warschau
52 2779	30.09.44 RBD München
52 2780	im Einsatz OBD Warschau
52 2781	im Einsatz OBD Warschau
52 2782	30.09.44 RBD München
52 2783	01.09.44 RBD Posen**
52 2784	im Einsatz OBD Warschau
52 2799	im OAW
52 3156	30.08.44 OBD Krakau**
52 3410	30.09.44 RBD München
52 3462	im Einsatz OBD Warschau
52 3463	31.08.44 RBD Königsberg
52 3161	im Einsatz OBD Warschau
52 3456	31.12.44 RBD Dresden
52 4776	31.08.44 RBD Posen
52 4764	11.08.44 RBD Wien
52 4768	31.08.44 RBD Königsberg
52 4783	31.08.44 RBD Posen
52 4810	30.09.44 RBD Hannover
52 4876	09.44 RBD Stuttgart
52 4784	im Einsatz OBD Warschau
52 4913	im Einsatz OBD Warschau
52 4914	01.08.44 RBD Danzig
52 4915	VA (k. A.)

Lok-Nr.	Abgabe am/an (tw. Übernahme)
52 4916	30.09.44 RBD Stettin
52 4917	im OAW
52 5264	im Einsatz OBD Warschau
52 5315	01.08.44 RBD Königsberg
52 5316	01.08.44 RBD Königsberg
52 5337	31.07.44 RBD (?)
52 5338	10.44 RBD (?)
52 5339	im Einsatz OBD Warschau
52 5340	im Einsatz OBD Warschau
52 5341	30.10.44 RBD München
52 5342	im Einsatz OBD Warschau
52 5343	im Einsatz OBD Warschau
52 5344	01.08.44 RBD Danzig
52 5345	im Einsatz OBD Warschau
52 5346	im Einsatz OBD Warschau
52 5347	31.12.44 RBD Breslau
52 5395	im Einsatz OBD Warschau
52 5411	18.09.44 OBD Krakau
52 5430	31.07.44 RBD Posen
52 5432	im OAW
52 5428	im Einsatz OBD Warschau
52 5317	30.09.44 RBD Danzig
52 5318	01.08.44 RBD Königsberg
52 5319	31.08.44 RBD Königsberg
52 5320	31.08.44 RBD Königsberg
52 5321	01.08.44 RBD Danzig
52 5322	31.08.44 RBD Königsberg
52 5323	30.10.44 RBD Kassel
52 5324	31.08.44 RBD Königsberg
52 5325	im Einsatz OBD Warschau******
52 5326	im Einsatz OBD Warschau
52 5327	30.09.44 RBD Posen
52 5328	30.08.44 RBD Danzig*******
52 5329	im Einsatz OBD Warschau
52 5330	31.10.44 RBD Königsberg
52 5331	im OAW
52 5332	17.08.44 RBD
52 5333	im Einsatz OBD Warschau
52 5334?	?
52 5335	31.10.44 RBD München
52 5336	im Einsatz OBD Warschau
52 5364	30.09.44 RBD Königsberg
52 5365	im Einsatz OBD Warschau
52 5397	12.09.44 RBD Stettin
52 5398	im Einsatz OBD Warschau
52 5512	31.12.44 RBD Breslau********

Lok-Nr.	Abgabe am/an (tw. Übernahme)
52 5555?	13.08.44 RBD Posen
52 5367	01.01.45 RBD Danzig
52 5654	im Einsatz OBD Warschau
52 5661	09.44 RBD Königsberg
52 5663	30.09.44 RBD München
52 5666	im Einsatz OBD Warschau
52 5682	im Einsatz OBD Warschau
52 5683	31.08.44 RBD Danzig
52 5687	im Einsatz OBD Warschau
52 5688	21.09.44 RBD Villach
52 5690	11.44 RBD Königsberg
52 57xx	20.09.44 OBD Krakau (?)
52 5732	im Einsatz OBD Warschau
52 573x	31.08.44 RBD Posen (?)
52 5725	31.10.44 RBD München
52 5535	30.11.44 RBD Stettin
52 5844	im OAW
52 5996	im Einsatz OBD Warschau
52 5995	31.08.44 RBD Posen
52 5994	30.09.44 RBD Erfurt
52 5998	31.09.44 RBD Posen
52 5997	30.09.44 RBD Dresden
52 5987	im OAW
52 5991	15.08.44 RBD Posen
52 5921	im Einsatz OBD Warschau
52 5958	im Einsatz OBD Warschau
52 6215?	31.07.44 RBD Königsberg
52 6218	im OAW
52 6219	15.08.44 OBD Krakau
52 6221	30.09.44 RBD Dresden
52 6228	01.09.44 RBD Posen
52 6230	30.09.44 RBD Hannover
52 6232	im OAW
52 6260	30.09.44 RBD München
52 6261	31.08.44 RBD Posen
52 6265	30.09.44 RBD Dresden
52 6270	im Einsatz OBD Warschau
52 6273	im OAW
52 6275	im OAW
52 6271	im Einsatz OBD Warschau
52 6023	im Einsatz OBD Warschau
52 6042	27.09.44 OBD Krakau
52 6045	31.08.44 RBD Schwerin
52 6051	31.08.44 RBD Königsberg
52 6059	im OAW
52 6085	31.10.44 Feindverlust**

Lok-Nr.	Abgabe am/an (tw. Übernahme)
52 6090	im OAW
52 6099	im Einsatz OBD Warschau
52 6080	31.10.44 RBD Königsberg
52 6103	im Einsatz OBD Warschau
52 6135	im OAW
52 6152	im OAW
52 6154	im OAW
52 6156	30.09.44 RBD Stettin
52 6181	im OAW
52 6186	01.11.44 RBD München
52 6191	31.08.44 RBD Posen
52 6172	30.09.44 RBD Stettin
52 6178	im Einsatz OBD Warschau
52 6317	01.09.44 RBD Dresden
52 6318	im OAW
52 6723	im Einsatz OBD Warschau
52 6753	im Einsatz OBD Warschau
52 6705	01.08.44 RBD Danzig (?)
52 6726	31.10.44 RBD Königsberg (?)
52 6736	30.09.44 RBD München
52 6920	10.44 Lok im Bestand gestrichen
52 7168	31.10.44 OBD Krakau
52 7170	31.10.44 RBD Königsberg
52 7233	01.09.44 RBD Posen
52 7237	11.44 Lok im Bestand gestrichen
52 7257	im OAW
52 7258	im OAW
52 7262	im OAW
52 7299	31.10.44 RBD Königsberg
52 7337	im OAW
52 7555	01.08.44 RBD Danzig
52 7556	31.10.44 RBD Königsberg
52 7557	30.09.44 RBD Regensburg
52 7528	im Einsatz OBD Warschau (?)
52 7537	30.09.44 RBD Osten (?)
52 6269	im Einsatz OBD Warschau
52 6274	31.10.44 RBD Königsberg
52 6327	im Einsatz OBD Warschau
52 252	30.11.44 RBD Stettin
52 6322	im Einsatz OBD Warschau
52 6396	30.11.44 RBD Stettin
52 7731	im Einsatz OBD Warschau
52 7732	31.08.44 RBD Danzig
52 7733	31.08.44 RBD Danzig
52 7734	15.08.44 RBD Posen
52 7735	30.09.44 RBD München

Lok-Nr.	Abgabe am/an (tw. Übernahme)
52 7736	01.11.44 RBD Halle
52 7737	im Einsatz OBD Warschau
52 7738	im Einsatz OBD Warschau
52 510	im Einsatz OBD Warschau
52 2099	im Einsatz OBD Warschau
52 5658	im Einsatz OBD Warschau
52 6182	im Einsatz OBD Warschau
52 2232	im Einsatz OBD Warschau
52 2235	im Einsatz OBD Warschau
52 2255	im Einsatz OBD Warschau
52 3447	im Einsatz OBD Warschau
52 3482	im Einsatz OBD Warschau
52 5770	im Einsatz OBD Warschau
52 6931	im Einsatz OBD Warschau
52 6266	im Einsatz OBD Warschau
52 2326	31.10.44 RBD Königsberg
52 3113	31.10.44 RBD Königsberg
52 5659	30.09.44 RBD Osten
52 087	31.10.44 RBD Königsberg
52 443	im OAW
52 491	31.10.44 RBD Königsberg
52 601	im Einsatz OBD Warschau
52 644	im Einsatz OBD Warschau
52 032	31.10.44 RBD Königsberg
52 2109	im Einsatz OBD Warschau
52 116	30.09.44 RBD Kassel
52 102	im Einsatz OBD Warschau
52 153	im OAW
52 154	imOAW
52 156	im Einsatz OBD Warschau **********
52 164	im Einsatz OBD Warschau **********

* 52 336 am 31.10.44 aus dem Bestand gestrichen, da in RBD Posen ab 25.03.44

** bereits seit Juni im Schadpark geführt

*** Übergabe/Übernahme RBD Wien möglich

**** 52 2529 im Bestand gestrichen, da in RBD Regensburg

***** 52 2538 im Bestand gestrichen, da in RBD Oppeln

****** 52 5325 an Kodeis verliehen

******* 52 5328 von Danzig erst am 15.09.44 übernommen

******** 52 5512 von OBD Krakau 10.44

********* 52 156, 164 GVD-Reserve, von OBD Krakau 10.44

Lokomotiven im Oktober 1944 der OBD zugesetzt:	
52 301 von Posen	im Einsatz
52 2165 von Danzig	im Einsatz
52 030 von Posen	im Einsatz
52 032 von Königsberg	im Einsatz
52 472 von Königsberg	im Einsatz
52 2236 von Posen	30.11.44 RBD Stettin
52 2293 von Posen	kalt
52 3147 von Posen	im Einsatz
52 3361 von Posen	im Einsatz
52 3436 von Posen	im Einsatz
52 5440 von Posen	im Einsatz
52 6123 von Posen	im Einsatz
52 6726 von Königsberg	im Einsatz
52 7299 von Königsberg	im Einsatz
52 2129 von Königsberg erst im Januar 45 zugesetzt	
im Dezember 1944 im Bestand 178 Exemplare der BR 52	

53 7706	30.09.44 RBD Stettin*

* 53 7706 nicht im Umzeichnungsplan von 1941 enthalten. BR 53.77 ehemalige pr. G 4.2, polnische Gattung Th 3. Umgezeichnet nur 53 7701–7705.

Lok-Nr.	Abgabe am/an (tw. Übernahme)
54 087	k.A.
54 1219	im OAW**

** 54 1219 nicht im Umzeichnungsplan von 1941 enthalten. Umgezeichnet 54 1108–1186. BR 54.11 ehemalige pr. G 5.4, polnische Gattung Ti 4

55 022	30.09.44 RBD Erfurt	Tp 1-4
55 023	24.09.44 RBD Osten	–
55 035	im Einsatz OBD Warschau	Tp 1-7
55 041	30.09.44 RBD Hannover	Tp 1-9

Lok-Nr.	Abgabe am/an (tw. Übernahme)	
55 057	30.09.44 RBD Hannover	Tp 1-12
55 064	30.09.44 RBD Regensburg	Tp 1-15
55 080	31.12.44 RBD Oppeln	Tp 1-24
55 081	30.09.44 RBD Essen	k.A.
55 084	30.09.44 RBD Stettin	Tp 1-28
55 093	30.09.44 RBD Hannover	Tp 1-32
55 096	30.09.44 RBD Hannover	
55 111	im OAW	
55 132	30.09.44 RBD Hannover	
55 139	30.09.44 RBD Regensburg	
55 146	30.09.44 RBD Hannover	
55 147	31.08.44 RBD Posen	
55 151	30.09.44 RBD Regensburg	
55 156	30.09.44 RBD Hannover	
55 158	30.09.44 RBD Hannover	
55 161	25.09.44 RBD Villach	
55 163	30.09.44 RBD Stettin	
55 169	im Einsatz OBD Warschau	
55 171	30.09.44 RBD Wuppertal	
55 172	30.09.44 RBD Münster	
55 180	25.09.44 RBD Villach	
55 192	27.09.44 RBD Regensburg	
55 194	03.05.44 OBD Lemberg	
55 202	01.04.44 OBD Krakau	
55 205	30.09.44 RBD Königsberg (?)	
55 209	30.09.44 RBD Regensburg	
55 231	30.09.44 RBD Stettin	
55 270	20.09.44 RBD Hannover	
55 xxx	30.09.44 RBD Hannover (?)	
55 1663	29.05.44 an (?)	
Tp 1–99	30.09.44 RBD Dresden	
Tp 1–1164	im OAW	
Tp 1–	20.09.44 RBD Osten (?)	
55 301	im OAW*	

* 55 301 als Tp 1–103

55 059	30.09.44 RBD Essen
55 071	im Einsatz OBD Warschau**
55 086	vermisst, Feindverlust***
55 098	vermisst, Feindverlust***
55 100	20.09.44 RBD Königsberg
55 183	24.09.44 RBD Osten
55 263	vermisst, Feindverlust***

** 55 071 am 19.06.44 vom Osten zurück

*** geführt als Feindverlust ab 30.06.44

Lok-Nr.	Abgabe am/an (tw. Übernahme)
55 042	im Einsatz OBD Warschau
55 105	17.09.44 RBD Erfurt
55 265 von Danzig	im OAW
55 274 von Essen	im Einsatz OBD
55 287 von Krakau	im Einsatz OBD
55 307 von ?	30.09.44 RBD Dresden (?)
55 325 von Essen	im OAW
55 441 von Mainz	30.09.44 RBD Hannover
55 497 von ?	30.09.44 RBD Regensburg (?)
55 534 von ?	31.12.44 RBD Breslau
55 072 von ?	31.10.44 Feindverlust (?)
55 559 von ?	30.09.44 RBD Regensburg
im Dezember 1944 noch 15 Lokomotiven der BR 55 im Bestand (September–November 17)	
55 851	30.11.44 RBD Erfurt
55 783	im Einsatz OBD Warschau
55 835	im OAW
55 854	31.10.44 Feindverlust
55 719	31.10.44 Feindverlust
55 734	im OAW
55 755	05.44 RBD Oppeln****
55 822	31.12.44 RBD Breslau
55 775	31.12.44 RBD Breslau
55 761	Tp 2-138 30.09.44 RBD Regensburg
55 877	Tp 2-31 30.09.44 RBD Stettin
55 878	Tp 2-133 30.09.44 RBD Hannover
55 880	Tp 2-252 30.09.44 RBD Wuppertal
55 881	Tp 2-253 30.09.44 RBD Regensburg
55 882	Tp 2-1 30.09.44 RBD Hannover
55 883	Tp 2-104 30.09.44 RBD Erfurt
55 884	Tp 2-xxx im OAW
55 886	Tp 2-282 im OAW
55 879	Tp 2-227 30.09.44 RBD Essen
	Tp 2-99 30.09.44 RBD Villach

**** Lok im Bestand gestrichen, da seit Mai in RBD Oppeln geführt

Lok-Nr.	Abgabe am/an (tw. Übernahme)
im August 19 Lok BR 55 im Bestand, September 10, im Dezember 7	
55 708	30.09.44 RBD Stettin
55 709	30.09.44 RBD Dresden
55 706	30.09.44 RBD Osten
55 710	30.09.44 RBD Stettin
55 721	30.09.44 RBD Dresden
55 724	30.09.44 RBD Dresden
55 725	30.09.44 RBD Hannover
55 726	30.09.44 RBD Hannover
55 727	30.09.44 RBD Augsburg
55 729	30.09.44 RBD Stettin
55 731	27.09.44 RBD Osten
55 733	30.09.44 RBD Stettin
55 735	30.09.44 RBD Stettin
55 736	30.09.44 RBD Hannover
55 739	30.0 9.44 RBD Danzig
55 737	30.09.44 RBD Hannover
55 744	30.09.44 RBD Stettin
55 748	30.09.44 RBD Hannover
55 750	30.09.44 RBD Berlin
55 753	im OAW
55 757	im OAW
55 759	30.09.44 RBD Stettin
55 762	30.09.44 RBD Danzig
55 779	im Einsatz OBD Warschau
55 780	30.08.44 RBD Mainz
55 786	30.09.44 RBD Hannover
55 787	30.09.44 RBD Essen
55 789	30.09.44 RBD Dresden
55 791	30.09.44 RBD Dresden
55 792	im Einsatz OBD Warschau
55 793	im Einsatz OBD Warschau
55796	30.09.44 RBD Hannover
55 800	30.09.44 RBD Dresden
55 803	30.09.44 RBD Hannover
55 810	30.09.44 RBD Osten
55 813	30.09.44 RBD Dresden
55 816	30.09.44 RBD Osten
55 828	30.09.44 RBD Stettin
55 837	24.09.44 RBD Osten
55 839	30.09.44 RBD Hannover
55 844	31.12.44 RBD Oppeln
55 858	im Einsatz OBD Warschau
55 859	30.09.44 RBD Stettin
55 860	30.09.44 RBD Osten
55 861	im Einsatz OBD Warschau
55 1034	30.09.44 RBD Essen
55 2510	im OAW*
55 2606	im OAW**

Lok-Nr.	Abgabe am/an (tw. Übernahme)
55 3004	im OAW**
55 3461	30.09.44 (?) OBD Krakau (?)
55 3501	31.10.44 RBD München
55 3536	30.09.44 RBD Dresden
55 3539	im OAW
55 3544	im OAW*
55 3531	24.09.44 OBD Krakau
55 3291	im OAW**
55 3312	09.44 (?)**
55 5403	im OAW***
55 2544	im OAW
55 2694	30.09.44 RBD Stettin
55 2936	im OAW* **
55 3045	24.09.44 RBD Osten** (?)
55 3092	30.09.44 RBD Erfurt***
55 4934	30.09.44 RBD Hannover***
Tp 4-3	im OAW**
Tp 4-78	30.09.44 RBD Dresden
Tp 4-294	30.09.44 RBD Dresden
Tp 4-350	31.10.44 RBD Wuppertal
55 3669	im OAW** (Tp 4-83)
55 3671	30.09.44 RBD Dresden** (Tp 4-223)
55 2553	27.09.44 RBD Regensburg***
55 3187	30.09.44 RBD (?)
55 3388	im OAW** ***
55 2829	im Einsatz OBD Warschau**
55 2809	im OAW**
Tp 4-132	im OAW**
55 4991	30.09.44 RBD Augsburg***
55 3257	30.09.44 RBD München
55 3804	01.09.44 RBD Oppeln
55 5369	im OAW**
55 4858	24.09.44 RBD Posen
55 4693	31.10.44 RBD (?)
55 3189	20.09.44 RBD Nürnberg
55 2689	30.09.44 OBD Krakau
55 2624	30.09.44 RBD Hannover
55 5189	31.07.44 RBD Königsberg
55 3568	31.08.44 RBD Erfurt
55 3633	30.09.44 RBD Regensburg
55 4301	31.08.44 OBD Krakau
55 4786	im OAW
55 2957	im Einsatz OBD Warschau
55 5370	im Einsatz OBD Warschau
55 2770	01.09.44 RBD Oppeln
55 5493	30.09.44 RBD Hannover
55 3451	17.08.44 RBD Erfurt
55 4953	30.09.44 RBD Wuppertal
55 3653	im Einsatz OBD Warschau
55 5240	im Einsatz OBD Warschau
55 5517	30.09.44 RBD Regensburg
55 5437	im Einsatz OBD Warschau
55 3976	31.08.44 RBD Mainz
55 5445	30.09.44 RBD Halle
55 3370	im OAW
55 3676	im OAW** (Tp 4-93)
55 3677	01.11.44 RBD Halle** (Tp 4-328)
Tp 4-186	20.09.44 OBD Krakau
55 2653	30.09.44 RBD Stettin
55 2879	30.09.44 RBD Hannover
55 2922	30.09.44 RBD Hannover
55 3278	im Einsatz OBD Warschau
55 3289	im Einsatz OBD Warschau
55 2851	30.09.44 RBD Stettin
55 2864	im Einsatz OBD Warschau
55 2919	30.09.44 RBD Stettin
55 2956	30.09.44 RBD Essen
55 3245	im Einsatz OBD Warschau
55 3307	30.09.44 RBD Stettin
55 3462	30.09.44 RBD Hannover
55 2937	30.09.44 RBD Hannover
55 3948	30.09.44 RBD Osten
55 2501	im Einsatz OBD Warschau
55 3475	im Einsatz OBD Warschau
55 3784	im Einsatz OBD Warschau
55 5695	30.09.44 RBD Posen
55 2680	im Einsatz OBD Warschau
55 3829	im Einsatz OBD Warschau
55 3555	im Einsatz OBD Warschau
55 5159	im Einsatz OBD Warschau
55 5673	im Einsatz OBD Warschau
55 2814	im Einsatz OBD Warschau
55 3465	im Einsatz OBD Warschau
55 3663	im Einsatz OBD Warschau
55 5072	im Einsatz OBD Warschau
55 3513	im Einsatz OBD Warschau
55 3541	im Einsatz OBD Warschau
55 5541	im Einsatz OBD Warschau
55 1745	im Einsatz OBD Warschau
55 1863	im Einsatz OBD Warschau

Lok-Nr.	Abgabe am/an (tw. Übernahme)
55 2129	im Einsatz/Im OAW
55 2239	30.09.44 RBD Danzig

* am 31.10.44 als Feindverlust ausgetragen
** als Tp 4
*** pr. G 8.1

Lok-Nr.	Abgabe am/an (tw. Übernahme)
Tp 15-175	24.09.44 RBD (?)
56 3701	im OAW
56 3702	im OAW*
56 3703	30.09.44 RBD Dresden
56 3704	30.09.44 RBD Augsburg
56 3705	im OAW*
56 3706	im OAW
56 3707	30.09.44 RBD Regensburg
56 3708	im OAW
56 3709	30.09.44 RBD Kassel
56 3710	1944 im z-Park*
56 3711	30.09.44 RBD Regensburg
56 3712	im OAW*
56 3713	im OAW*
56 3715	im OAW
56 3716	im OAW
56 3717	im OAW
56 3718	im OAW
56 3719	30.09.44 RBD Regensburg
56 3720	30.09.44 RBD Münster
56 3721	30.09.44 RBD Berlin
56 3723	im OAW
56 3724	im OAW
56 3725	30.09.44 RBD Stettin
56 3726	30.09.44 RBD Kassel
56 3727	im OAW
56 3728	im OAW
56 3729	im OAW
56 3730	30.09.44 RBD Regensburg
56 3731	im OAW*
56 2732	im OAW*
56 3733	im OAW
56 3734	30.09.44 RBD Kassel
56 3735	30.09.44 RBD Hannover
56 3736	30.09.44 RBD Stuttgart
56 3737	im OAW
56 3738	im OAW*
56 3739	30.09.44 RBD Stettin
56 3740	30.09.44 RBD Mainz
56 3741	im OAW

Lok-Nr.	Abgabe am/an (tw. Übernahme)
56 3742	24.09.44 RBD Osten
56 3743	ab 04.44 im z-Park*
56 3744	im OAW
56 3745	im OAW
56 3746	im OAW
56 3747	im OAW
56 3748	30.09.44 RBD Oppeln
56 3749	im OAW
56 3750	ab 04.44 im z-Park*
56 3751	im OAW
56 3752	30.09.44 RBD Stettin
56 3753	im OAW
56 3754	im OAW (18.07.44 Neu Sandez)
56 3755	im OAW
56 3756	30.09.44 RBD Regensburg
56 3757	30.09.44 RBD Oppeln
56 3758	30.09.44 RBD Hannover
56 3759	im OAW
56 3760	im OAW
56 3761	30.09.44 RBD Dresden
56 3762	30.09.44 RBD Berlin
56 3763	im OAW
56 3764	im OAW
56 3765	im OAW
56 3766	im OAW
56 3767	30.09.44 RBD Regensburg
56 3768	im OAW
56 3769	im OAW
56 3770	im OAW
56 3771	30.09.44 RBD Erfurt
56 3772	30.09.44 RBD Hannover
56 3773	24.09.44 RBD Osten
56 3774	im OAW
56 3775	21.08.44 RBD Stettin
56 3776	im OAW
56 3777	im OAW
56 3778	30.09.44 RBD Hannover
56 3779	07.01.45 RBD Oppeln
56 3780	im OAW
56 3781	im OAW
56 3782	31.12.44 RBD Berlin
56 3783	ab 06.44 z-Park*
56 3784	30.09.44 RBD Oppeln
56 3785	im OAW
56 3786	01.10.44 OBD Krakau
56 3787	ab 06.44 z-Park*

Lok-Nr.	Abgabe am/an (tw. Übernahme)
56 3788	30.09.44 RBD (?)
56 3789	31.10.44 OBD Krakau
56 3790	ab 05.44 z-Park*
56 3791	im OAW Lublin
56 3792	im OAW
56 3793	01.01.44 RBD Dresden
56 3794	25.09.44 RBD Villach
56 3795	im OAW
56 3800	im OAW
56 3801	30.09.44 RBD Posen
56 3802	30.09.44 RBD Linz
56 3803	im Einsatz OBD Warschau
56 3805	im OAW
56 3806	im OAW
56 3807	im OAW*
56 3808	im OAW*
56 3809	im OAW
56 3810	im Einsatz OBD Warschau
56 3811	30.09.44 RBD Dresden
56 3812	im OAW*
56 3813	im OAW
56 3814	20.09.44 RBD Stuttgart
56 3815	im OAW*
56 3816	im OAW
56 3817	im OAW
56 3818	24.09.44 RBD Osten
56 3819	30.09.44 RBD Erfurt
56 3820	30.09.44 RBD Oppeln
56 3821	24.09.44 RBD Osten
56 3822	im OAW*
56 3823	im OAW
56 3824	30.09.44 RBD Dresden
56 3825	30.09.44 RBD Schwerin
56 3826	30.09.44 RBD Posen
56 3827	ab 04.44 z-Park*
56 3828	25.09.44 RBD Villach
56 3829	30.09.44 RBD Regensburg
56 3830	24.09.44 RBD Osten
56 3831	30.09.44 RBD Oppeln
56 3832	30.09.44 RBD Posen
56 3833	im OAW
56 3834	im OAW
56 3835	30.09.4 RBD Erfurt
56 3804	01.01.45 RBD Osten
56 462	02.05.44 RBD Posen
56 684	30.09.44 RBD Hannover

Lok-Nr.	Abgabe am/an (tw. Übernahme)
56 660	im Einsatz OBD Warschau
56 886	30.09.44 RBD Danzig
56 447	im Einsatz OBD Warschau
56 499	im Einsatz OBD Warschau
56 502	im Einsatz OBD Warschau
56 326	im Einsatz OBD Warschau
56 495	im Einsatz OBD Warschau
Tr 20-117	im OAW
Tr 20-108	30.09.44 RBD Stuttgart
Tr 20-92	im OAW
Tr 20-6	im OAW
Tr 20-70	30.09.44 RBD (?)
Tr 20-84	01.11.44 RBD Dresden (?)
Tr 20-48	im OAW
Tr 20-109	im OAW
Tr 20-120	30.09.44 RBD Regensburg
56 4153	Tr 103-11 4.09.44 RBD Osten
Tr 103-15	im OAW
Tr 103-21	25.09.44 RBD Villach(?)

* am 31.10.44 als Feindverlust ausgetragen

57 1957	30.09.44 RBD Hamburg
57 2060	31.07.44 RBD Königsberg**
57 2688	30.09.44 RBD München**
57 2265	30.09.44 RBD Hamburg**
57 1973	im OAW***
57 1814	30.09.44 RBD München
57 2432	im OAW****
57 2771	im OAW
57 1014	30.09.44 RBD München
57 3394	im Einsatz OBD Warschau
57 1371	im Einsatz OBD Warschau
57 1124	im Einsatz OBD Warschau
57 2799	im OAW; 11.01.45 +

** als Schad-/z-Lok übernommen

*** im Bestand gestrichen, da in RBD Königsberg

**** im Bestand gestrichen, da in RBD Dresden

58 2301	30.09.44 RBD Osten
58 2302	im OAW
58 2303	20.09.44 RBD Nürnberg
58 2304	30.09.44 RBD München
58 2305	24.09.44 RBD Osten
58 2306	24.09.44 RBD Osten
58 2308	im OAW
58 2309	30.09.44 RBD Regensburg

Lok-Nr.	Abgabe am/an (tw. Übernahme)
58 2314	30.09.44 RBD Regensburg
58 2316	30.09.44 RBD Regensburg
58 2317	30.09.44 RBD Regensburg
58 2318	30.09.44 RBD Dresden
58 2319	im OAW
58 2327	im Einsatz OBD Warschau
58 2329	02.08.44 RBD Posen
58 2332	24.09.44 RBD Osten
58 2335	abgestellt OBD Warschau
58 2339	30.09.44 RBD Erfurt
58 2341	im OAW*
58 2345	im Einsatz OBD Warschau
58 2348	im Einsatz OBD Warschau
58 2351	30.09.44 RBD Erfurt
58 2354	30.09.44 RBD Dresden
58 2356	30.09.44 RBD Stettin
58 2359	30.09.44 RBD Stettin
58 2360	30.09.44 RBD Stettin
58 2361	30.09.44 RBD Dresden
58 2363	abgestellt OBD Warschau
58 2364	31.10.44 RBD München**
58 2365	30.09.44 RBD Erfurt
58 2367	25.09.44 RBD Villach
58 2368	30.09.44 RBD Erfurt
58 2314	im Einsatz OBD Warschau
58 2350	01.11.44 RBD Osten
58 2375	30.09.44 RBD Stettin
58 2377	im OAW
58 2378	30.09.44 RBD Stettin
58 2379	24.09.44 RBD Stettin
58 2381	im OAW
58 2383	im Einsatz OBD Warschau
58 2384	im OAW
58 2386	30.09.44 RBD Erfurt
58 2387	31.08.44 RBD Posen
58 2389	im Einsatz OBD Warschau
58 2390	30.09.44 RBD Hannover
58 2391	im OAW
58 2392	im Einsatz OBD Warschau
58 2393	im OAW
58 2394	30.09.44 RBD Regensburg
58 2395	30.09.44 RBD Osten
58 2343	im Einsatz OBD Warschau
58 2399	im Einsatz OBD Warschau
58 2344	im Einsatz OBD Warschau
58 2402	30.09.44 RBD Dresden

Lok-Nr.	Abgabe am/an (tw. Übernahme)
58 2403	24.09.44 RBD Osten
58 2405	30.09.44 RBD Osten
58 2407	im Einsatz OBD Warschau
58 2408	30.09.44 RBD Stettin
58 2409	24.09.44 RBD Osten
58 2406	im OAW
58 2414	im OAW
58 2412	im OAW
58 2416	30.09.44 RBD Stettin
58 2417	30.09.44 RBD Hannover
58 2418	31.08.44 RBD Posen
58 2404	31.12.44 RBD Breslau
58 2420	30.09.44 RBD Regensburg
58 2421	im Einsatz OBD Warschau
58 2422	30.09.44 RBD Regensburg
58 2423	24.09.44 RBD Osten
58 2424	30.09.44 RBD Hannover
58 2426	im Einsatz OBD Warschau
58 2458	im Einsatz OBD Warschau
58 2430	30.09.44 RBD Stettin
58 2431	im Einsatz OBD Warschau
58 2432	im OAW
58 2436	30.9.44 RBD Stettin
58 2442	im Einsatz OBD Warschau
58 2445	im Einsatz OBD Warschau
58 2447	30.09.44 RBD Erfurt
58 2448	30.09.44 RBD Stettin
58 2449	im Einsatz OBD Warschau
58 2452	im Einsatz OBD Warschau
58 2453	im Einsatz OBD Warschau
58 2459	31.08.44 RBD Posen
58 2460	30.09.44 RBD Stettin
58 2462	24.09.44 RBD Osten
58 2463	24.09.44 RBD Osten
58 2464	30.09.44 RBD Hannover
58 2468	30.09.44 RBD Hannover
58 2469	24.09.44 RBD Osten
58 2473	im Einsatz OBD Warschau
58 2474	20.09.44 RBD Nürnberg
58 2477	im OAW
58 2478	im OAW
58 2480	im OAW Ostrowiece
58 2481	im Einsatz OBD Warschau
58 2485	im Einsatz OBD Warschau
58 2488	28.08.44 OBD Krakau
58 2491	24.09.44 RBD Osten

Lok-Nr.	Abgabe am/an (tw. Übernahme)
58 2492	30.09.44 RBD Erfurt
58 2493	im Einsatz OBD Warschau
58 2495	im Einsatz OBD Warschau
58 2496	im Einsatz OBD Warschau
58 2497	24.09.44 RBD Osten
58 2498	im Einsatz OBD Warschau
58 2494	01.11.44 RBD Osten
58 2514	im OAW
58 2501	12.09.44 RBD Stettin
58 2502	30.09.44 RBD Hannover
58 2504	im OAW
58 2507	30.09.44 RBD Hannover
58 2509	30.09.44 RBD Stettin
58 2511	im Einsatz OBD Warschau
58 2512	30.09.44 RBD Stettin ****
58 2515	im Einsatz OBD Warschau
58 2516	im Einsatz OBD Warschau
58 2517	30.09.44 RBD Stettin
58 2518	im Osten *
58 2519	30.09.44 RBD Regensburg
58 2525	im Einsatz OBD Warschau
58 25xx	02.08.44 RBD Posen ****
58 2524	im Einsatz OBD Warschau
58 2526	02.08.44 RBD Posen
58 2527	25.09.44 RBD Villach
58 2529	30.09.44 RBD Stettin (?) ****
58 2530	im Einsatz OBD Warschau
58 2531	im Einsatz OBD Warschau
58 2532	30.09.44 RBD Erfurt
58 2534	30.09.44 RBD Stettin
58 2535	24.09.44 RBD Osten
58 2533	im OAW
58 2537	im Einsatz OBD Warschau
58 2538	im Einsatz OBD Warschau
58 2539	im Einsatz OBD Warschau
58 2540	30.09.44 RBD Regensburg
58 2541	im Einsatz OBD Warschau
58 2544	31.08.44 RBD Posen
58 2545	30.09.44 RBD Mainz
58 2546	abgestellt OBD Warschau
58 2547	30.09.44 RBD Erfurt
58 2548	30.09.44 RBD Erfurt
58 2550	im Einsatz OBD Warschau
58 2551	30.09.44 RBD Stettin
58 2552	30.09.44 RBD Stettin
58 2553	30.09.44 RBD Erfurt

Lok-Nr.	Abgabe am/an (tw. Übernahme)
58 2554	21.09.44 RBD Posen
58 2556	im Einsatz OBD Warschau
58 2559	im OAW
58 2560	30.09.44 RBD Oppeln
58 2561	30.09.44 RBD Regensburg
58 2563	30.09.44 RBD Stettin
58 2569	30.09.44 RBD Stettin
58 2570	30.09.44 RBD Stettin
58 2572	01.10.44 RBD Schwerin
58 2579	30.09.44 RBD Regensburg
58 2581	30.09.44 RBD Regensburg
58 2582	im Einsatz OBD Warschau
58 2583	30.09.44 RBD Dresden
58 2585	im Einsatz OBD Warschau
58 2586	09.44 (RBD Posen?)
58 2587	im OAW
58 2582	24.05.44 OBD Krakau
58 2557	im Einsatz OBD Warschau
58 2589	31.08.44 RBD Posen
58 2590	30.09.44 RBD Hannover
58 2591	30.09.44 RBD Regensburg
58 2592	30.09.44 RBD Hannover
58 2593	24.09.44 RBD Osten
58 2595	30.09.44 RBD Stettin
58 2596	im Einsatz OBD Warschau
58 2598	21.09.44 RBD Nürnberg
58 2599	30.09.44 RBD Dresden
58 2594	abgestellt OBD Warschau
58 2601	24.09.44 RBD Osten
58 2603	30.09.44 RBD Regensburg
58 2606	im Einsatz OBD Warschau
58 2607	abgestellt OBD Warschau
58 2608	im Einsatz OBD Warschau
58 2612	08.05.44 OBD Krakau
58 2613	30.09.44 RBD Regensburg
58 2615	31.08.44 RBD Posen
58 2620	im Einsatz OBD Warschau
58 2621	im OAW
58 2622	30.09.44 RBD Hannover
58 2623	im Einsatz OBD Warschau
58 2627	01.11.44 RBD Osten
58 2628	im Einsatz OBD Warschau
58 2630	30.09.44 RBD Erfurt
58 2631	im Einsatz OBD Warschau
58 2632	im Einsatz OBD Warschau
58 2633	30.09.44 RBD München

Lok-Nr.	Abgabe am/an (tw. Übernahme)
58 2637	30.09.44 RBD Posen
58 2642	im Einsatz OBD Warschau
58 2643	30.09.44 RBD Erfurt
58 2639	im Einsatz OBD Warschau
58 2644	im Einsatz OBD Warschau
58 2649	30.09.44 RBD Dresden
58 2652	im Einsatz OBD Warschau
58 2652	im Einsatz OBD Warschau
58 2653	im Einsatz OBD Warschau
58 2656	im Einsatz OBD Warschau
58 2664	30.09.44 RBD Stettin
58 2665	30.09.44 RBD Stettin
58 2666	im OAW
58 2671	30.09.44 RBD Dresden
58 2673	im OAW
58 2675	im Einsatz OBD Warschau
58 2677	30.09.44 RBD Hannover
58 2679	31.08.44 RBD Posen
58 2683	im Einsatz OBD Warschau
58 2684	im Einsatz OBD Warschau
58 2688	30.09.44 RBD Stettin
58 2690	im Einsatz OBD Warschau
58 2692	30.09.44 RBD Dresden
58 2693	07.5.44 OBD Krakau
58 2695	im OAW
58 2696	30.09.44 RBD München
58 2697	01.09.44 RBD Breslau
58 2698	30.09.44 RBD Osten
58 2699	im Einsatz OBD Warschau
58 2650	im Einsatz OBD Warschau
58 2680	im Einsatz OBD Warschau
58 2617	30.09.44 RBD Hannover
58 2641	30.09.44 RBD Hannover
58 2672	im Einsatz OBD Warschau
58 2674	im Einsatz OBD Warschau (?)
58 2700	30.09.44 RBD München (?)
58 2701	30.09.44 RBD Stettin
58 2702	im Einsatz OBD Warschau
58 2703	im OAW
58 2705	im OAW
58 2706	30.09.44 RBD Stettin
58 2709	30.09.44 RBD Hannover
58 2713	im Einsatz OBD Warschau
58 2714	im Einsatz OBD Warschau
58 2715	31.10.44 Feindverlust***
58 2716	30.09.44 RBD Stettin

Lok-Nr.	Abgabe am/an (tw. Übernahme)
58 2717	im Einsatz OBD Warschau
58 2719	30.09.44 RBD Stettin
58 2720	im Einsatz OBD Warschau
58 2721	24.09.44 RBD Osten
58 2722	30.09.44 RBD Regensburg
58 2723	30.04.44 OBD Krakau
58 2728	30.09.44 RBD Erfurt
58 2730	31.10.44 RBD München
58 2731	30.09.44 RBD Hannover
58 2733	02.08.44 RBD Posen
58 2734	30.09.44 RBD Stettin
58 2736	im Einsatz OBD Warschau
58 2737	im Einsatz OBD Warschau
58 2739	23.09.44 RBD Osten
58 2740	30.09.44 RBD Mainz
58 2742	im OAW
58 2757	im Einsatz OBD Warschau
58 2759	30.09.44 RBD Dresden
58 2765	31.08.44 RBD Posen
58 2768	im Einsatz OBD Warschau
58 2769	im Einsatz OBD Warschau
58 2761	im Einsatz OBD Warschau
58 2743	im Einsatz OBD Warschau
58 2710	01.11.44 RBD Osten**
58 2760	30.09.44 RBD Stettin
58 2908	im Einsatz OBD Warschau
58 2922	im Einsatz OBD Warschau
Ty 23-3	30.09.44 RBD Oppeln
Ty 23-672	im OAW

Bestand am 31.08. 239, am 31.12. noch 112 Lokomotiven

* Feindverlust (10.44)

** als Schadlok

*** ab Mai 1944 im z-Park

**** nicht aufgeführt: 58 2514, 2520, 2521, 2528, 2565, 2573, 2588 (Abgabe 09.44)

74 052	30.09.44 RBD Köln
74 086	im OAW*
74 098	im OAW**
74 113	im OAW Warschau-Praga*
74 117	im OAW*
74 120	im OAW**
74 134	30.09.44 RBD Stettin
74 156	im OAW**
74 180	30.09.44 RBD Köln

Lok-Nr.	Abgabe am/an (tw. Übernahme)
74 182	im OAW
74 183	im OAW*
74 101	30.09.44 RBD Stettin
74 164	21.10.44 RBD Breslau
74 169	30.09.44 RBD Stettin
74 264	30.09.44 RBD Posen
74 332	30.09.44 RBD Posen

* Feindverlust 31.10.44, ab Mai 1944 im OAW

** Feindverlust 31.10.44, ab Juli 1944 im OAW

Lok-Nr.	Abgabe am/an (tw. Übernahme)
75 1207	30.09.44 RBD Dresden
75 1212	30.09.44 RBD Dresden
75 1228	30.09.44 RBD Regensburg
75 1230	31.10.44 RBD Posen
75 1233	31.10.44 RBD Berlin
75 1236	30.09.44 RBD Stettin
75 1238	30.09.44 RBD Erfurt
75 1247	30.09.44 RBD Oppeln
75 1248	30.09.44 RBD Stettin
75 1249	30.09.44 RBD Regensburg
75 1251	31.08.44 RBD Posen
75 1252	25.09.44 RBD Villach
75 1254	20.09.44 RBD Osten
75 1269	30.09.44 RBD Danzig
75 1270	30.09.44 RBD Erfurt
75 1271	30.09.44 RBD Dresden
75 1277	im Einsatz OBD Warschau
75 1278	24.09.44 RBD Osten
75 1279	24.09.44 RBD Osten
75 1282	30.09.44 RBD Erfurt
75 1284	30.09.44 RBD Erfurt
75 1286	31.08.44 RBD Posen
75 1288	im Einsatz OBD Warschau
75 1296	30.10.44 RBD Erfurt
75 1304	im Einsatz OBD Warschau
75 1307	im OAW
75 1315	21.09.44 RBD Posen
75 1316	01.01.45 RBD Osten
Okl 27-64 75 589	24.09.44 RBD Osten
Okl 101-4	30.09.44 RBD Dresden
91 307	30.09.44 RBD Halle
91 316	im Einsatz OBD Warschau
91 331	30.09.44 RBD Breslau
91 340	30.09.44 RBD Stettin
91 345	30.09.44 RBD Erfurt
91 361	30.09.44 RBD Breslau
91 369	30.09.44 RBD Halle
91 370	31.12.44 RBD Breslau
91 375	30.09.44 RBD Hannover
91 376	im Einsatz OBD Warschau
91 379	30.09.44 RBD Halle
91 383	30.09.44 RBD Stettin
91 386	30.09.44 RBD Regensburg
91 402	31.10.44 RBD Halle
91 405	30.09.44 RBD Stettin
91 424	im Einsatz OBD Warschau
91 427	30.09.44 RBD Hannover
91 433	31.12.44 RBD Breslau
91 439	im OAW
91 452	im Einsatz OBD Warschau
91 453	30.09.44 RBD Essen
91 475	30.09.44 RBD Stettin
91 476	20.09.44 RBD Nürnberg
91 483	30.09.44 RBD Stettin
91 494	25.09.44 RBD Villach
91 509	31.10.44 Feindverlust*
91 513	30.11.44 RBD Erfurt
91 530	30.09.44 RBD Hannover
91 537	im Einsatz OBD Warschau
91 543	30.09.44 RBD Hannover
91 556	im Einsatz OBD Warschau
91 561	30.09.44 RBD Regensburg
91 565	20.09.44 RBD Nürnberg
91 571	im Einsatz OBD Warschau
91 572	31.01.45 RBD Osten
91 581	30.09.44 RBD Halle
91 583	im Einsatz OBD Warschau
91 584	14.08.44 OBD Krakau
91 590	3.09.44 RBD Stettin
91 602	im Einsatz OBD Warschau
91 611	30.09.44 RBD Halle
91 617	im Einsatz OBD Warschau
91 624	30.09.44 RBD Essen
91 628	im Einsatz OBD Warschau
91 638	im Einsatz OBD Warschau
91 639	30.09.44 RBD Halle
91 643	30.09.44 RBD Stettin
91 651	20.09.44 RBD Nürnberg
91 654	30.09.44 RBD Stettin
91 676	30.09.44 RBD Hannover
91 682	30.09.44 RBD Hannover

Lok-Nr.	Abgabe am/an (tw. Übernahme)
91 685	30.09.44 RBD Stettin
91 701	im Einsatz OBD Warschau
91 713	30.09.44 RBD Erfurt
91 726	30.09.44 RBD Hannover
91 728	30.09.44 RBD Wuppertal
91 734	30.09.44 RBD Stettin
91 735	30.09.44 RBD (?)
91 748	30.09.44 RBD Regensburg
91 754	30.09.44 RBD Hannover
91 765	01.11.44 RBD Osten
91 790	im Einsatz OBD Warschau
91 794	31.12.44 RBD Breslau
91 796	im Einsatz OBD Warschau
91 808	30.09.44 RBD Hannover
91 824	20.09.44 RBD Nürnberg
91 828	31.10.44 RBD Kassel
91 837	27.09.44 RBD Regensburg
91 843	11.08.44 RBD Regensburg
91 865	30.09.44 RBD Stettin
91 885	im Einsatz OBD Warschau
91 893	30.09.44 RBD Stettin
91 896	30.09.44 RBD Halle
91 907	30.09.44 RBD Halle
91 917	30.09.44 RBD Halle
91 940	01.09.44 RBD Posen
91 945	im Einsatz OBD Warschau
91 951	im OAW**
91 1159	30.09.44 RBD Regensburg
91 1253	30.09.44 RBD Breslau
91 1380	im OAW Warschau-Praga
91 1506	im Einsatz OBD Warschau
91 1532	27.09.44 RBD Regensburg
91 1634	30.09.44 RBD Dresden
91 1752	im Einsatz OBD Warschau
91 1801	im OAW Warschau-Praga
91 901	30.09.44 RBD Regensburg
91 1136	30.09.44 RBD Regensburg
91 755	im Einsatz OBD Warschau
91 625	im Einsatz OBD Warschau
91 1208	im OAW
91 515	im OAW
91 810	24.09.44 RBD Hannover
91 1564	30.09.44 RBD Regensburg
91 412	im Einsatz OBD Warschau
91 438	im OAW
91 952	30.09.44 RBD Hannover
91 957	30.09.44 RBD Erfurt
91 978	30.09.44 RBD Osten

* bis Juni 44 im Osteinsatz geführt, dann im OAW
** im E-Werk Warschau zurückgeblieben

Lok-Nr.	Abgabe am/an (tw. Übernahme)
Bestände: 31.07.: 90, 31.08.: 96, 30.09.: 38, 31.12.: 31	
92 996	31.08.44 Feindverlust*
Tkp 1-7	31.08.44 Feindverlust*

* seit Juli 1944 im OAW

Lok-Nr.	Abgabe am/an (tw. Übernahme)
Ti 2-46	im OAW
040 001	30.09.44 RBD München
040 010	30.09.44 RBD Hannover
040 021	im Einsatz OBD Warschau
040 023	30.09.44 RBD Hannover
040 025	30.09.44 RBD Stuttgart
040 026	30.09.44 RBD Dresden
040 031	20.09.44 RBD Nürnberg
040 070	30.09.44 RBD München
040 072	30.09.44 RBD Hannover
040 077	30.09.44 RBD Stuttgart
040 081	30.09.44 RBD Posen
040 082	24.09.44 RBD Osten
040 086	27.07.44 +*
040 096	01.10.44 RBD Essen
040 280	30.09.44 RBD Stettin

* Februar 1944 im OAW, ab 03.44 z, 27.07.44 +

Lok-Nr.	Abgabe am/an (tw. Übernahme)
130 252	30.09.44 RBD Regensburg
130 275	im OAW
130 282	im OAW*
130 289	im OAW
130 293	27.07.44 RBD Oppeln
130 304	27.07.44 RBD Oppeln
130 306	im OAW
130 333	im OAW
130 338	im OAW
130 339	im OAW*
130 345	im OAW
130 348	30.09.44 RBD Regensburg
130 352	27.07.44 RBD Oppeln
130 362	27.07.44 RBD Oppeln
130 381	im OAW
130 391	im OAW
130 392	im OAW
130 402	im OAW*

Lok-Nr.	Abgabe am/an (tw. Übernahme)
130 403	27.07.44 RBD Oppeln
130 418	30.09.44 RBD Dresden
130 432	im OAW*
130 447	30.09.44 RBD Regensburg
130 453	im OAW Radom
130 456	im OAW
130 457	im OAW
130 458	im OAW
130 462	im OAW**
130 472	im Einsatz OBD Warschau (?)
130 478	im OAW
130 489	im OAW*
130 710	k. A.
130 745	31.10.44 Feindverlust***

* 31.10.44 Feindverlust, seit Juli 1944 im OAW
** 31.12.44 Feindverlust, seit Juli 1944 im OAW
*** 31.10.44 Feindverlust, seit Mai 1944 im z-Park

Lok-Nr.	Abgabe am/an (tw. Übernahme)
140 019	k. A.
140 020	k. A.
140 C 022	30.09.44 RBD Erfurt
140 C 031	im OAW
140 C 034	11.07.44 RBD Hannover
140 C 090	31.07.44 RBD Münster
140 B 101	25.07.44 RBD Hannover
140 B 109	11.07.44 RBD Münster
140 B 113	01.09.44 RBD (?)
140 B 114	24.09.44 RBD Osten
140 121	25.07.44 RBD Hannover
140 B 122	11.07.44 RBD Hannover
140 B 128	22.07.44 RBD Münster
140 B 129	22.07.44 RBD Münster
140 B 141	31.07.44 RBD Hannover
140 B 142	23.07.44 RBD Münster
140 B 145	27.06.44 HBD Paris
140 B 152	31.07.44 RBD Münster
140 B 155	28.06.44 HBD Paris
140 B 157	28.06.44 (?)
140 B 162	22.07.44 RBD Münster
140 B 168	im OAW
140 B 169	22.07.44 RBD Münster
140 B 172	im OAW
140 B 176	24.09.44 RBD Osten
140 B 182	28.06.44 (?)
140 B 184	31.08.44 RBD Hannover
140 B 190	11.08.44 RBD München*
140 193	k. A.
140 B 198	25.07.44 RBD Hannover
140 199	09.44 RBD Nürnberg
140 B 201	31.07.44 RBD Münster
140 B 202	24.09.44 RBD Osten
140 B 204	28.06.44 HBD Paris
140 206	im Einsatz OBD Warschau
140 216	22.07.44 RBD Münster
140 217	11.07.44 RBD Münster
140 B 219	31.10.44 RBD Dresden
140 220	22.07.44 RBD Münster
140 B 226	30.09.44 RBD Augsburg
140 229	28.06.44 HBD Paris
140 B 230	im Einsatz OBD Warschau
140 235	22.07.44 RBD Münster
140 241	31.08.44 RBD Hannover
140 B 243	30.09.44 RBD Karlsruhe
140 244	18.07.44 RBD Hannover
140 246	11.07.44 RBD Münster
140 B 247	30.09.44 RBD Regensburg
140 248	22.07.44 RBD Münster
140 B 252	im OAW
140 253	04.44 an (?)
140 256	k. A.
140 263	31.07.44 RBD Hannover
140 B 270	25.09.44 RBD Villach
140 272	28.06.44 an (?)
140 276	11.07.44 RBD Hannover
140 281	11.07.44 RBD Münster
140 286	k. A.
140 B 289	30.09.44 RBD (?)
140 290	k. A.
140 294	04.44 ?
140 296	04.44 ?
140 297	11.07.44 RBD Münster
140 B 298	20.09.44 RBD Nürnberg
140 B 306	31.07.44 RBD Münster
140 D 306	11.07.44 RBD Hannover
140 302	11.07.44 RBD Münster
140 303	30.09.44 RBD Augsburg
140 310	18.07.44 RBD Hannover
140 311	31.07.44 RBD Hannover
140 (?) 314	27.07.44 RBD Oppeln
140 (?) 314	30.09.44 RBD Hannover
140 G 317	im OAW
140 332	11.07.44 RBD Hannover

Lok-Nr.	Abgabe am/an (tw. Übernahme)
140 G 336	im OAW
140 G 337	31.12.44 RBD München**
140 G 339	24.09.44 RBD Osten
140 G 353	im OAW
140 G 354	20.10.44 RBD Posen
140 C 370	28.06.44 HBD Paris
140 G 370	11.08.44 RBD München
140 375	31.07.44 RBD Hannover
140 389	30.09.44 RBD Kassel
140 398	31.07.44 RBD Hannover
140 G 415	31.07.44 RBD München
140 G 428	01.10.44 RBD Breslau
140 431	31.07.44 RBD Hannover
140 433	28.06.44 HBD Paris
140 G 441	im OAW
140 G 442	23.10.44 RBD Posen
140 455	22.07.44 RBD Münster
140 456	k. A.
140 475	11.07.44 RBD Hannover
140 490	k. A.
140 501	28.06.44 HBD Paris
140 502	11.07.44 RBD Hannover
140 505	22.07.44 RBD Münster
140 511	11.07.44 RBD Hannover
140 513	28.06.44 HBD Paris
140 523	k. A.
140 526	18.07.44 RBD Hannover
140 533	04.44 (?)
140 542	22.07.44 RBD Münster
140 545	28.06.44 HBD Paris
140 D 549	im OAW
140 G 549	25.07.44 RBD Hannover
140 551	25.07.44 RBD Hannover
140 558	k. A.
140 559	22.07.44 RBD Münster
140 G 570	30.09.44 RBD Oppeln
140 573	k. A.
140 G 576	20.10.44 RBD Posen
140 G 595	09.44 RBD Nürnberg
140 596	11.07.44 RBD Hannover
140 B 607	28.06.44 (?)
140 617	30.09.44 RBD Regensburg
140 B 628	09.44 RBD Nürnberg
140 B 720	30.09.44 RBD Stuttgart
140 725	31.07.44 RBD Münster
140 B 740	01.10.44 RBD Berlin

Lok-Nr.	Abgabe am/an (tw. Übernahme)
140 758	30.09.44 RBD Stettin
140 802	11.07.44 RBD Hannover
140 B 809	im OAW
140 B 817	30.09.44 RBD Augsburg
140 E 817	24.09.44 RBD Osten
140 B 818	31.10.44 RBD Dresden
140 B 820	30.09.44 RBD Regensburg
140 B 830	im OAW
140 917	k. A.
140 1003	11.07.44 RBD Münster
140 1014	28.06.44 HBD Paris
140 1028	25.07.44 RBD Hannover
140 1029	22.07.44 RBD Münster
140 1117	31.07.44 RBD Münster
140 1122	28.06.44 HBD Paris
140 1181	28.06.44 HBD Paris
140 1220	27.07.44 RBD Oppeln
140 1269	22.07.44 RBD Münster
140 1305	11.07.44 RBD Münster
140 1330	27.07.44 RBD Oppeln
140 1350	31.07.44 RBD Hannover
140 1377	31.07.44 RBD Hannover
140 1423	k. A.
140 1425	k. A.
140 1463	k. A.
140 1544	28.06.44 HBD Paris
140 G 184	15.11.44 RBD Osten

* 11.08.44 über Wien in das RAW München-Freimann
** als Schadlok, z seit 03.44

99 1517	im OAW Radom
99 1576	im OAW, nach Petrikau
99 1577	im OAW Radom
99 1578	im OAW*
99 1600	im OAW
99 1601	im OAW*
99 1602	31.10.44 RBD Posen
99 1603	im Einsatz
99 1604	im OAW Neu Sandez
99 1605	im Einsatz
99 1606	im Einsatz
99 1621	im OAW Neu Sandez
99 2506	im OAW*
99 2507	im OAW*
99 2508	31.10.44 RBD Posen
99 2511	im OAW Petrikau

Lok-Nr.	Abgabe am/an (tw. Übernahme)
99 2512	im OAW Petrikau
99 2513	31.10.44 RBD Posen
99 2532	im OAW Petrikau
99 2533	im OAW*
99 2534	im OAW*
99 2535	im OAW*
99 2525	im OAW*
99 2527	im OAW*
99 2528	im OAW Radom
99 2529	im OAW Radom
99 2530	im OAW Radom
99 2531	im OAW*
99 2536	im OAW*
99 2537	im OAW Petrikau
99 2538	im OAW Radom
99 2560	31.10.44 RBD Posen
99 2583	31.10.44 RBD Posen
99 2584	31.10.44 RBD Posen
99 H 64	im OAW Radom
99 4552	im Einsatz

* 31.10.44 Feindverlust

159 329	31.10.44 RBD Posen
159 331	im OAW Petrikau
159 334	im OAW Petrikau
159 384	im OAW Radom*
159 389	im OAW Petrikau
159 391	im OAW Radom
159 401	im OAW*
159 622	31.10.44 RBD Posen
1667	im OAW*
1731	im OAW*
4321	im OAW Petrikau

* 31.10.44 Feindverlust

Kleinlokomotiven (Kö)	
5176	17.10.44 RBD Königsberg
5175	30.11.44 RBD Stuttgart
5177	12.10.44 RBD Danzig
5048	im OAW
5046	10.11.44 RBD Halle
4770	31.10.44 RBD Oppeln
4405	abgestellt in OBD Warschau
0290	15.11.44 RBD Halle
5045	im OAW
5168	31.10.44 RBD Posen

Lok-Nr.	Abgabe am/an (tw. Übernahme)
5174	im Einsatz OBD Warschau
5178	31.10.44 Feindverlust
5179	im OAW
5180	31.10.44 RBD Posen
5181	im Einsatz OBD Warschau
5182	im OAW
5183	31.10.44 RBD Posen
5165	31.10.44 RBD Posen
5166	im OAW
5167	im OAW
5169	im OAW
5170	im OAW
5171	im OAW
5172	im OAW
5173	im OAW

Verbrennungstriebwagen	
103	im OAW
VT 104	im OAW
C4d/90010	30.09.44 RBD Linz
VT 90102	im OAW*

* genutzt für Befehlszug

38 3900	Ok 1-257	11.44 (aus OAW)
75 589	Okl 101-4	30.09.44 RBD Dresden
75 1316	Okl 27-56	11.44 (aus OAW)
75 1315	Okl 27-30	21.09.44 RBD Posen
	Okl 27-64	24.09.44 RBD Osten
55 883	Tp 2-227	31.10.44 Feindverlust
55 878	Tp 2-133	30.09.44 RBD Hannover
55 880	Tp 2-252	30.09.44 RBD Wuppertal
55 877	Tp 2-31	30.09.44 RBD Stettin
55 761	Tp 2-138	30.09.44 RBD Regensburg
55 881	Tp 2-353	30.09.44 RBD Regensburg
55 884	Tp 2-112	11.44 (aus OAW)
55 886	Tp 2-282	11.44 (aus OAW)
	Tp 2-99	25.09.44 RBD Villach
91 952	30.09.44 RBD Hannover	
91 957	30.09.44 RBD Erfurt	
53 7706	Th 3-85	30.09.44 RBD Stettin
57 2799	Tw 1-89	11.44 (aus OAW)
91 978	Tki 3-10	30.09.44 RBD Osten
	Tp 4-186	24.09.44 OBD Krakau
55 3676	Tp 4-93	11.44 (aus OAW)
55 3677	Tp 4-328	11.44 (aus OAW)
17 180	Pk 1-5	21.08.44 RBD Mainz

Lok-Nr.	Abgabe am/an (tw. Übernahme)	
74 332	Oki 1-47	11.44 (aus OAW)
36 519	Od 2-73	30.09.44 RBD Osten
55 882	Tp 2-1	30.09.44 RBD Hannover
54 1219	PS-4-684	11.44 (aus OAW)
56 4153	Tr 103-11	24.09.44 RBD Osten
56 3835	Tr 20-120	30.09.44 RBD Regensburg
92 996	Tkp 1-9	31.10.44 Feindverlust
55 301	Tp 1-103	11.44 (aus OAW)
	Tr 103-15	11.44 (aus OAW)
	Tr 103-21	25.09.44 RBD Villach
	Ti 2-46	11.44 (aus OAW)
58 2769		08.44 k. A.
58 2742		07.44 k. A.
58 2757		08.44 k. A.
	Tkp 1-7	31.10.44 Feindverlust
	Tki 2-15	vermietet
	Tk 242 (?)	vermietet

Anmerkung: Nicht alle Loknummern waren auf den handschriftlich erstellten Listen zweifelsfrei zu entziffern. Aus diesem Grund sind einige Ordnungsnummern unvollständig (»xx«).

Ellok + Triebwagen	
Im Bestand OBD Warschau:	402, 403, 404, 405, 406, 407, 408, 409, 410, 411, 417, 418, 419, 421, 422, 424, 425, 426, 430, 433, 436, 439, 440 41/45, 43/44
An RBD Breslau am 30.11.1944:	401, 412, 414, 415, 416, 423, 429, 435, 438
An RBD Breslau am 23.09.1944:	626 016, 017, 019, 021, 024 101, 102, 104, 105, 106 301, 302, 304, 305, 306
An RBD Breslau am 30.09.1944:	203
An RBD Breslau am 21.10.1944:	E/T 91 020, 91 030, 91 056, 91 069; E/S 91 043; E/G 92 036, 92 046
An RAW Lauban (?) am 23.09.1944:	413, 427, 428, 431, 432, 434, 437, 441 91016/501, 91038/515, 91035/535, 91028/528
An RBD München am 31.10.1944:	420

Lokomotivverzeichnis der OBD Lemberg im August 1944

040-D-	11, 48, 57, 79, 91, 113, 117,119, 305, 316, 343, 364	= 12
13	307, 308, 318, 320, 322, 329, 334, 336	= 8
16	051, 052, 053	= 3
35	302, 303, 310, 327, 329, 333, 338, 346, 347, 350, 351, 352, 360, 376, 379, 384, 394, 398	= 18*
35	805, 814, 815, 816, 817, 819, 820, 821, 822, 823, 824, 825, 826, 827	= 14
38	3906	= 1
52	7246, 7247	= 2**
54	141, 142, 162, 165, 166, 167	= 6
55	155, 177", 183", 193", 194", 202", 241", 262", 296", 306", 341", 344", 347", 354", 358", 359, 367", 368", 378", 379", 386", 390", 394", 395", 397"(?), 403", 407", 412", 414", 416", 424, 428", 454, 488, 535, 561, 638(?), 674	= 38
55	1609, 1610", 1621", 1663, 1675, 1678", 1683", 1707", 1712, 1737, 1742, 1790, 1802, 1808, 1809, 1823, 1863, 1881, 1891, 1931, 2008, 2028, 2047, 2088, 2121, 2161, 2195, 2230, 2233, 2249, 2257, 2532", 2539", 2557", 2568", 2625", 2639", 2755", 2790", 2844", 2845", 2860", 2882", 2893, 2895", 2902", 2904", 2912", 2929", 2933", 2984", 2990", 2996", 2997", 3001", 3008"(?), 3037", 3040"(?), 3043", 3044", 3047", 3084", 3091", 3108", 3112", 3127", 3157, 3193", 3206", 3226", 3247", 3267", 3276", 3287", 3289"(?), 3293", 3299", 3305", 3310", 3311", 3336", 3398", 3424", 3455", 3465", 3467", 3472", 3486", 3549, 3679", 3680", 3685", 3694", 3706"(?), 3714"; 3730", 3744", 3748", 3768", 3786", 3849, 4034(?), 4300, 4405(?), 4413(?), 4571	= 106
55	5472(?), 5545	= 2
55	5868, 5869, 5870, 5874, 5875, 5877, 5878, 5883, 5884, 5886, 5890, 5891, 5892, 5893, 5894, 5895, 5897, 5927, 5928, 5930, 5931, 5961, 5964, 5965, 5966, 5967, 5968, 5969, 5971, 6144	= 30
56	218, 258, 317, 340, 354, 404", 492, 508, 516", 525, 543, 638(?), 729", 734", 738", 744", 799, 803", 822, 824, 843, 854, 868	= 23
56	3166, 3336, 3347(?), 3350, 3351, 3357, 3361, 3363, 3364, 3366, 3368, 3369, 3391, 3392, 3399, 3400, 3545, 3546, 3614, 3837, 3839, 3842, 3843, 4151+(?)	= 24
57	010", 011", 013", 014"	= 4
57	327, 329, 332, 333, 335, 336, 338, 346, 348, 350–352, 354, 355, 357, 361, 365–368, 370+(?), 372, 374, 376, 398, 474–485, 499, 652	= 40
57	1794(?), 2918(?)	= 2(?)
58	2438	= 1
74	097	= 1
90	251	= 1
91	447", 938", 992"	= 3
92	2802–2805	= 4
94	490, 1415, 1416	= 3
Ok 1	33, 158	= 2
Ol 12	34, 35, 37, 45, 56, 80, 94, 99	= 8
Pd 1	32	= 1
Pd 13	6–8	= 3
Pd 2	2, 5	= 2
PKP	4026, 4036	= 2***
Pn 11	3, 5, 8	= 3
Pt 31	2, 3(?), 16, 45(?), 66, 67(?), 68, 80, 83(?), 86, 90, 91, 94	= 13(?)
Tki 3	149	= 1
Tkt 2	2	= 1
Tp 1	23, 30, 120, 127	= 4
Tp 104	28	= 1
Tp 3	7, 31, 35, 39, 77	= 5
Tp 4	103, 239, 306, 382	= 4
Tr 11	18, 39, 41, 42, 100	= 5
Tw 1	51	= 1
Tw 11	5, 11	= 2
Tw 12	42, 76, 88, 107, 110, 130	= 6
Ty 23	148, 151, 153, 492	= 4

* 35 302 -333 von RBD Wien 1943, 35 338–347 von RBD Villach 1943

** 52 7246, 7247 Neuanlieferung Oktober 1943

*** keine nähere Bezeichnung bekannt

(?) – Lok gehörte zur OBD Lemberg, aber nicht sicher, ob auch (noch) 08.44 (z.B. sollen Pt 31-3, 45, 67, 83 bereits 1943 zur RBD Nürnberg abgerollt sein)

Verzeichnis der Abkürzungen

amerik.	amerikanisch
Apr	Abteilungspräsident
BA	Betriebsamt
Bbv	Bahnbevollmächtigter
Bf	Bahnhof
Bw	Bahnbetriebswerk
Bww	Bahnbetriebswagenwerk
D	D-Zug (Schnellzug)
Dez	Dezernent (Dezernat), z. B. Dez. 21 – Maschinendienst
Dez.	Dezember
Dg	Durchgangsgüterzug
E	Eilzug
EAW	Eisenbahnausbesserungswerk
Fekdo	Feldeisenbahnkommando (FBD – Feldeisenbahndirektion)
FPTK	Französisch-Polnische Eisenbahngesellschaft (Kohlenbahn)
GBL	Generalbetriebsleitung
Gedob	Generaldirektion der Ostbahn
GG	Generalgouvernement
GVD	Generaldirektion Osten in Warschau
HBD	Haupteisenbahndirektion
k. A.	keine Angaben
Kodeis	Kommandeur der Eisenbahntruppen
KZ	Konzentrationslager
Lokafa	Lokauffangstelle
Lz	Lokleerfahrt
M	Militär-Züge; Militärfahrpläne = Höchstleistungsfahrpläne
MA	Maschinenamt
Mineis	Drahtwort für Ministerium für Eisenbahn (richtig: RVM – Eisenbahnabteilung)
OAW	Ostbahnausbesserungswerk
OBD	Ostbahndirektion (der Gedob), ab 1. Mai 1943, zuvor Ostbahnbezirksdirektion
OKW	Oberkommando der Wehrmacht
ORR	Oberreichsbahnrat (siehe auch ROR)
Osteis	Zweigstelle Osten des RVM in Warschau (nicht Gedob, für Ostfeldzug)
öst.	österreichisch
PKP	Polnische Staatseisenbahnen (Polskie Koleje Panstwowe)
pr.	preußisch
RAW	Reichsbahnausbesserungswerk
RBD	Reichsbahndirektion
Ref	Referent, z. B. Ref. 34 – Ostgebiete, dann MA Russland
RI	Reichsbahninspektor
Ri	Richtung
ROR	Reichsbahnoberrat
RR	Reichsbahnrat
RSHA	Reichssicherheitshauptamt Berlin
rum.	rumänisch
russ.	russisch
RVD	Reichsverkehrsdirektion (in der besetzten UdSSR)
RVM	Reichsverkehrsministerium (in Berlin)
SA	Sturmabteilung (faschistisch)
sä.	sächsisch
SD	Sicherheitsdienst
SF	Schnellzug für Fronturlauber
SS	Schutz-Staffel
tRI	technischer Reichsbahninspektor
ung.	ungarisch
UWZ	Umwandererzentralstelle Danzig (Westpr) in Gotenhafen
VA	Verkehrsamt
Zub	Zugbegleiter
ZÜ	Zug-Überwachung
zZt	zur Zeit (alte Schreibweise) (auch zZ)

Verzeichnis der Orte

(Auswahl)

Kriegszeit	heutige Zeit
Krenau	Chrzanow
Danzig	Gdansk
Königsberg	Kaliningrad
Krakau	Krakow
Lemberg	Lwow (Lwiw, tw. Lviv)
Litzmannstadt	Lodz
Oppeln	Opole
Posen	Poznan
Rawa Ruska	Rawa Russkaja
Reichshof	Rzeszow
Tschenstochau	Czestochowa
Schneidemühl	Pila
Warschau	Warszawa

Anmerkung: Im Generalgouvernement behielten die Orte zumeist ihren ursprünglichen polnischen Namen, daher fällt diese Liste kurz aus.

Literaturverzeichnis

Bücher und Aufsätze

Baedeker, Karl: Generalgouvernement, Leipzig 1942
Benz, Wolfgang; Graml, Hermann; Weiß, Hermann (Hrsg.): Enzyklopädie des Nationalsozialismus, Stuttgart 1997.
Der Brockhaus von A–Z, Mannheim 2000
Dokumentarische Enzyklopädie V: Eisenbahnen und Eisenbahner zwischen 1941 und 1945, Frankfurt (Main) 1973
Dokumente des Verbrechens 1933–1945, Berlin, 1993
Ebel, Jürgen U.; Wenzel, Hansjürgen: Die Baureihe 50, Band 1: Deutsche Reichsbahn, Freiburg 1988
Förster, Gerhard; Groehler, Olaf: Der Zweite Weltkrieg, Dokumente, Berlin 1972
Frank, Hans: Im Angesicht des Galgens. Deutung Hitlers und seiner Zeit aufgrund eigener Erlebnisse und Erkenntnisse, München 1955.
Frank, Niklas: Der Vater. Eine Abrechnung, München 1993.
Gall, Lothar; Pohl, Manfred (Hrsg.): Die Eisenbahn in Deutschland – Von den Anfängen bis zur Gegenwart, München 1999
Gedob (Hrsg.): Amtlicher Taschenfahrplan für das Generalgouvernement nebst Anschlußstrecken, Kraftomnibuslinien und den wichtigsten Fernverbindungen. Gültig vom 2. November 1942 an bis auf weiteres; Nachdruck Wien 1984
Gilbert, Martin: Endlösung. Die Vertreibung und Vernichtung der Juden. Ein Atlas. 1995
Gottwaldt, Alfred B.: Deutsche Kriegslokomotiven 1939 bis 1945, Stuttgart 1996
Gottwaldt, Alfred B.: Julius Dorpmüller, die Reichsbahn und die Autobahn. Verkehrspolitik und Leben des Verkehrsministers bis 1945, Berlin 1995.
Griebl, Helmut; Wenzel, Hansjürgen: Geschichte der deutschen Kriegslokomotiven, Wien 1971
Hildebrand, Klaus: Die Deutsche Reichsbahn in der nationalsozialistischen Diktatur 1933–1945, in: Gall, Lothar; Pohl, Manfred (Hrsg.): Die Eisenbahn in Deutschland – Von den Anfängen bis zur Gegenwart, München 1999, Seite 165–243.
Kreidler, Eugen: Die Eisenbahnen im Zweiten Weltkrieg – Studien und Dokumente zur Geschichte des Zweiten Weltkrieges, Hamburg 2001
Pielalkiewicz, Janusz: Der Zweite Weltkrieg, Düsseldorf 1985, Augsburg 1998
Pielalkiewicz, Janusz: Die Deutsche Reichsbahn im Zweiten Weltkrieg, Stuttgart 1998
Pischel, Werner: Die Generaldirektion der Ostbahn in Krakau 1939–1945. Ein Beitrag zur Geschichte der deutschen Eisenbahnen im zweiten Weltkrieg. Archiv für Eisenbahnwesen, Berlin, Göttingen, Heidelberg 1964
Pottgießer, Hans: Die Reichsbahn im Ostfeldzug, Neckargemünd 1960
Reimer, Michael: Lokomotiven für die Ostfront; Menschen und Maschinen im Zweiten Weltkrieg, München 1999
Scharf, Hans-Wolfgang: Eisenbahnen zwischen Oder und Weichsel, Die Reichsbahn im Osten bis 1945, Freiburg 1981
Wenzel, Hansjürgen: Lokomotiven ziehen in den Krieg, Wien 1977
Wenzel, Hansjürgen; Stockklausner, Johann: Lokomotiven ziehen in den Krieg, Band 3, Wien 1980

Unterlagen/Schriften der DRB

Amtliches Bahnhofsverzeichnis 1944 der DRB, der BMB, der Privatbahnen sowie der Kleinbahnen mit Güterverkehr und der Ostbahn, RZA Berlin 1. Juni 1944
Bericht über die Nachprüfung des betriebs- und betriebsmaschinentechnischen Dienstes im Bereich der Gedob, Dezember 1942
Erfassung aller im Reich befindlichen DR-Ost-Schad- und DR-Ost-Beutelok, GVD Osten 07.09.1944
Lokomotivverzeichnis der OBD Warschau 1944

Lokzählung – hier Klärung von Zweifelsfälle, RVM 07.12.1944
Statistischer Nachweis St 11a (Lokomotivnachweis), Jahre 1942, 1943
Umzeichnungsplan für die Dampf-Lokomotiven der ehemaligen polnischen Staatsbahnen (Regelspur), RZA Berlin 29.08.1941
Umzeichnungsplan für die Dampf-Lokomotiven der ehemaligen polnischen Staatsbahnen (Schmalspur), RZA Berlin 25.02.1942
Unterhaltung von Lokomotiven – Frostschutzausstattung für die im Osten eingesetzten Lokomotiven, RVM, März 1942 – September 1943 (div.)
Verzeichnis der Betriebswerke, Lokstellen, Drehscheiben und Dreiecke vom 1.1.1933 (Auszug aus Verteilung der PKP Lok nach Bw'en, aktualisiert 1.8.1939)
Verzeichnisse der Maschinenämter, Bahnbetriebswerke, Bahnbetriebswagenwerke, Lokbahnhöfe, Bahnhofsschlossereien und Hilfszüge vom 1. April 1941 und vom 1. April 1943
Verzeichnis der bis zum 20. Dezember 1942 ermittelten Personenwagen der ehemals polnischen Staatsbahn (russische Beutewagen) mit Angabe der neu festgesetzten Heimatdirektionen bzw. Generaldirektion der Ostbahn Krakau, Generalbetriebsleitung Ost 1942
Plan für die Umnummerung der übernommenen Güterzuggepäckwagen der ehemals polnischen Staatsbahn
Zugehörigkeit der polnischen Beutelok zu den einzelnen Bezirken (Stand 18. April 1940)
Weitere, nicht näher erwähnte Schreiben, Telegrammbriefe usw. der DRB, des RVM und der Gedob sowie Zähllisten und Betriebsbücher von Dampflokomotiven

Weitere Schriften und Sammlungen

Bahn Extra Eisenbahn im Krieg, 2/2002, München
Bahn Extra Eisenbahn in der Nachkriegszeit 1945–1949, 4/2003, München
Deutsche Bundesbahn, Verzeichnis der Beamten des höheren Dienstes (versch. Jahrgänge)
Eisenbahntechnische Rundschau (ETR), 50 Jahre ETR, Darmstadt 2002
Information zur politischen Bildung, Deutschland 1945 – 1949, Bonn 1998
LokMagazin 1/2002, München
Sammlungen von Michael Reimer, Volkmar Kubitzki

Beiträge aus dem Internet

Nicht mehr neu sind Quellen aus dem Internet, dem world wide web (www). Allein zum Thema Generalgouvernement fanden sich über 1.100 Hinweise – von der Seite einer Universität, von Gedenkstätten und Museen, von privaten Forschern oder auch rechtsgerichteten Anbietern. Da nun jeder, egal ob autorisiert oder fachlich belesen, im Internet Informationen anbieten kann, fällt es um so schwerer, eindeutige und richtige Fakten zu erkennen und zu nutzen. Aus der Fülle der Anbieter sind u. a. nachfolgende Adressen aufgerufen (einschließlich Links) und Inhalte teilweise verwendet worden:

http://home.tiscalinet.de/rba-eins/schmalspur/24-polen.html
http://shoanet.iuk.hdm-stuttgart.de/glossar/R.htm Reichsbahn
http://www.altenforst.de/projekte/unischu/html/1942/420713.htm
http://www.auschwitz.notrix.de/
http://www.auschwitz-muzeum.oswiecim.pl/
http://www.deathcamps.org/
http://www.dhm.de/lemo/html/biografien/FrankHans/
http://www.doew.at/projekte/holocaust/shoah/nisko.html
http://www.dumjahn.de/dumjahn/0012215.html
http://www.feldgrau.com/dreichsbahn.html
http://www.fes.de/culture/galery/schweigen/Schweigen.html
http://www.ghwk.de/engl/catalog/cateng9a.htm
http://www.mrg-berlin.de/schule/ge/nsquell/q7.htm
http://www.schoah.de/links/Holocaust/Endloesung/index.html
http://www.swr-online.de/100deutschejahre/folgen/17/presstext.html
http://www.wannsee-konferenz.de/wannsee-konferenz–protokoll.html
http://www.wsg-hist.uni-linz.ac.at/Auschwitz/htmld/Transport.html

Zügig in Richtung Nostalgie

Kraus/Meyer, **Dampfnostalgie**
In diesem Bildband ist Dampf drin: Ein prachtvoller Bildband über die schwarzen Schönheiten. Mit ausgesuchten Schwarz-Weiß Aufnahmen ein Muss für alle Liebhaber der Dampflok.
144 Seiten, 156 Bilder **B.-Nr. 71127 € 26,–**

Jürgen Krantz, **Zauber der Dampflok**
Der Verfasser dieser liebevoll gestalteten Sammlung hat den Zauber der Dampflok noch erlebt. Seine eindrucksvollen Farbbilder entführen den Leser in eine Epoche, als noch Ruß in der Luft lag.
144 Seiten, 153 Farbbilder **B.-Nr. 71158 € 26,–**

Kutschke/Klaus/Möckel, **Die Dampf-Brigade**
In ihrem reich illustrierten Buch berichten die drei Autoren von ihrer Jagd nach den letzten dampfbetriebenen Schienensauriern in der DDR der 80er-Jahre – ihre Beute findet sich in diesem Bildband.
192 Seiten, 200 Bilder **B.-Nr. 71204 € 29,90**

Anni und Klaus Richter, **Auf dem Feuerwagen**
Im zweiten Band seiner Erinnerungen schildert der königlich-sächsische Dampflokführer Richard Richter Erlebnisse aus seiner sächsischen Heimat und als Eisenbahner im Ersten Weltkrieg.
160 Seiten, 18 Bilder **B.-Nr. 71190 € 16,–**

Artur Fürst, **Die Welt auf Schienen**
Dieser Nachdruck der Ausgabe von 1918 begleitet mit Interessantem und Kuriosem die Fahrt in eine längst vergangene Eisenbahn-Zeit.
552 Seiten, 427 Bilder, davon 3 in Farbe
Bestell-Nr. 71228 € 14,95

Ulrich Walluhn, **Lokomotiven und Triebwagen**
Die Geschichte der Bahn in der sowjetisch besetzten Zone Deutschlands in der Zeit unmittelbar nach dem Zweiten Weltkrieg bis Anfang der 50er Jahre.
208 Seiten, 140 Bilder
Bestell-Nr. 71231 € 24,90

IHR VERLAG FÜR EISENBAHN-BÜCHER

Postfach 10 37 43 · 70032 Stuttgart
Tel. (07 11) 2108065 · Fax (07 11) 2108070
www.paul-pietsch-verlage.de

trans press